—
**STADTTHEATER
MÜNCHNER KAMMERSPIELE
2001–09**
—

Herausgeber: Münchner Kammerspiele
Konzept und Redaktion: Gaby Schweer und Björn Bicker

SPIELZEIT 2001/02:
JETZT IST ANFANG UND BEGINN.

ALLES IST BAUSTELLE: AUS DER VERGANGENHEIT IN DIE GEGENWART, REIN IN DIE (NAHE) ZUKUNFT, ERSTMAL DIE STADT KENNENLERNEN, THEATER FINDET STATT IM NEUEN HAUS, DAS GERADE FERTIG GEWORDEN IST UND ALS SPIELSTÄTTE DIENT, STATT ALS PROBENGEBÄUDE.

DAPHNE VON ANDECHS
Herbert Achternbusch

SCHLACHTEN!
Tom Lanoye und Luk Perceval

4.48 PSYCHOSE
Sarah Kane

—

DANTONS TOD
Georg Büchner

IPPOLIT HAT SEIN STERBEN AUF ÜBERMORGEN VERSCHOBEN, UM SICH MIT IHNEN ZU TREFFEN
F.M. Dostojewski

ALKESTIS
Euripides

DIE RÜCKSEITE DER RECHNUNGEN
Kerstin Specht

DIE WELT WIRD SCHÖNER MIT JEDEM TAG
Ein Liederabend von Franz Wittenbrink

TRAUM IM HERBST
Jon Fosse

DER MESSIAS
Patrick Barlow

BEDBOUND
Enda Walsh

PENELOPE
James Joyce

DER STARKE STAMM
Marie Luise Fleißer

William Shakespeare
MACBETH__

Frank Wedekind
DER MARQUIS VON KEITH__

Lukas Bärfuss
DIE REISE VON KLAUS UND EDITH DURCH DEN SCHACHT ZUM MITTELPUNKT DER ERDE__

Elfriede Jelinek
WOLKEN.HEIM.__

Crouch/McDermott
SHOCKHEADED PETER__

Albert Ostermaier
99 GRAD__

Igor Bauersima
NORWAY.TODAY__

Kerstin Specht
DAS GOLDENE KIND__

SOLANGE BIS DAS SCHAUSPIELHAUS FERTIG RENOVIERT IST. UND DANN DIE JUTIERHALLE, DACHAUER STRASSE. DORT IST VIEL PLATZ FÜR GROSSE PROJEKTE. DIE THEMEN: ENGE WELTEN, BASIC NEEDS UND PLÖTZLICH DIE GROSSE POLITIK. BEVOR NOCH DIE ERSTE PREMIERE STATTGEFUNDEN HAT, SIND IN NEW YORK DIE BEIDEN FLUGZEUGE IN DIE TWIN TOWERS GERAST. ERST

LÄHMUNG, DANN ISLAMKUNDE, INTERN. AB DANN: THEATER IN EINER VERÄNDERTEN WELT.

SPIELZEIT 2001/02

Bild rechts: **Christa Berndl, Caroline Ebner**

Uraufführung

Herbert Achternbusch

DAPHNE VON ANDECHS

Ein Mysterienspiel

Premiere am 24.10.2001
im Neuen Haus
Bühne 2

Regie, Bühne
Herbert Achternbusch
Kostüme
Ann Poppel
Licht
Björn Gerum
Dramaturgie
Tilman Raabke

Hick von Bouillon
Josef Bierbichler
Michael von Fraaß
Michael Tregor
Marja, Esel, Daphne
Caroline Ebner
Krähe
Stephan Zinner
Martha
Christa Berndl
Jürgen
Hans Hirschmüller
Halimar
Valentina Bojanic

22 Vorstellungen

_011   __SPIELZEIT 2001/02

SCHLACHTEN!

nach den Rosenkriegen
von William Shakespeare

Übersetzung aus dem
Niederländischen/Flämischen
von Rainer Kersten und
Klaus Reichert

Premiere 28.10.2001
in der Julierhalle

Deutschsprachige
Erstaufführung bei den
Salzburger Festspielen 1999

Tom Lanoye
und Luk Perceval

Regie
Luk Perceval
Bühne
Katrin Brack
Kostüme
Ilse Vandenbussche
Musik
Fred van Hove
Licht
**Olaf Freese
Stephan Mariani**
Dramaturgie
**Wilfried Schulz
Marion Tiedtke**

Bushy, Warwick, Stanley
Wolf Bachofner
La Reine
Julia Kaiser
Herzogin von Gloster,
Dauphin,
Leonore, La Pucelle,
Herzogin von York
Marion Breckwoldt
Engel mit Cello
Roswitha Timm
Johann von Gent, Carlisle,
Montjoy, Heinrich VI.,
Bürgermeister
René Dumont
Lady Grey, Elisabeth
Gundi Ellert
Bolinbroke / Heinrich 4,
Charles VI.,
Gloster / Lancaster, Bote,
Bona la Belle
Bernd Grawert
Northumberland, Percy,
Thomas Grey, Suffolk,
Eddy the King
Andreas Grothgar
Aumerle, York, Georgie
Max Hopp
Catherine,
Margaretha di Napoli
Nina Kunzendorf

Bild: Wolfgang Pregler, Roland Renner

Mowbray, Greene,
Westmoreland, Scroop,
Buckingham
Oliver Masucci
Roß, Prinz Heinz,
Der Fünfte Heinrich,
Somerset, Rivers
Wolfgang Pregler
Richard Deuxième,
La Falstaff, Winchester,
La Roi Louis, Ratcliffe
Roland Renner
Der alte York, Dirty Rich
Modderfocker der Dritte
Thomas Thieme
Stallknecht,
Anna, Lady Anna
Oda Thormeyer
Ronny
Manfred Wanner
Eddy, the King
Leopold von Buttlar
Moritz Windloff
Tochter der Elisabeth
Alice Berg
Sandra Di Paolo
Kronprinz Eddy, Richmond
Leopold Geßele
Marian Lösch
Richard von York
Konstantin Gastmann
Philipp Münchinger ___

Übernahme vom Deutschen
Schauspielhaus Hamburg ___

16 Vorstellungen ___

AZ-Stern des Jahres 2002
für Luk Perceval

__SPIELZEIT 2001/02

Bild links: Hans Kremer, Patrizia Schwöbel, Marion Brechwoldt

Deutschsprachige Erstaufführung

Sarah Kane

4.48 PSYCHOSE

Deutsch von Durs Grünbein

Premiere am 07.11.2001
im Neuen Haus
Bühne 3

Regie
Thirza Bruncken
Bühne, Kostüme
Robert Ebeling
Licht
Jürgen Tulzer
Dramaturgie
Björn Bicker
Choreografie
Anthony Taylor

Mit
**Merjam Abbas
Marion Brechwoldt
Hans Kremer
Katharina Schubert
Patrizia Schwöbel**

36 Vorstellungen

Bild oben: **Martin Butzke, René Dumont, Michael Neuenschwander**
Bild unten: **Lorenz Nufer, Martin Butzke, Michael Neuenschwander, René Dumont**

Georg Büchner

DANTONS TOD

Premiere am 11.11.2001
im Neuen Haus
Bühne 2

Regie
Lars-Ole Walburg
Bühne
Barbara Ehnes
Kostüme
Kathi Maurer
Musik
Theo Nabicht
Video
Robert Lehninger
Licht
Max Keller
Dramaturgie
Marion Hirte

Danton
Michael Neuenschwander
Legendre
Matthias Bundschuh
Camille Desmoulins
Martin Butzke
Lacroix
René Dumont
Robespierre
Paul Herwig
Saint Just
Wolfgang Pregler
Herman
August Schmölzer
1. Bürger
Stefan Merki
2. Bürger
Wilhelm Eilers
Henker
Lorenz Nufer
Julie
Susanne Schroeder
Lucile
Mira Partecke
Marion
Julia Jentsch

Musiker
Hermann Breuer
Leopold Gmelch
Anno Kesting
Philipp Kolb
Wolfgang Schönwetter

62 Vorstellungen

_015

_SPIELZEIT 2001/02

__016 __SPIELZEIT 2001/02

F.M. Dostojewski___

**IPPOLIT
HAT SEIN
STERBEN AUF
ÜBERMORGEN
VERSCHOBEN,
UM SICH MIT
IHNEN ZU
TREFFEN**___

Premiere am 16.11.2001
in der Jutierhalle
Foyer___

Regie
Boris von Poser
Bühne, Kostüm
Merle Hensel
Licht
Stephan Mariani
Dramaturgie
Marion Hirte___

Ippolit
Matthias Bundschuh___

Übernahme aus den
Sophiensälen, Berlin___

28 Vorstellungen

___Bilder links: **Matthias Bundschuh**

Bild rechts: **Melanie von Sass, Michael Wittenborn,
Jochen Noch, Franziska Walser, Hildegard Schmahl**

Euripides

ALKESTIS

Deutsch von Kurt Steinmann

Premiere am 17.11.2001
im Neuen Haus
Bühne 1

Regie
Jossi Wieler
Bühne
Jens Kilian
Kostüme
Anja Rabes
Musik
Wolfgang Siuda
Licht
Björn Gerum
Dramaturgie
Tilman Raabke

Admetos
Michael Wittenborn
Alkestis, seine Frau
Nina Kunzendorf
Eumelos, sein Sohn
Benjamin Mährlein
Perimele, seine Tochter
Melanie von Sass
Pheres, sein Vater
Wolfgang Hinze
Periklymene, seine Mutter
Hildegard Schmahl
Lykurgos, sein Bruder
Robert Dölle
Periapis, seine Schwester
Franziska Walser
Menoitios, sein Schwager
Jochen Noch
Eidomene, seine Tante
Daphne Wagner
Herakles
Hannes Hellmann

90 Vorstellungen

Eingeladen zum
Berliner Theatertreffen 2002
Eingeladen zum
Hollandfestival
Amsterdam 2002
Eingeladen zur
RuhrTriennale
Wuppertal 2003

_017 __SPIELZEIT 2001/02

Kerstin Specht

DIE RÜCKSEITE DER RECHNUNGEN

Ein Bericht zu
Marieluise Fleißer

Premiere am 23.11.2001
im Neuen Haus
Bühne 1

Regie
Regina Wenig
Bühne
Katharina Raif
Kostüm
Ann Poppel
Licht
Björn Gerum
Dramaturgie
Marion Tiedtke

Mit
Doris Schade

42 Vorstellungen

Bayerischer
Theaterpreis 2002
an Doris Schade
für ihr Lebenswerk

Bilder links: Doris Schade

DIE WELT WIRD SCHÖNER MIT JEDEM TAG

Ein Liederabend von
Franz Wittenbrink

Premiere am 24.11.2001
im Neuen Haus
Bühne 3

Musikalische Leitung / Regie
Franz Wittenbrink
Mitarbeit Regie
Stephanie Mohr
Bühne
Alfred Peter
Kostüme
Kathi Maurer
Licht
Jürgen Tulzer
Dramaturgie
Marion Hirte
Korrepetitor
Manfred Manhart

Mit
Stella Maria Adorf
Caroline Ebner
Paul Herwig
Stefan Merki
Jochen Noch
Barbara Nüsse
Krista Posch
Jochen Striebeck
Stephan Zinner

Musiker
Jost Hecker
Thomas Wollenweber
Franz Wittenbrink
Manfred Manhart

76 Vorstellungen

Bild rechts: **Paul Herwig, Jochen Striebeck, Stephan Zinner, Stefan Merki, Jochen Noch**

TRAUM IM HERBST

Jon Fosse

Deutsch von
Hinrich Schmidt-Henkel

Premiere am 29.11.2001
im Neuen Haus
Bühne 2

Regie
Luk Perceval
Bühne
Katrin Brack
Kostüme
Ursula Renzenbrink
Musik
Laurent Simonetti
Licht
Marc van Denesse
Dramaturgie
Marion Tiedtke

Mann
Stephan Bissmeier
Frau
Dagmar Manzel
Mutter
Gundi Ellert
Vater
Werner Rehm
Gry
Cornelia Heyse

76 Vorstellungen

Eingeladen zum
Berliner Theatertreffen 2002
Eingeladen zu
den Autorentheatertagen
Hamburg 2003
Eingeladen zum
Dialog Festival Wroclaw
(Warschau)
Theater heute:
Schauspielerin
des Jahres 2002
Dagmar Manzel
Fernsehaufzeichnung
für ZDFtheaterkanal / 3sat,
ausgestrahlt am 04.05.2002

Bild oben: Cornelia Heyse, Dagmar Manzel, Stephan Bissmeier
Bild unten: Gundi Ellert, Stephan Bissmeier, Dagmar Manzel

Patrick Barlow

DER MESSIAS

Premiere am 06.12.2001
in der Jutierhalle

Regie
Nikola Weisse
Bühne
Andreas Tschui
Kostüme
Katrin Gurth
Musik
Christoph Marthaler
Licht
Markus Bönzli
Stephan Mariani
Dramaturgie
Stefanie Carp

Bernhard
André Jung
Theo
Michael Wittenborn
Frau Timm
Marion Breckwoldt
Annette Paulmann

Übernahme vom Deutschen
Schauspielhaus Hamburg

53 Vorstellungen

Bild rechts: **Michael Wittenborn, André Jung**

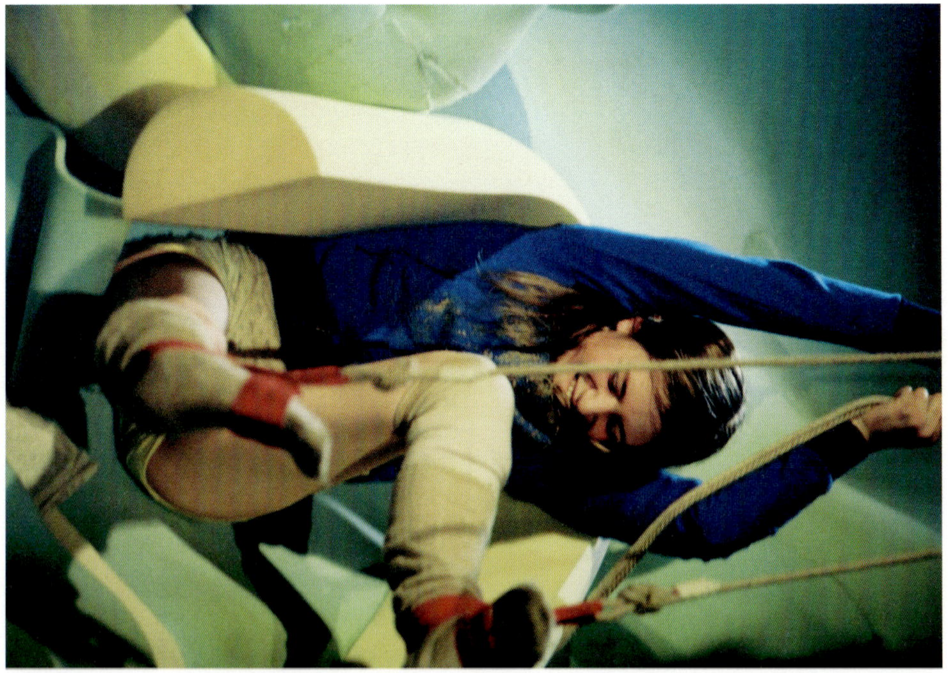

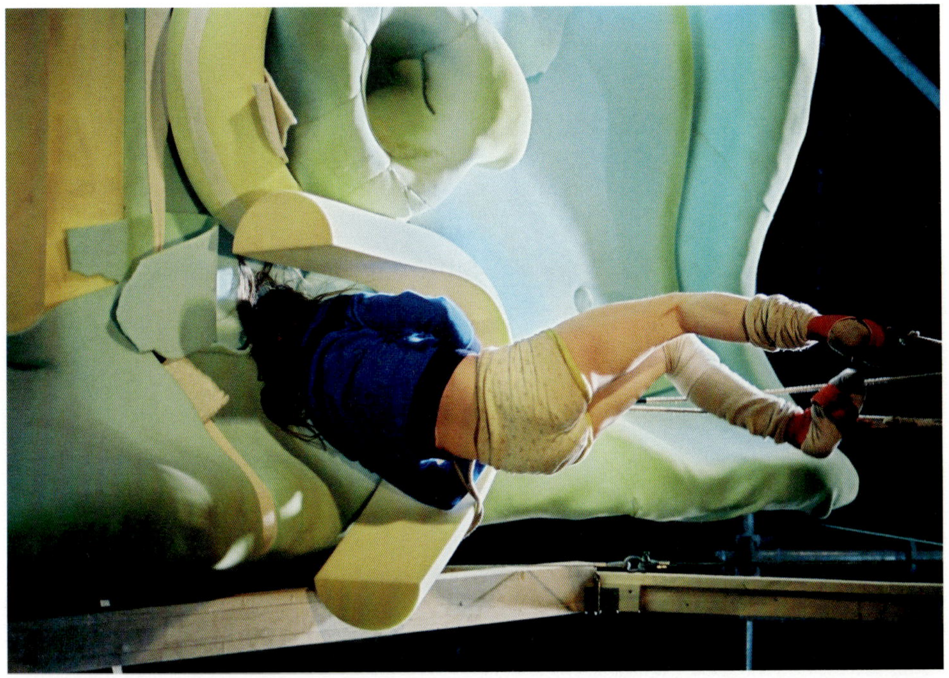

Bilder links: **Julia Jentsch, Hans Kremer**

BEDBOUND

Enda Walsh

Deutschsprachige Erstaufführung

Aus dem Irischen von Iain Galbraith

Premiere am 15.12.2001 in der Jutierhalle Foyer

Regie
Monika Gintersdorfer
Bühne, Kostüme
Christin Vahl
Licht
Stephan Mariani
Dramaturgie
Björn Bicker

Tochter
Julia Jentsch
Papa
Hans Kremer

37 Vorstellungen

Eingeladen zu den Autorentheatertagen Hamburg 2002
Eingeladen zu den Bayerischen Theatertagen 2002

___Bild rechts: **Barbara Nüsse**

James Joyce ___

PENELOPE___

Der Monolog der
Molly Bloom aus ULYSSES
von James Joyce ___

Premiere am 15.01.2002
im Neuen Haus
Bühne 2 ___

Regie
Ulrich Waller
Bühne, Kostüme
Gisela Köster
Licht
Björn Gerum ___

Penelope
Barbara Nüsse ___

Übernahme aus den
Hamburger Kammerspielen ___

8 Vorstellungen

_**023** __SPIELZEIT 2001/02

Marieluise Fleißer

DER STARKE STAMM

Premiere am 22.01.2002
im Neuen Haus
Bühne 2

Regie
Thomas Ostermeier
Bühne
Rufus Didwiszus
Kostüme
Ann Poppel
Dramaturgie
Marion Tiedtke
Licht
Max Keller
Musik
Jörg Gollasch
Ingolstadt-Projektionen
David Graeter

Leonhardt Bitterwolf
Martin Schwab
Hubert, sein Sohn
Paul Herwig
Balbina Puhlheller,
seine Schwägerin
Hildegard Schmahl
sein Schwager
Andreas Grothgar
Annerl, Magd bei Bitterwolf
Katharina Schubert
Schindler, Annerls Vater
Jochen Striebeck
Onkel von Rottenegg
Buddy Elias
Metzgerjackerl
Jochen Noch
Frau Gruber, Hebamme
Heidy Forster
Ein Vetter
Michael Tregor
Ein Schutzmann
Stephan Zinner
Zwei Frauen
Heidy Forster
Christina Geiße

55 Vorstellungen

Eingeladen zum
Baltic Festival
Sankt Petersburg 2002
tz-Rosenstrauß
des Jahres 2002
für Thomas Ostermeier

Bild: **Martin Schwab, Katharina Schubert, Paul Herwig**

Bilder links: **Anne Tismer, Konstantin Königsbauer, Andreas Grothgar**

William Shakespeare
MACBETH
Deutsch von Frank Günther

Premiere am 03.02.2002
in der Jutierhalle

Regie
Calixto Bieito
Regie-Mitarbeit
Celina Nicolay
Bühnenbild
Barbara Ehnes
Kostüme
Mercè Paloma
Dramaturgie
Tilman Raabke
Licht
Olaf Freese
Stephan Mariani

Duncan
Roland Renner
Malcolm
Matthias Bundschuh
Donalbain
Lorenz Nufer
Macbeth
Andreas Grothgar
Lady Macbeth
Anne Tismer
Banquo
Michael Neuenschwander
Macduff
Max Hopp
Lady Macduff
Katharina Schubert
Lenox
Michael Tregor
Cawdor
Boris Sunjic
Rosse
Robert Dölle
Seyton
Jeanette Spassova
Fleance
Konstantin Königsbauer
Karl Comboc
Kinder von Macduff
Korbinian Königsbauer
Lukas Comboc
Aurelia Königsbauer
David Maier
Constanze Hörner
Gabriele Eggert
Stephan Wust
Ameli Gerhard

Übernahme von den
Salzburger Festspielen 2001

19 Vorstellungen

Bild oben: **Michael Neuenschwander, Matthias Bundschuh, Stefan Merki**
Bild unten: **Wolf List, Hans Kremer, Julia Jentsch**

Frank Wedekind

DER MARQUIS VON KEITH

Premiere am 05.03.2002
im Neuen Haus
Bühne 1

Regie
Peter Kastenmüller
Bühne
Michael Graessner
Kostüme
Michaela Barth
Licht
Jürgen Tulzer
Dramaturgie
Marion Hirte
Choreographie
Mara Kurotschka

Konsul Casimir
Wolfgang Pregler
Hermann Casimir
Mira Partecke
Der Marquis von Keith
Hans Kremer
Ernst Scholz
René Dumont
Molly Griesinger
Annette Paulmann
Anna, Gräfin Werdenfels
Caroline Ebner
Saranieff, Kunstmaler
Michael Neuenschwander
Zamrjaki, Komponist
Matthias Bundschuh
Raspe, Kriminalkommisar
Stefan Merki
Ostermeier, Bierbrauer
Wolf List
Simba
Julia Jentsch

12 Vorstellungen

_027

__SPIELZEIT 2001/02

Bild links: **Nina Kunzendorf, Robert Dölle**

Lukas Bärfuss

DIE REISE VON KLAUS UND EDITH DURCH DEN SCHACHT ZUM MITTELPUNKT DER ERDE

Premiere am 23.03.2002
in der Jutierhalle
Foyer

Regie
Stephan Rottkamp
Bühne
Claudia Vallant
Kostüme
Katharina Krominga
Musik
Laurent Simonetti
Licht
Stephan Mariani
Dramaturgie
Björn Bicker

Die Lebenden:
Edith
Nina Kunzendorf
Klaus
Jochen Noch
Der Liebste
Robert Dölle

Die Toten:
Die Rote
Silke Heise
Die Gelbe
Marie-Therese Futterknecht
Der Blaue, vorher Der Liebste
Robert Dölle

25 Vorstellungen

Bild rechts: **Marion Breckwoldt, Marlen Dieckhoff, Anne Weber, Gundi Ellert, Ilse Ritter**

Elfriede Jelinek

WOLKEN.HEIM.

Premiere am 13.04.2002
im Neuen Haus
Bühne 1

Regie
Jossi Wieler
Bühne, Kostüme
Anna Viebrock
Licht
Andreas Juchheim
Björn Gerum
Dramaturgie
Tilman Raabke
Musik
Wolfgang Siuda

Mit
Marion Breckwoldt
Marlen Diekhoff
Gundi Ellert
Nina Kunzendorf
Ilse Ritter
Anne Weber

Übernahme vom
Deutschen Schauspielhaus
Hamburg

16 Vorstellungen

SHOCKHEADED PETER (STRUWWELPETER)

Junk Opera von Crouch / McDermott
Musik von Martyn Jaques (»The Tiger Lillies«)

Premiere am 02.05.2002 in der Juterhalle

Regie
Corinna von Rad
Musikalische Leitung
Till Löffler
Bühne
Hugo Gretler
Kostüme
Cécile Feichtenedt
Choreographie
Mara Kurotschka
Licht
Stephan Mariani
Dramaturgie
Marion Hirte

Doktor
Gustav Peter Wöhler
Vater
Michael Neuenschwander
Mutter
Caroline Ebner
Söhne
Stephan Bissmeier
Matthias Bundschuh
Michael Tregor
Töchter
Annette Paulmann
Susanne Schroeder
Ein weiteres Familienmitglied
Christa Berndt

Violine
Ulrich Zimmer
Josi Vorbuchner
Peter Must
Schlagzeug
Peter Hartmann
Hauke Wendt
Horn
Stefan Fellhauer
Tilman Schärf
Trompete
Ulrich Fellhauer
Gerd Bachhuber
Klarinette
Roman Schilli
Dominik Keller
Kontrabass
Folkert Weitzel
Stephan Lanius

22 Vorstellungen

Bild links: Stephan Bissmeier, Michael Tregor, Matthias Bundschuh, Susanne Schroeder, Annette Paulmann

Bild oben: **Susanne Schroeder, Stephan Bissmeier, Michael Neuenschwander, Caroline Ebner**
Bild unten: **Susanne Schroeder, Michael Tregor, Michael Neuenschwander,**
Annette Paulmann, Matthias Bundschuh, Stephan Bissmeier

__SPIELZEIT 2001/02

Bild: Wolfgang Pregler, Michael Wittenborn, Nina Kunzendorf,
René Dumont, Bettina Engelhardt, Robert Dölle

99 GRAD

Premiere am 01.06.2002
im Neuen Haus
Bühne 3

Regie
Karin Beier
Bühne
Thomas Dreißigacker
Kostüme
Gesine Völlm
Licht
Jürgen Tulzer
Dramaturgie
Marion Tiedtke
Musik
Hans Platzgumer
Choreographie
Ruth Golic

Konstantin Nolk,
ein Chemiker
Michael Wittenborn
Karst, sein Partner,
ein Manager
Wolfgang Pregler
Ness, Nolks Geliebte
Nina Kunzendorf
Jörn, ein Journalist
René Dumont
Kolja, ein Taxifahrer
Stefan Merki
Theresa, Testperson für
neue Medikamente
Katharina Schubert
Jim, Theresas Freund,
ein Bodyguard
Robert Dölle
Vera, Koljas Freundin,
Event-Agentin
Bettina Engelhardt
Evelyn,
Modeboutiquebesitzerin
Meriam Abbas
Xavier, ein Träumer,
Evelyns Freund
Paul Herwig

18 Vorstellungen

Uraufführung

Albert Ostermaier

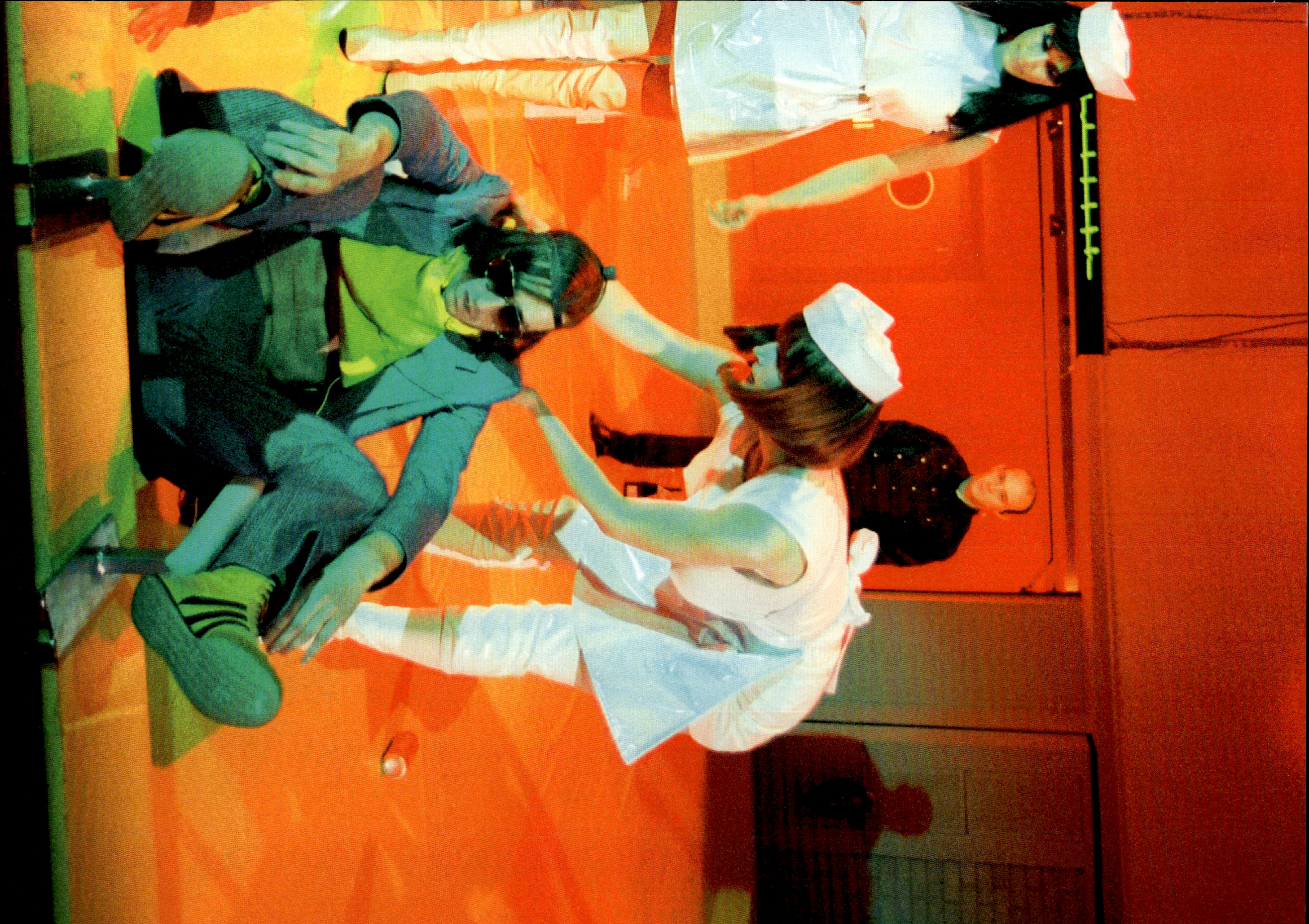

Igor Bauersima

NORWAY.TODAY

Premiere am 14.06.2002
in der Jutierhalle
Foyer

Regie
Friederike Heller
Bühne, Kostüme
Sabine Kohlstedt
Video
**Momme Hinrichs
Torge Möller**
Licht
Stephan Mariani
Dramaturgie
Beret Evensen

Julie
Katharina Zoffmann
August
Lorenz Nufer

32 Vorstellungen

Bild links: Katharina Zoffmann, Lorenz Nufer

Bild oben links: **Julia Jentsch, Martin Butzke, Gundi Ellert**
Bild oben rechts: **Stephan Zinner, Julia Jentsch**
Bild unten: **Martin Butzke, Julia Jentsch**

Uraufführung

Kerstin Specht

DAS GOLDENE KIND

Premiere am 12.07.2002
im Neuen Haus
Bühne 1

Regie
Monika Gintersdorfer
Bühne, Kostüme
Christin Vahl
Licht
Jürgen Tulzer
Dramaturgie
Björn Bicker
Musik
Constantin Christofides

Anna
Julia Jentsch
Emil
Martin Butzke
Mutter
Gundi Ellert
Mann 1
Stephan Zinner
Mann 2
Jochen Striebeck
Mann 3
Laye Mansa Gueye

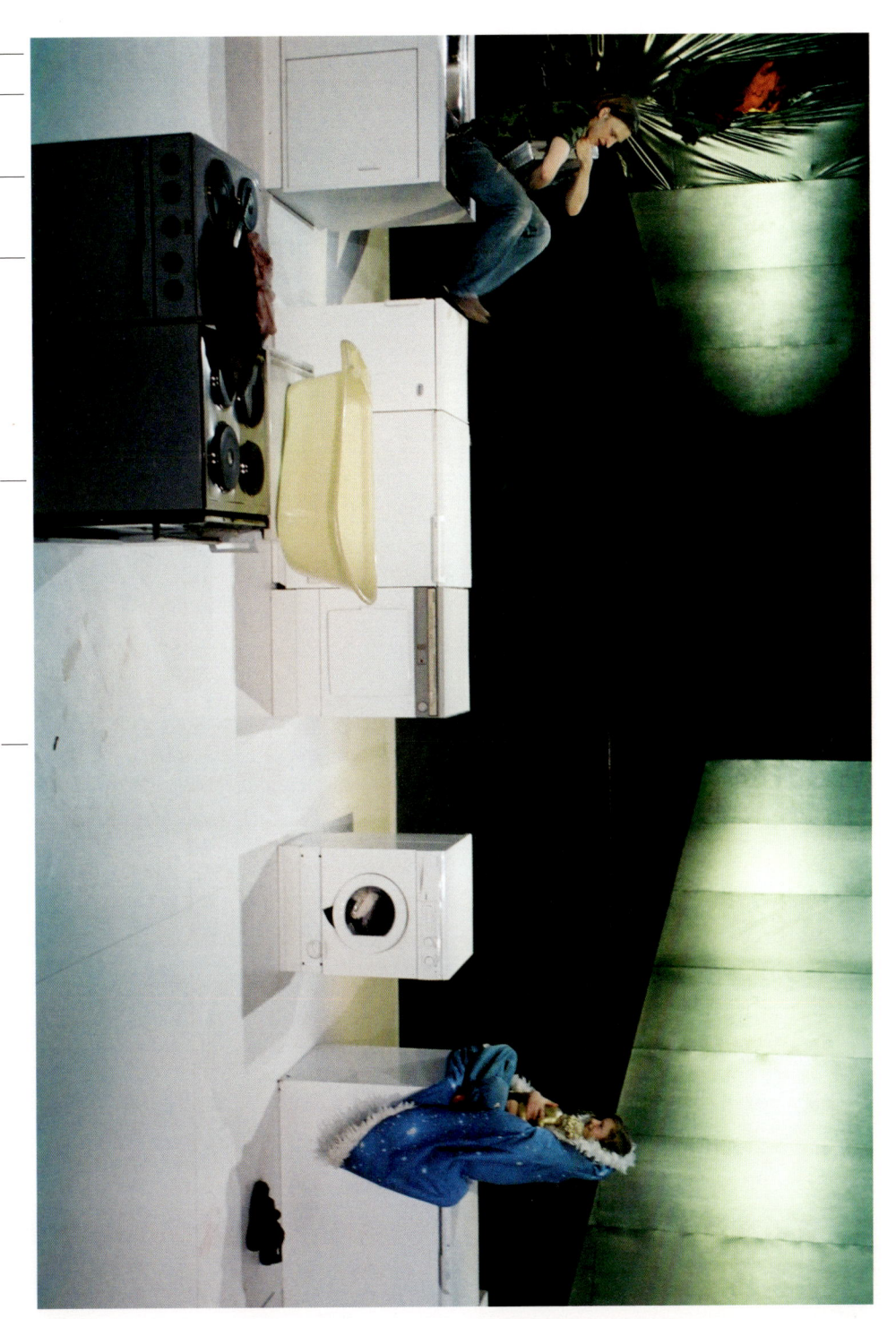

23 Vorstellungen

_035

__SPIELZEIT 2001/02

SPIELZEIT 2002/03: IN WELCHER ZUKUNFT LEBEN WIR?

AUS DER NAHEN ZUKUNFT DES ERSTEN JAHRES IST MIT EINEM MAL EINE BEUNRUHIGEND UNGEWISSE ZUKUNFT GEWORDEN. ZWAR WIRD DAS SCHAUSPIELHAUS MIT OTHELLO NEU ERÖFFNET, ABER VIELE ZUSCHAUER SIND NOT AMUSED. AUF DEN BÜHNEN SCHLÄGT DER ZEITGEIST DURCH:

IN DEN ALPEN
Elfriede Jelinek

VERKOMMENES UFER MEDEAMATERIAL LANDSCHAFT MIT ARGONAUTEN
Heiner Müller

DIE PERSER
HobbypopMUSEUM präsentiert: nach Aischylos

ORESTIE
Aischylos

SALLINGER
Bernard-Marie Koltès

THE KAPULIKAUPUNKI BROKEN HEART ORCHESTRA

HEILIGER KRIEG
Rainald Goetz

OTHELLO
William Shakespeare

DAS FEST DES LAMMS
Leonora Carrington

MISS SARA SAMPSON
Gotthold Ephraim Lessing

METAMORPHOSEN
Ein Liederabend von Franz Wittenbrink

KRIEG. MAN KOMMT EINFACH NICHT DRUMHERUM. BUSH, RUMSFELD UND CO. WOLLEN DIE WELT NEU ORDNEN. ES HABEN VERÄNDERUNGEN EINGESETZT, DIE LÄNGST BEGONNEN HABEN. GLOBALISIERUNG, GLAUBENS-KRIEGE UND DIE REDE VON DER UNEINGESCHRÄNKTEN SOLIDA-RITÄT SPORNEN AN ZUM NEUEN DENKEN, ZUM MUTIGEN FRAGEN. HAT UNS DIE ZEIT ÜBERROLLT?

SIND UNSERE BÜRGERLICHEN NORMEN NOCH IRGENDETWAS WERT? WOHNZIMMER, KIRCHENRAUM, SCHLACHTFELD: DAS SIND DIE BÜHNEN, AUF DENEN AN DEN KAMMERSPIELEN POLITIK VERHANDELT WIRD.

Bild oben: **Lars Rudolph, Martin Schütz, Oliver Mallison**
Bild unten: **André Jung, Daniel Chait, Oliver Mallison, Christa Berndl**

Uraufführung

Elfriede Jelinek

IN DEN ALPEN

Premiere am 05.10.2002
im Neuen Haus
Bühne 2

Premiere am 25.10.2002
im Schauspielhaus Zürich
Schiffbau-Box

Regie
Christoph Marthaler
Bühne, Kostüme
Anna Viebrock
Musik
Martin Schütz
Licht
Björn Gerum
Dramaturgie
Stefanie Carp

Mit
Christa Berndl
Stephan Bissmeier
Daniel Chait
Caroline Ebner
André Jung
Oliver Mallison
Mira Partecke
Lars Rudolph
Martin Schütz
Thomas Stache

Koproduktion mit dem
Schauspielhaus Zürich

29 Vorstellungen
(Zürich und München)

__SPIELZEIT 2002/03

Heiner Müller

VERKOMMENES UFER MEDEAMATERIAL LANDSCHAFT MIT ARGONAUTEN

Premiere am 25.10.2002
im Neuen Haus
Bühne 1

Regie
Thirza Bruncken
Bühne, Kostüme
Robert Ebeling
Licht
Jürgen Tutzer
Dramaturgie
Tilman Raabke
Choreographie
Anthony Taylor

Mit
Marion Breckwoldt
Anna Böger
Robert Dölle
Jochen Noch
Tanja Schleiff
Stephan Zinner

23 Vorstellungen

Bild oben: **Robert Dölle, Jochen Noch**
Bild unten: **Marion Breckwoldt, Jochen Noch, Robert Dölle, Anna Böger, Tanja Schleiff, Stephan Zinner**

Bild rechts: **Hannes Hellmann, Viola Drewanz, Zuschauer**

HobbypopMUSEUM
präsentiert

DIE PERSER

Nach Aischylos

Deutsch von Durs Grünbein

Premiere am 31.10.2002
im Neuen Haus

Regie
hobbypopMUSEUM
Dramaturgie
Björn Bicker
Marion Hirte

Xerxes
Hannes Hellmann
Atossa
Doris Schade
Mann 1
Bernhard Meindl
Mann 2
Maximilian von Rossek
Frau 1
Barbara Böhler
Frau 2
Gitte Reppin
Geige
Anna Enzler

6 Vorstellungen

__SPIELZEIT 2002/03

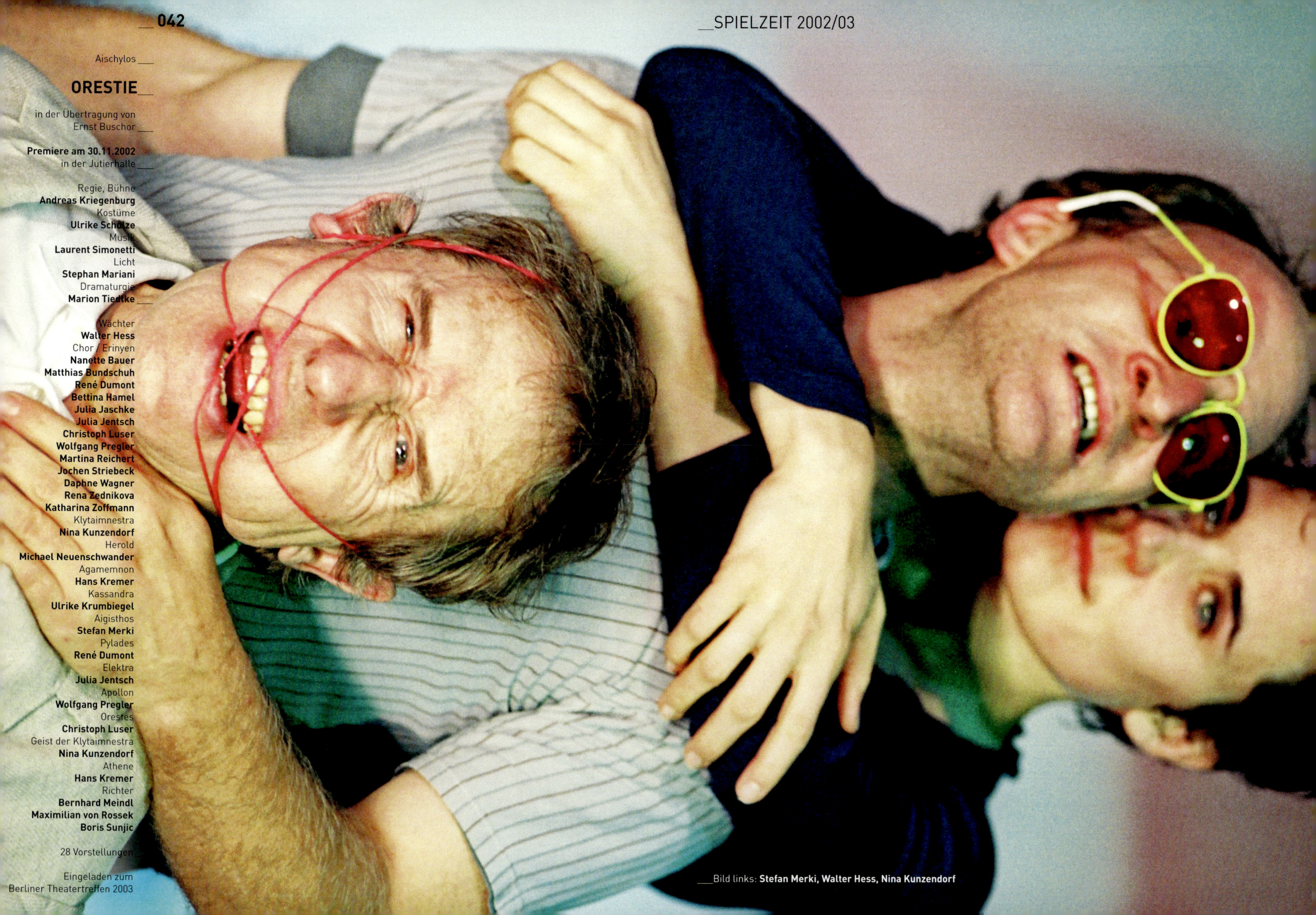

Bild links: Stefan Merki, Walter Hess, Nina Kunzendorf

Eingeladen zum
Berliner Theatertreffen 2003

28 Vorstellungen

Bernhard Meindl
Maximilian von Rossek
Boris Sunjic
Richter
Hans Kremer
Athene
Nina Kunzendorf
Geist der Klytaimnestra
Christoph Luser
Orestes
Wolfgang Pregler
Apollon
Julia Jentsch
Elektra
René Dumont
Pylades
Stefan Merki
Aigisthos
Ulrike Krumbiegel
Kassandra
Hans Kremer
Agamemnon
Michael Neuenschwander
Herold
Nina Kunzendorf
Klytaimnestra
Katharina Zoffmann
Rena Zednikova
Daphne Wagner
Jochen Striebeck
Martina Reichert
Wolfgang Pregler
Christoph Luser
Julia Jentsch
Julia Jaschke
Bettina Hamel
Matthias Bundschuh
Nanette Bauer
Chor / Ernyen
Walter Hess
Wächter

Marion Tiedtke
Dramaturgie
Stephan Mariani
Licht
Laurent Simonetti
Musik
Ulrike Schütze
Kostüme
Andreas Kriegenburg
Regie, Bühne

in der JulierHalle
Premiere am 30.11.2002

in der Übertragung von
Ernst Buschor

ORESTIE

Aischylos

Bild oben: **Michael Neuenschwander, Julia Jaschke, Nanette Bauer, Walter Hess**
Bild unten: **Julia Jentsch, Ensemble**

__SPIELZEIT 2002/03

SALLINGER

Bernard-Marie Koltès

Deutsch von Corinna Frey und Simon Werle

Premiere am 05.12.2002
im Neuen Haus
Buhne 2

Regie
Christina Paulhofer
Bühne
Alex Harb
Kostüme
Nina Wetzel
Musik
Silvain Jacques
Video
Sebastian Dupouey
Choreographie
Johanna Richter
Kampftrainer
Heinz Wanitschek
Licht
Max Keller
Dramaturgie
Björn Bicker

Rotfuchs
Martin Butzke
Al
Michael Tregor
Ma
Hildegard Schmahl
Carole
Katharina Schubert
Leslie
Paul Herwig
Anna
Mira Partecke
June
Meriam Abbas
Henry
Lorenz Nufer
Rotfuchs als Kind
Constantin Bastmann
Konstantin Königsbauer
Leslie als Kind
Marian Lösch
Korbinian Königsbauer
Anna als Kind
Julia Eggert
Aurelia Königsbauer
Policeman
Rawle Harper
Moussa Ouattara

21 Vorstellungen

Bild: Michael Tregor, Mira Partecke, Paul Herwig

_SPIELZEIT 2002/03

THE KAPULIKAUPUNKI BROKEN HEART ORCHESTRA

Premiere 16.12.2002

Musikalische Leitung
Robert Probst
Dramaturgie
Marion Hirte
Regie
Stephanie Sewella

Mit
**René Dumont
Paul Herwig
Stefan Merki
Michael Neuenschwander
Lorenz Nufer
Robert Probst
Katharina Schubert
Stephan Zinner**

18 Vorstellungen

Bild oben: Stefan Merki, René Dumont, Paul Herwig
Bild unten: Stefan Merki, Paul Herwig, René Dumont, Stephan Zinner, Lorenz Nufer

Bild rechts: **Bruno Cathomas**

Rainald Goetz

HEILIGER KRIEG

Premiere am 15.02.2003
in der Jutierhalle

Regie
Lars-Ole Walburg
Bühne
Barbara Ehnes
Kostüme
Selina Peyer
Musik
Theo Nabicht
Video
Bert Zander
Licht
Stephan Mariani
Dramaturgie
Marion Hirte

Stammheimer
Bruno Cathomas
Stockhausen
Michael Neuenschwander
Heidegger
René Dumont
Bürger
Robert Dölle
Hans Kremer
Jochen Noch
Jochen Striebeck
Stephan Zinner
Soldaten
Martin Butzke
Christoph Luser
Chor der jungen Mädchen
Lisa Hoppe
Dorothea Lata
Eva-Maria Pichler
Gitte Reppin
Melanie von Sass
Lilly Marie Tschörtner

15 Vorstellungen

_047   _SPIELZEIT 2002/03

William Shakespeare

OTHELLO

in einer Bearbeitung
von Feridun Zaimoglu
und Günter Senkel

Premiere am 29.03.2003
im Schauspielhaus

Regie
Luk Perceval
Bühne
Katrin Brack
Kostüme
Ursula Renzenbrink
Musik
Jens Thomas
Licht
Max Keller
Dramaturgie
Marion Tiedtke

Othello
Thomas Thieme
Brabantio, Senator,
Desdemonas Vater
Werner Rehm
Cassio, Othellos Leutnant
Stefan Merki
Jago, Othellos Fähnrich
Wolfgang Pregler
Rodrigo
Bernd Grawert
Fürst, Doge von Venedig
Wolfgang Hinze
Desdemona, Othellos Frau
Julia Jentsch
Emilia, Jagos Frau
**Sheri Hagen
Nathalie Hünermund**
Pianist
Jens Thomas

94 Vorstellungen

Eingeladen zum
Theaterfestival deutscher
Sprache Prag 2003
Eingeladen zu den
Autorentheatertagen
Hamburg 2004
Eingeladen zu den
Salzburger Festspielen 2005
Eingeladen zum
Shakespeare Festival 2006
Stratford upon Avon
Eingeladen zum
Copenhagen Jazz Festival
Fonden in Kopenhagen 2008
Eingeladen zum
8th Performing Art Festival
in Seoul 2008
Fernsehaufzeichnung
für ZDFtheaterkanal / 3sat,
ausgestrahlt am 29.03.2003

Bild: **Julia Jentsch, Jens Thomas, Wolfgang Hinze,
Thomas Thieme, Sheri Hagen, Werner Rehm, Stefan Merki**

Leonora Carrington

DAS FEST DES LAMMS

Premiere am 30.04.2003 im Schauspielhaus

Regie
Jossi Wieler
Bühne
Jens Kilian
Kostüme
Gesine Völlm
Musik
Wolfgang Siuda
Licht
Max Keller
Dramaturgie
Tilman Raabke

Mrs. Margret Carnis
Hildegard Schmahl
Philip, ihr ältester Sohn
Michael Wittenborn
Theodora,
Philips zweite Frau
Anna Böger
Elizabeth,
Philips geschiedene Frau
Annette Paulmann
Jeremy, Philips Bruder
Hannes Hellmann
Robert, Kammerdiener
Matthias Bundschuh
Violet, Stubenmädchen
Mira Partecke
Joe Green, Schäfhirte
Daphne Wagner
Henry,
Mrs. Carnis' Lieblingshund
Walter Hess
Gwendolyn Fitzpatrick,
Mrs. Carnis' Mutter als Kind
Katharina Schubert
Frederick, ihr Liebhaber
Paul Herwig

23 Vorstellungen

Bild links: Anna Böger, Matthias Bundschuh, Mira Partecke, Hannes Hellmann

Bild rechts: **Michael Wittenborn, Hildegard Schmahl**

__SPIELZEIT 2002/03

Bild links: Caroline Ebner, Nina Kunzendorf

MISS SARA SAMPSON

Gotthold Ephraim Lessing

Premiere am 22.05.2003 im Schauspielhaus

Regie
Stephan Rottkamp
Bühne
Robert Schweer
Kostüme
Katharina Krominga
Musik
Laurent Simonetti
Licht
Björn Gerum
Dramaturgie
Björn Bicker

Sir William Sampson
Hans Kremer
Miss Sara
Caroline Ebner
Mellefont
Robert Dölle
Marwood
Nina Kunzendorf
Waitwell
Jochen Noch
Arabella
Dana Mohr
Rose-Lise Bonin

42 Vorstellungen

Bild rechts: **Christa Berndl, Lorenz Nufer**

Ein Liederabend
von Franz Wittenbrink

METAMOR-
PHOSEN

Premiere am 12.06.2003
im Schauspielhaus

Musikalische Leitung
Franz Wittenbrink
Regie
Franz Wittenbrink
Stephanie Mohr
Bühne
Alfred Peter
Kostüme
Kathi Maurer
Licht
Björn Gerum
Dramaturgie
Marion Hirte

Jupiter
Joachim Nimtz
Juno
Katharina Schubert
Merkur
Stefan Merki
Orpheus, Bacchus
Stephan Zinner
Narziss
Lorenz Nufer
Pygmalion
Paul Herwig
Diana, Daphne, Galatea, Echo
Tanja Schleiff
Eurydike, Venus, Callisto, Danae
Anne Therese Brenner
Sibylle
Christa Berndl

Musiker:
Flügel
Franz Wittenbrink
Robert Probst
Gitarre
Lothar Müller
Roland Reinke

33 Vorstellungen

_053 __SPIELZEIT 2002/03

SPIELZEIT 2003/04:
ARMUT, REICHTUM, WER SPRICHT FÜR UNS?

WER KANN IN EINER GLOBALISIERTEN WELT EIGENTLICH NOCH ANGEMESSEN UNSERE INTERESSEN VERTRETEN? NATIONALSTAATEN? DIE UNO? ODER BRAUCHT ES NICHT GANZ NEUE FORMEN DER STELLVERTRETUNG? WAS SIND MENSCHENRECHTE?

PLASTILIN
Wassilij Sigarew

DA KOMMT NOCH WER
Jon Fosse

ANATOMIE TITUS FALL OF ROME EIN SHAKESPEARE-KOMMENTAR
Heiner Müller

ARMUT. BILDER UNSERER GESELLSCHAFT
Theater, Film, Training und Beratung

KAROSHI, TOD DURCH ÜBERARBEITUNG
Ein Abend zum Thema Armut und Flexibilität

SCHÖNE BESCHERUNGEN
Alan Ayckbourn

DON KARLOS
Friedrich Schiller

KLARAS VERHÄLTNISSE
Dea Loher

MITTAGSWENDE
Paul Claudel

HERMES IN DER STADT
Lothar Trolle

ANTIGONE
Sophokles

GIBT ES EINE DRITTE WELT? DARF ANTIGONE IHREN BRUDER BEGRABEN? IST DER FALL OF ROME NUR EIN SHAKESPEARE-KOMMENTAR ODER MÜSSEN DIE LADENBESITZER AUF DER MAXIMILIANSTRASSE IHRE SCHAUFENSTER VERRAMMELN? REICHT ES EIGENTLICH, IMMER NUR ZU FRAGEN? IST THEATER EINE ANTWORT?

Bild links: Michael Neuenschwander, Matthias Bundschuh, Christoph Luser, Jochen Noch

Wassili Sigarew

PLASTILIN

Deutsch von
Alexander Kart

Premiere am 07.10.2003
im Schauspielhaus

Regie
Anselm Weber
Bühne
Katrin Nottrodt
Kostüme
Anja Rabes
Musik
Wolfgang Siuda
Licht
Jürgen Tulzer
Dramaturgie
Marion Tiedtke

Maxim
Christoph Luser
Spira
Matthias Bundschuh
Ljocha
Martin Butzke
Sie
Julia Jentsch
Großmutter
Doris Schade
Mutter von Spira,
Braut, Frau mit Krapfen
Gundi Ellert
Großmutter von Spira,
Mutter von Ljocha,
Verkäuferin
Daphne Wagner
Lehrerin, Frau mit Tasche
Marion Breckwoldt
Kleiner Mann, Direktor
Walter Hess
Mann auf dem Balkon,
Nachbar, Bräutigam
René Dumont
Frau im Park, Mutter von Sie
Annette Paulmann
Rote Jacke, Junge im Park
Johannes Klama
Junge, Kleiderschrank
Florian Schmidt-Gahlen
Mädchen, Natacha,
Frau in der Schlange
Anna Böger
Nackter
Michael Neuenschwander
Kadett
Jochen Noch

24 Vorstellungen

Bild oben: **Katharina Schubert**
Bild unten: **Stephan Bissmeier, Katharina Schubert**

Jon Fosse

DA KOMMT NOCH WER

Deutsch von
Hinrich Schmidt-Henkel

Premiere am 08.10.2003
im Werkraum

Regie
Christiane Pohle
Bühne, Kostüme
Anna Börnsen
Licht
Christian Mahrla
Dramaturgie
Marion Hirte

Er
Stephan Bissmeier
Sie
Katharina Schubert
Der Mann
Oliver Mallison

55 Vorstellungen

Eingeladen zum
Kontakt Festival
in Torun 2004

_057

__SPIELZEIT 2003/04

ANATOMIE TITUS FALL OF ROME EIN SHAKESPEARE-KOMMENTAR

Heiner Müller

Premiere am 15.11.2003 im Schauspielhaus

Regie
Johan Simons
Bühne
Bert Neumann
Kostüme
Nina von Mechow
Licht
Max Keller
Musikalische Einrichtung
Jan-Christof Haas
Dramaturgie
Bo Koek

Titus Andronikus
Koen Tachelet
Marcus
Tilman Raabke
Lucius
André Jung
Lavinia
Michael Neuenschwander
Saturnin
Paul Herwig
Bassian
Nina Kunzendorf
Tamora
Matthias Bundschuh
Demetrius
Stephan Zinner
Chiron
Marion Breckwoldt
Aaron
René Dumont
Ein Gote
Lorenz Nufer
Eine Gotin
Hans Kremer
Ein Entertainer
Martin Buzke
Mira Partecke
Wolfgang Pregler

31 Vorstellungen

Theater heute:
Inszenierung des Jahres
Eingeladen zum
Berliner Theatertreffen 2004
Eingeladen zum BITEF
Festival in Belgrad 2004
Eingeladen zum Holland-Festival in Amsterdam 2005
Fernsehaufzeichnung
für ZDFtheaterkanal / 3sat,
ausgestrahlt am 02.05.2004

Bild links: **Nina Kunzendorf, Andre Jung, Marion Breckwoldt**

Bild rechts: **Lorenz Nufer, Mira Partecke, René Dumont, Wolfgang Pregler, Michael Neuenschwander, Matthias Bundschuh, Marion Breckwoldt, Martin Butzke**

_SPIELZEIT 2003/04

ARMUT. BILDER UNSERER GESELLSCHAFT

Ein Wochenende im Werkraum: Theater, Filme, Gespräche, Gesänge, Börsengänge, Interviews, Tänze und Trainingseinheiten

Am 28. und 29.11.2003

DAS HALBE LEBEN
Ein Dokumentarfilm von Mechthild Gassner

IST ARBEIT DAS HALBE LEBEN?
Ein Gespräch über Wege aus der Arbeitslosigkeit

DEAD CAT BOUNCE (TRY OUT)
Mit Chris Kondek & Co. live an der New Yorker Börse

2047
Ein Film von UMfal

MIT ZWÖLF GING'S ABWÄRTS WIE IM LIFT
Rapper und Breaker vom Hasenbergl

PLANET HASENBERGL
Ein Dokumentarfilm von Claus Strigel

LEBEN IM GHETTO?
Ein Gespräch über das Hasenbergl

FINDE DEINEN TRAUMJOB
Livecoaching mit Thomas Heinle und Kollegen

GERECHTFERTIGTE UNGLEICHHEIT – WIE GERECHT IST UNSERE GESELLSCHAFT?
Eine Podiumsdiskussion

Bild links: **Dead Cat Bounce**

Bild rechts: **Christoph Luser, Walter Hess, Jochen Striebeck, Hildegard Schmahl, Anna Böger**

KAROSHI. TOD DURCH ÜBERARBEITUNG

Ein Abend zum Thema
Armut und Flexibilität

Premiere am 29.11.2003
im Werkraum

Regie
Stephanie Sewella
Bühne
Nadia Fistarol
Kostüme, Video
Isabel Robson
Musik
PeterLicht
Dramaturgie
Björn Bicker

Mit
Anna Böger
Walter Hess
Christoph Luser
Oliver Mallison
Hildegard Schmahl
Jochen Striebeck

22 Vorstellungen

_SPIELZEIT 2003/04

Alan Ayckbourn

SCHÖNE BESCHERUNGEN

Deutsch von Max Faber

Premiere am 14.12.2003 im Schauspielhaus

Regie
Karin Beier
Bühne
Jens Kilian
Kostüme
Lydia Kirchleitner
Musikalische Einrichtung
Wolfgang Siuda
Licht
Jürgen Tulzer
Dramaturgie
Marion Tiedtke

Neville
Jochen Noch
Belinda, seine Frau
Katharina Schubert
Phyllis, seine Schwester
Gundi Ellert
Harvey, sein Onkel
Michael Wittenborn
Bernard, Phyllis' Mann
Stephan Bissmeier
Rachel, Belindas Schwester
Caroline Ebner
Eddie
Stefan Merki
Pattie, seine Frau
Annette Paulmann
Clive
Robert Dölle

39 Vorstellungen

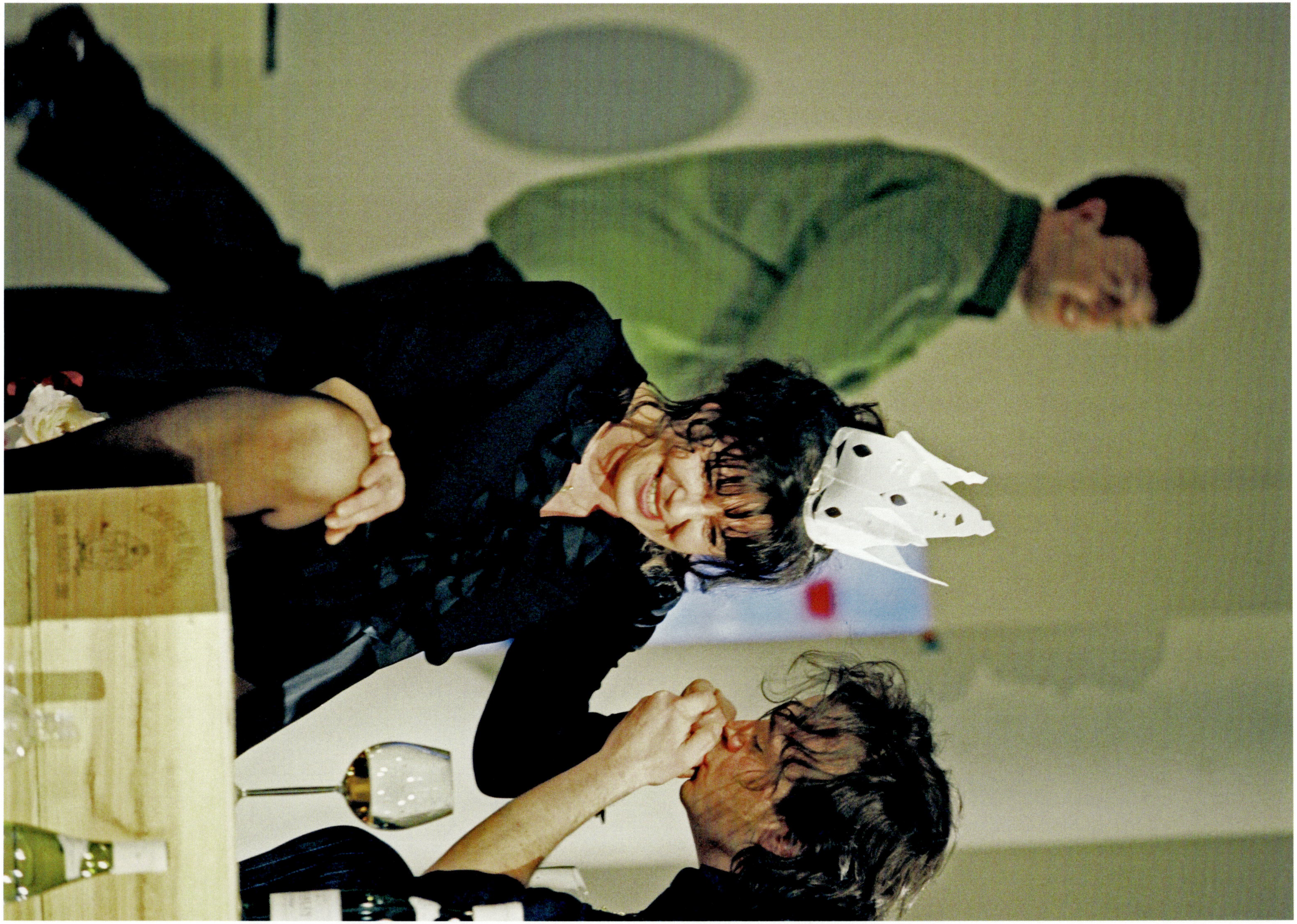

Bild links: Jochen Noch, Gundi Ellert, Robert Dölle

Bild rechts: **Paul Herwig, Jochen Striebeck**

Friedrich Schiller

DON KARLOS

Premiere am 07.02.2004
im Schauspielhaus

Regie
Sebastian Nübling
Bühne, Kostüme
Muriel Gerstner
Licht
Björn Gerum
Musik
Lars Wittershagen
Dramaturgie
Marion Hirte

Philipp II,
König von Spanien
Hans Kremer
Elisabeth von Valois,
seine Gemahlin
Anna Böger
Don Karlos, der Kronprinz
Paul Herwig
Marquisin von Mondecar
Britta Hammelstein
Gitte Reppin
Katharina Uhland
Prinzessin von Eboli
Matthias Bundschuh
Marquis von Posa
René Dumont
Herzog von Alba
Jochen Striebeck
Lerma
Jürgen Stössinger
Domingo,
Beichtvater des Königs
Walter Hess
Der Großinquisitor
Wolfgang Pregler
Die Infantin Clara Eugenia
Elisabeth Berlinghof
Celina Seitz

52 Vorstellungen

_063   _SPIELZEIT 2003/04

KLARAS VERHÄLTNISSE

Dea Loher

Premiere am 11.03.2004
im Neuen Haus

Inszenierung
Stephan Rottkamp
Bühne, Projektionen
Robert Schweer
Kostüme
Ulrike Schulze
Musik
Jörg Gollasch
Licht
Jürgen Tulzer
Dramaturgie
Marion Tiedtke

Klara
Caroline Ebner
Irene
Mira Partecke
Gottfried, deren Mann
Michael Neuenschwander
Georg
Stefan Merki
Tomas
Christoph Luser
Elisabeth
Marion Breckwoldt
Ein Chinese
Stephan Zinner

32 Vorstellungen

Bild links: Michael Neuenschwander, Mira Partecke

Bild rechts: **Caroline Ebner**

SPIELZEIT 2003/04

Paul Claudel ___

MITTAGSWENDE___

Deutsch von
Edwin Maria Landau ___

Premiere am 03.04.2004 ___

Regie
Jossi Wieler
Bühne, Kostüme
Anja Rabes
Musik
Wolfgang Siuda
Licht
Max Keller
Dramaturgie
Tilman Raabke ___

Ysé
Nina Kunzendorf
Mesa
Stephan Bissmeier
De Ciz
Jochen Noch
Amalric
Hans Kremer ___

45 Vorstellungen ___

Eingeladen zum
Berliner Theatertreffen 2005

Bild oben: **Nina Kunzendorf, Hans Kremer**
___Bild unten: **Stephan Bissmeier, Nina Kunzendorf**

Bild rechts: **Gundi Ellert, Annette Paulmann**

Lothar Trolle

HERMES IN DER STADT

Premiere am 13.05.2004
im Werkraum

Regie
Laurent Chétouane
Bühne, Kostüme
Anna Börnsen
Musik
Lenard Schmidthals
Licht
Björn Gerum
Dramaturgie
Tilman Raabke

Mit
Martin Butzke
Gundi Ellert
Walter Hess
Christoph Luser
Lorenz Nufer
Annette Paulmann
Katharina Schubert
Stephan Zinner

25 Vorstellungen

_SPIELZEIT 2003/04

ANTIGONE

Sophokles

nach einer Übersetzung von Wilhelm Jordan

Premiere am 20.05.2004
im Schauspielhaus

Regie
Lars-Ole Walburg
Bühne
Barbara Ehnes
Kostüme
Selina Peyer
Video
Robert Lehniger
Musik
Anno Kesting
Licht
Max Keller
Dramaturgie
Marion Hirte

Antigone
Julia Jentsch
Ismene, Eurydike
Caroline Ebner
Kreon
Michael Neuenschwander
Wächter
Oliver Mallison
Haimon
Paul Herwig
Teiresias
Doris Schade
Chor
**Hermann Beyer,
Dieter Montag**
Knabe
Louis Merki
Percussion
**Leonid Chabbi,
Anno Kesting**

61 Vorstellungen
tz-Rosenstrauß des Jahres 2004 für
Julia Jentsch
AZ-Stern des Jahres 2004 für
Julia Jentsch

Bild: Michael Neuenschwander, Julia Jentsch

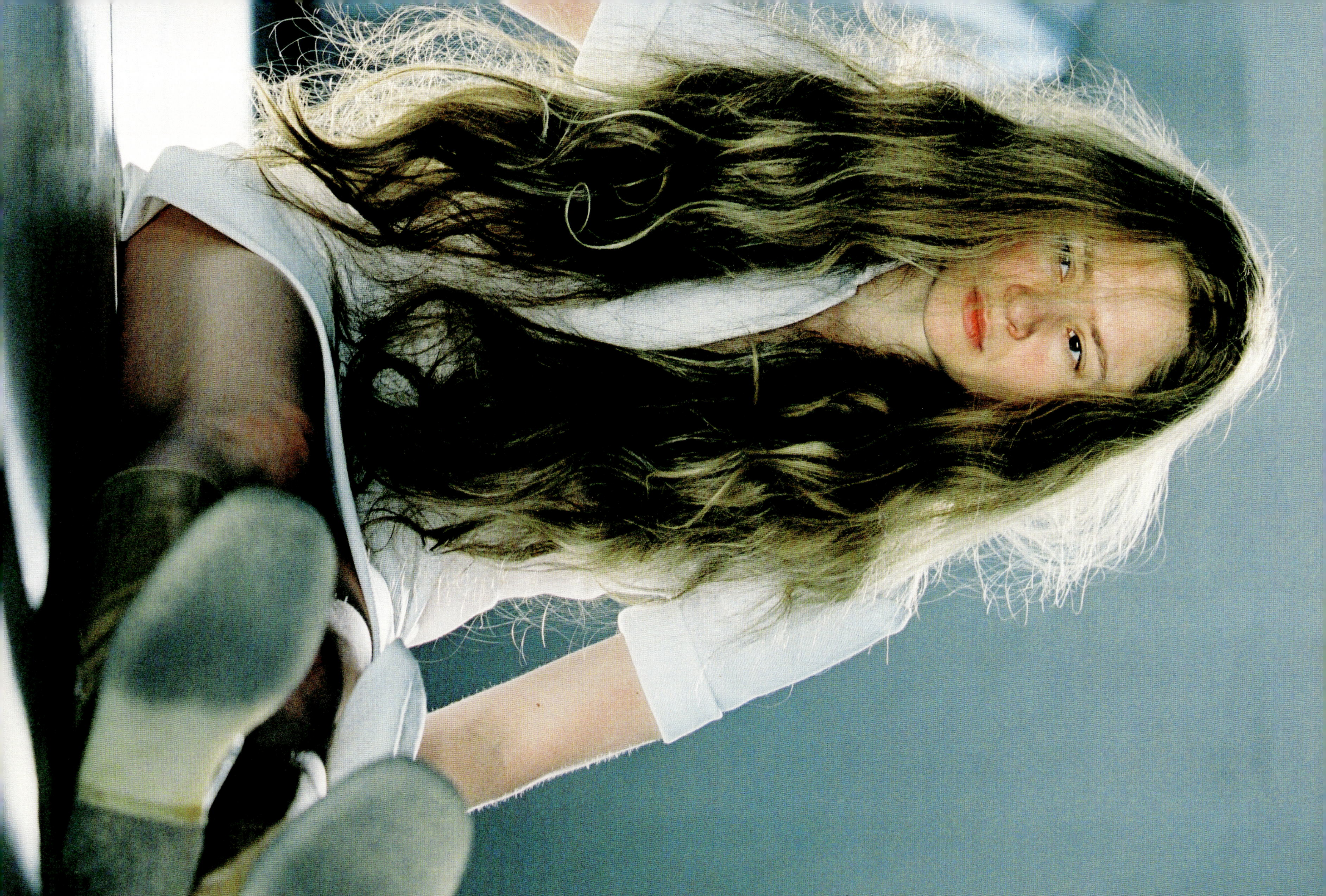

SPIELZEIT 2004/05: DIE ZEHN GEBOTE.

GOTT, DU SOLLST KEINE ANDEREN GÖTTER HABEN NEBEN MIR, ICH BIN DER HERR DEIN GOTT: ICH BIN DER HERR DEIN LETTERN: GEPINSELT IN GROSSEN ROTEN LETTERN AN DIE WAND UNSERER ZEIT, ANTWORTEN AUF DIE RATLOSIGKEIT UNSERER ZEIT, AN DIE WAND GEPINSELT IN GROSSEN ROTEN JÜDISCHEN TRADITION EIN PAAR FINDEN SICH IN DER CHRISTLICH-JÜDISCHEN TRADITION EIN PAAR RELIGION IN UNSER LEBEN, VIELLEICHT DER NEUERLICHE EINBRUCH DER

THE NEW ELECTRIC BALLROOM
Enda Walsh

RADIO NOIR
Albert Ostermaier

FÜNF GOLDRINGE —
Joanna Laurence

BUNNYHILL 1
Eine Staatsgründung
Peter Kastenmüller
Björn Bicker
Michael Graessner

EIN JUNGE, DER NICHT MEHMET HEISST
Ein Projekt mit Schauspielern und Jugendlichen

DIE NIBELUNGEN
Friedrich Hebbel

KEIN SCHÖNER LAND
Ein Heimat-Liederabend von Franz Wittenbrink

WINTER
Jon Fosse

DIE ZEHN GEBOTE
Nach den Geschichten und Filmen Dekalog 1–10 von Krzysztof Kieślowski und Krzysztof Piesiewicz

WILDE —
DER MANN MIT DEN TRAURIGEN AUGEN
Händl Klaus

Brandherde:
**GLAUBENS-
KRIEGE:
ICH BIN
DER HERR,
DEIN GOTT**

Enda Walsh
CHATROOM

William Shakespeare
HAMLET

Gerhard Hauptmann
**VOR SONNEN-
AUFGANG**

Wer's glaubt, wird selig.
Santo Subito 1
**HEILIGER
ANTONIUS
HEILIGE MARIA
MAGDALENA**

Wer's glaubt, wird selig.
Santo Subito 2
**KAROL
WOIJTILA
RESL VON
KONNERSREUTH**

GÖTTER HABEN NEBEN MIR. DU SOLLST NICHT TÖTEN. UND SO WEITER. WÄREN WIR BEREIT FÜR UNSERE ÜBERZEUGUNGEN UND UNSEREN GLAUBEN ZU KÄMPFEN? WAS GÄLTE ES ÜBERHAUPT ZU VERTEIDIGEN? UND GEGEN WEN? AUF DER DIPLOMATISCHEN BÜHNE IST VON DER ACHSE DES BÖSEN DIE REDE, VON KREUZZÜGEN. UND HIER? IN MÜNCHEN? RAUS IN DIE STADT, AN DEN RAND (UND WIEDER ZURÜCK).

„STAATEN WERDEN GEGRÜNDET, ZENTRUM UND PERIPHERIE SAGEN LEISE SERVUS ZUEINANDER, MAL SEHEN, WAS BLEIBT.

Uraufführung
Enda Walsh
THE NEW ELECTRIC BALLROOM
Deutsch von Peter Torberg
Premiere am 30.09.2004, im Schauspielhaus

Regie
Stephan Kimmig
Bühne
Claudia Rohner
Kostüme
Anja Rabes
Musik
Michael Verhovec
Licht
Max Keller
Dramaturgie
Björn Gerum
Marion Tiedtke

Ada
Annette Paulmann
Breda
Hildegard Schmahl
Clara
Barbara Nüsse
Patsy
Hans Kremer

24 Vorstellungen

Theater heute:
Bestes Ausländisches Stück des Jahres 2004/2005

THE NEW ELECTRIC BALLROOM ist ein Auftragswerk für die Münchner Kammerspiele. Wir danken der Lejeune Academy für die freundliche Unterstützung

Bild links: **Hans Kremer**

Bild rechts: **Caroline Ebner**

Albert Ostermaier

RADIO NOIR

Premiere am 02.10.2004
im Werkraum

Regie
Monika Gintersdorfer
Bühne, Kostüm
Christin Vahl
Sounddesign
Arvild Baud

Parthenope, Nighttalkerin
Caroline Ebner

Übernahme vom
Deutschen Schauspielhaus
Hamburg

47 Vorstellungen

Bild links: **Wolfgang Pregler, Walter Hess**

Joanna Laurens

FÜNF GOLDRINGE

Deutsch von Raphael Urweider

Premiere in Salzburg am 27.07.2004

Premiere in München am 03.10.2004 im Schauspielhaus

Regie
Christiane Pohle
Bühne, Kostüme
Maria-Alice Bahra
Musik
Peter Pichler
Video
Robert Lehniger
Licht
Jürgen Tulzer
Dramaturgie
Marion Hirte

Henry
Walter Hess
Simon
Wolfgang Pregler
Miranda
Karin Pfammatter
Daniel
Matthias Bundschuh
Freya
Katharina Schubert

Koproduktion mit den Salzburger Festspielen 2004

23 Vorstellungen

Bild oben links: **Karin Pfammmatter**
Bild oben rechts: **Katharina Schubert**
Bild unten: **Matthias Bundschuh, Katharina Schubert**

_SPIELZEIT 2004/05

BUNNYHILL 1
EINE STAATSGRÜNDUNG
22.10.–19.12.2004

Peter Kastenmüller
Björn Bicker
Michael Graessner

Organisation, Produktion
Uticha Marmon
Sarah Myriam Wolf
Ton, Video
Georg Veit
Licht
Christian Schweig
Requisite
Horst Baur
Berhard Dierks
Bühnenmeister
Richard Bobinger

SPIELZEIT 2004/05

BUNNYHILL 1

Uraufführung

EIN JUNGE, DER NICHT MEHMET HEISST

Ein Projekt mit
Schauspielern und
Jugendlichen

Premiere am 22.10.2004
im Neuen Haus

Regie
Peter Kastenmüller
Bühne
Michael Graessner
Lucio Auri
Kostüme
Ayzit Bostan
Dramaturgie
Björn Bicker
Licht
Christian Schweig

Mit
Marion Breckwoldt
Martin Butzke
Cristin König
Jochen Noch
Stephan Zinner
Und
Alex Adler
Onur Balta
Ramadan Jashari
Besnik Osmani
Toni Osmani
Linda Mittermüller
Daniel Rohleder
Severina Steiner
Jannis Tsialas

22 Vorstellungen

Eingeladen zu den
Ruhrfestspielen
Recklinghausen 2005

SPIELZEIT 2004/05

BUNNYHILL 1

BUNNYHILL-Staatsgründung
Show

FAVORIT SPEZIAL
Club und Spiele

FÜNF TAGE BUNNYHILL
Mobile Pressekonferenz.
Fahrt zur Botschaft

BUNNYHILL-EMPFANG
Eröffnung der
BUNNYHILL-Botschaft
im Hasenbergl

BUNNYHILL-CHAT
mit dem neugewählten
Präsidenten und Gästen

Tag der Peripherie
SVEN MUNDT, 27 FRAGEN
Interviews mit Menschen
aus dem Hasenbergl –
Künstler in BUNNYHILL

BUNNYHILL-Academy
GHETTOKIDS
Hörsaal, Klinik, Sportplatz

BUNT KICKT GUT!
Abmache mit Don Chaos
Hörsaal, Klinik, Sportplatz
Hasenmalen

Vereinte
Transnationale Republiken
WIE KOMMT DIE KOHLE
NACH BUNNYHILL?
Globalisierung, Demokratie
und das Drucken von Geld

Essen Musik Tourette TV
BATTLE, BATTLE, BATTLE

Tobias Yves Zintel
lädt ein
Live im Zündfunk
BUNNYHILL – EIN
STAATSGRÜNDUNGSTHEATER
IM RADIO

WAHLNACHT USA

KAPULIKAUPUNKI
BROKEN HEART
ORCHESTRA

Jaromír Konečný
NEUPERLACH GRÜSST
BUNNYHILL
BUNNYHILL-Botschaft

GHETTOKIDS – IMMER DA
SEIN, WO'S WEH TUT
Buchpräsentation

Leseschule: Stücke,
Schauspieler, Autoren

Forum
TALK ÜBER
STAATSANGELEGENHEITEN

KAPAJKOS
Kaputte Mandolinenfolklore

SHOW DES SCHEITERNS

MINIBAR+4
Bilder, Buch und Bier

Rekolonisation
BLUTEN IN DER STADT

Schauplatz International
INTHEGHETTO,BLING,BLING

Sehschule
KONSTANTIN GRCIC,
FLORIAN BOEHM,
AYZIT BOSTAN

Danke Deutschland
BOOTSWRACKS,
SCHILY, ABSCHIEBUNG
Flüchtlinge in München

KANAK STAR
Ein Fernsehtheater von
Generation Aldi
Theater, Konzert, Club

Das Dorf
ALMANYA WAR
EIN TRAUM FÜR MICH
Theater

U20
Der Münchner Schüler-
POETRY-Slam 2004

MINIRAMP
Die BUNNYHILL-
Rollsportarena

CITY OF GOD
Leben und Sterben in Rio

FAVELA FUNK
mit DJ Agapé/HP

JUGEND IM HASENBERGL
Situation und Perspektive,
Bilanz und Charity –
War da was?

BUNNYHILL
in Utopia-Station
Intervention und
Performance

Adieu BUNNYHILL!
Abschiedsparty

_079

_SPIELZEIT 2004/05

BUNNYHILL 1 —
EIN JUNGE, DER NICHT MEHMET HEISST
Bei den Proben zu
diskutieren die Experten.

_081 __SPIELZEIT 2004/05

DIE NIBELUNGEN

Premiere am 04.12.2004
im Schauspielhaus

Regie und Bühne
Andreas Kriegenburg
Kostüme
Marion Münch
Musik
Laurent Simonetti
Licht
Jürgen Tulzer
Dramaturgie
Marion Tiedtke

Der gehörnte Siegfried:
König Gunther
Bernd Grawert
Hagen Tronje
Hans Kremer
Volker, der Spielmann
Paul Herwig
Giselher, Bruder des Königs
Christoph Luser
Gernot, Bruder des Königs
René Dumont
Siegfried
Oliver Malisson
Ute, Witwe Königs Dankrats
Hildegard Schmahl
Kriemhild, ihre Tochter
Wiebke Puls
Chor der Recken Siegfrieds
Salvatore Bruno
Christoph Dobmeier
Markus Eberhard
Lorenz Engel
Christoph Hierdeis
Johannes Laubin
Hans Kitzbichler
Thomas Lackinger
Bernhard Meindl
Sebastian Myrus
Maximilian von Rossek
Markus Schmädicke
Markus Ulmer
Reinhard Wellano

Siegfrieds Tod:
König Gunther
Bernd Grawert
Hagen Tronje
Hans Kremer
Volker
Paul Herwig
Giselher
Christoph Luser
Gernot
René Dumont
Siegfried
Oliver Malisson
Ute
Hildegard Schmahl
Kriemhild
Wiebke Puls

Bild links: Sebastian Weber, Oliver Malisson, Bernd Grawert (vorne Mitte) und der Chor der Recken

Brunhild,
Königin von Isenland
Julia Jentsch
Frigga, ihre Amme
Annette Paulmann

Kriemhilds Rache:
König Gunther
Bernd Grawert
Hagen Tronje
Hans Kremer
Volker
Paul Herwig
Giselher
Christoph Luser
Gerenot
René Dumont
Ute
Hildegard Schmahl
Kriemhild
Wiebke Puls
Markgraf Rüdeger
Walter Hess
Gudrun, Rüdegers Tochter
Mila Dargies
König Etzel
Stefan Merki
Werbel, Etzels Geiger
Sebastian Weber
Erzähler
Oliver Mallison
Annette Paulmann
Hildegard Schmahl
Sebastian Weber
Tiere
Markus Eberhard
Bernhard Meindl
Markus Ulmer
Reinhard Wellano

38 Vorstellungen

Eingeladen zum
Berliner Theatertreffen 2005
Theater heute:
Auszeichnung für
Wiebke Puls
als Schauspielerin des
Jahres 2004/2005 für
die Rolle der Kriemhild
Alfred-Kerr-Darstellerpreis
für Wiebke Puls 2005
3sat-Theaterpreis
für Andreas Kriegenburg
AZ-Stern des Jahres 2004
für Andreas Kriegenburg
Nestroy-Theaterpreis 2005
für die beste
deutschsprachige
Aufführung

Bild rechts: **Hans Kremer, Paul Herwig, René Dumont, Bernd Grawert, Stefan Merki, Mila Dargies, Christoph Luser, Wiebke Puls** (unten sitzend)

KEIN SCHÖNER LAND

Ein Heimat-Liederabend von Franz Wittenbrink

Premiere am 09.01.2005 im Schauspielhaus

Regie
Franz Wittenbrink
Stephanie Mohr
Bühne
Alfred Peter
Kostüme
Kathi Maurer
Licht
Björn Gerum
Dramaturgie
Marion Hirte
Korrepetitor
Manfred Manhart
Stefan Schmid

Mit
**Toni Berger /
Jean-Pierre Cornu
Christian Friedel
Hannes Hellmann
Berivan Kaya
Annette Paulmann
Anneke Schwabe
Stephan Zinner**

Klavier
**Franz Wittenbrink
Stefan Schmid**
Akkordeon, Gitarre, Tuba, etc.
Peter Pichler
Kontrabass
Tschinge Krenn
Percussion
Dim Sclichter

49 Vorstellungen

tz- Rosenstrauß des Jahres 2005 an die Produktion »Kein schöner Land«

Bild links: **Toni Berger**

Bild oben: **Sylvana Krappatsch, André Jung**
Bild unten: **André Jung, Sylvana Krappatsch**

Jon Fosse

WINTER

Deutsch von
Hinrich Schmidt-Henkel

Premiere am 29.01.2005
im Schauspielhaus

Regie
Jossi Wieler
Bühne, Kostüme
Anja Rabes
Musik
Wolfgang Siuda
Video
Sarah Derendinger
Dramaturgie
Robert Koall
Marion Tiedtke

Der Mann
André Jung
Die Frau
Sylvana Krappatsch

Übernahme vom
Schauspielhaus Zürich

27 Vorstellungen

DIE ZEHN GEBOTE

Nach den Geschichten und Filmen Dekalog 1–10 von Krzysztof Kieślowski und Krzysztof Piesiewicz

In einer Fassung von Koen Tachelet für die Münchner Kammerspiele

Premiere am 17.02.2005 im Schauspielhaus

Regie
Johan Simons
Bühne
Bert Neumann
Kostüme
Nina von Mechow
Musik
Patric Catani
Licht
Max Keller
Dramaturgie
**Koen Tachelet
Barbara Mundel**

Mit
**Stephan Bissmeier
Marion Breckwoldt
Peter Brombacher
Robert Dölle
Gundi Ellert
Paul Herwig
Julia Jentsch
André Jung
Nina Kunzendorf
Wolfgang Pregler
Katharina Schubert
Sebastian Weber**

33 Vorstellungen

Eingeladen zu den Autorentheatertagen Hamburg 2005

Bild: Robert Dölle, Sebastian Weber, Gundi Ellert, Wolfgang Pregler, Paul Herwig, André Jung, Stephan Bissmeier, Julia Jentsch, Nina Kunzendorf, Peter Brombacher

_SPIELZEIT 2004/05

Bild links: Jochen Noch, Matthias Bundschuh, Martin Butzke

WILDE – DER MANN MIT DEN TRAURIGEN AUGEN

Premiere am 02.03.2005
im Werkraum

Regie
Boris von Poser
Bühne, Kostüme
Katja Schröder
Musik
Wolfgang Böhmer
Licht
Christian Mahrla
Dramaturgie
Björn Bicker

Gunter aus Bleibach
Jochen Noch
Emil Flick
Martin Butzke
Hanno Flick
Matthias Bundschuh
Hedy Flick
Anna Böger
Wolfgang Flick
Walter Hess

23 Vorstellungen

BRANDHERDE: GLAUBENSKRIEGE
ICH BIN DER HERR, DEIN GOTT.
04./05.03.2005

BRANDHERDE: GLAUBENS-KRIEGE

FI.LO.TAS (PHILOTAS)
Roger Vontobel

UNTERGRUNDKRIEG
Murakami-Projekt
von Merzhäuser,
Krok, Preuss

KING KONG UND EUROPA …
Schauplatz international

DEAD CAT BOUNCE
mit Chris Kondek & Co. –
Live an der Börse

DIE ZEHN GEBOTE
(Ausschnitte)

ASSASINEN
Martin Heering

GLAUBENSKRISE GLAUB ICH NICHT
Jürgen Kuttner

Bekenntnisse von
Lukas Bärfuss
Tom Blokdijk
Peter Esterházy
Dea Loher
Thomas Meinecke
Günter Senkel
Juli Zeh

Lesung
ANSCHWELLENDER BOCKSGESANG

Gespräche
RELIGION – SINNSTIFTUNG ODER IDEOLOGIE?
Podiumsdiskussion
mit Matthias Geffrath
und Gästen

MIGRATION 2005 EINWANDERUNGSLAND DEUTSCHLAND!
Streitgespräch mit
MünchenPolis

Konzert
DIS•KA

SPIELZEIT 2004/05

BRANDHERDE: GLAUBENS-KRIEGE

STANDBILD MIT RANDEXISTENZEN

Theater / Performance
Stefanie Lorey und Björn Auftrag

Bild oben: **Elisa Leroy, Moritz Herle, Laura Ettel**
Bild unten: **Leopold Geßele, Moritz Herle, Rosanna Graf,
Elisa Leroy, Laura Ettel**

Uraufführung

Enda Walsh

CHATROOM

Deutsch von Yascha Mounk

Premiere am 02.04.2005
im Neuen Haus

Regie
Enda Walsh
Kostüme
Enda Walsh/Frauke Löffel
Bühne
**Enda Walsh
David Hohmann**
Dramaturgie
Uticha Marmon
Theaterpädagogik
Elke Bauer

Mit Jugendlichen aus der
Theatergruppe M8 MIT!

Laura
Laura Ettel
Eva
Rosanna Graf
Emily
Elisa Leroy
Jim
Moritz Geiser
William
Leopold Geßele
Jack
Moritz Herle

23 Vorstellungen

Eingeladen zu den
Duisburger Akzenten 2006
Eingeladen zu den
Bayerischen Theatertagen
2006

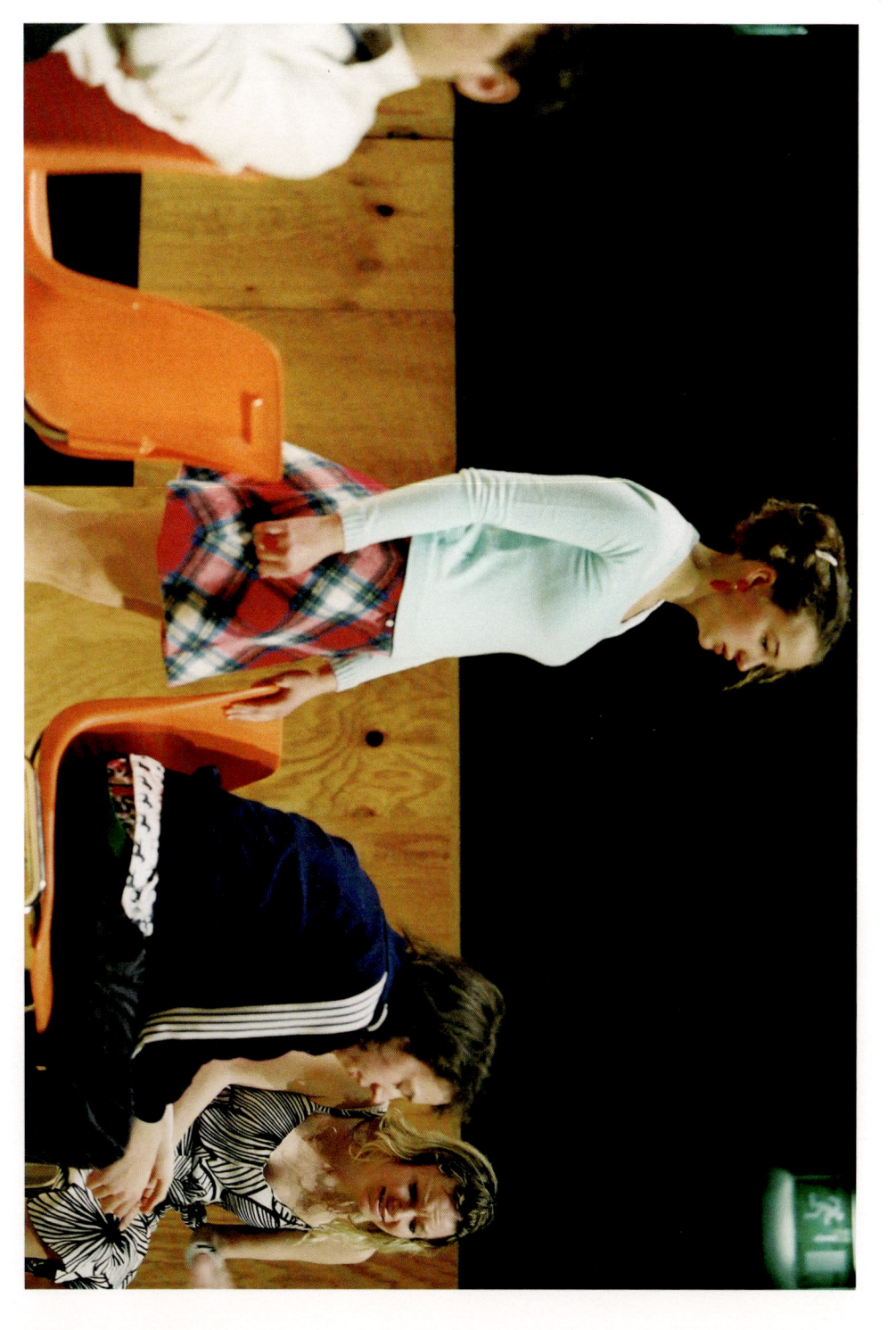

_093

__SPIELZEIT 2004/05

HAMLET

William Shakespeare

Deutsch von
Wolfgang Swaczynna

Premiere am 23.04.2005
im Schauspielhaus

Regie
Lars-Ole Walburg
Bühne
Barbara Ehnes
Kostüme
Anna Sofie Tuma
Soundgestaltung
Mark Meusinger
Licht
Max Keller
Dramaturgie
Marion Hirte

Claudius
Wolfgang Pregler
Gertrud
Ulrike Krumbiegel
Hamlet
Christoph Luser
Horatio
Sebastian Weber
Polonius
Jean-Pierre Cornu
Laertes
Oliver Mallison
Ophelia
Katharina Schubert
Rosencrantz
Stefan Merki
Guildenstern
René Dumont

46 Vorstellungen

Bild links: Jean-Pierre Cornu, Katharina Schubert

Bild rechts: **Christoph Luser**

__SPIELZEIT 2004/05

VOR SONNEN-AUFGANG

Gerhart Hauptmann

In einer Fassung der Münchner Kammerspiele

Premiere am 31.05.2005 im Schauspielhaus

Regie **Thomas Ostermeier**
Bühne **Rufus Didwiszus**
Kostüme **Nina Wetzel**
Video **Sebastien Dupouey**
Musik **Mark Polscher**
Licht **Max Keller**
Bjørn Gerum
Dramaturgie **Marion Tiedtke**

Krause **Peter Brombacher**
Frau Krause **Hildegard Schmahl**
Helene **Julia Jentsch**
Hoffmann **Michael Neuenschwander**
Carl William **Murali Perumal**
Alfred Loth **Stephan Bissmeier**
Dr. Schimmelpfennig **Paul Herwig**
Tony **Joel Olaño**
John **Joel Olaño**
Josy **Narude Sriprasertkul**

31 Vorstellungen

Bild: Michael Neuenschwander, Stephan Bissmeier

__SPIELZEIT 2004/05

WER'S GLAUBT, WIRD SELIG
SANTO SUBITO 1+2
03.–30.06.2005

HEILIGE MARIA MAGDALENA

Regie
Robert Lehniger
Kostüme
Sara Schwartz
Raum
Nadia Fistarol
Dramaturgische Betreuung
Marion Hirte

Mit
René Dumont
Walter Hess
Christoph Luser
Siegfried Terpoorten

5 Vorstellungen

Bild: René Dumont, Walter Hess

SPIELZEIT 2004/05

SPIELZEIT 2004/05

Bild oben links: **Anneke Schwabe**
Bild oben rechts: **Christoph Luser, Siegfried Terpoorten, René Dumont**
Bild unten links: **Robert Probst, Stefan Merki, Anneke Schwabe, Sebastian Weber**
Bild unten rechts: **Christoph Luser, Siegfried Terpoorten, René Dumont**

WER'S GLAUBT, WIRD SELIG. SANTO SUBITO 1
HEILIGER ANTONIUS
HEILIGE MARIA MAGDALENA

Premiere am 03.06.2005 im Neuen Haus

Regie
Patrick Wengenroth
Raum
Nadia Fistarol
Kostüme
Sara Schwartz
Dramaturgische Betreuung
Björn Bicker
Mit
**Anneke Schwabe
Stefan Merki
Sebastian Weber
Robert Probst**

Regie
Robert Lehniger
Kostüme
Sara Schwartz
Raum
Nadia Fistarol
Dramaturgische Betreuung
Marion Hirte
Mit
**René Dumont
Walter Hess
Christoph Luser
Siegfried Terpoorten**

5 Vorstellungen

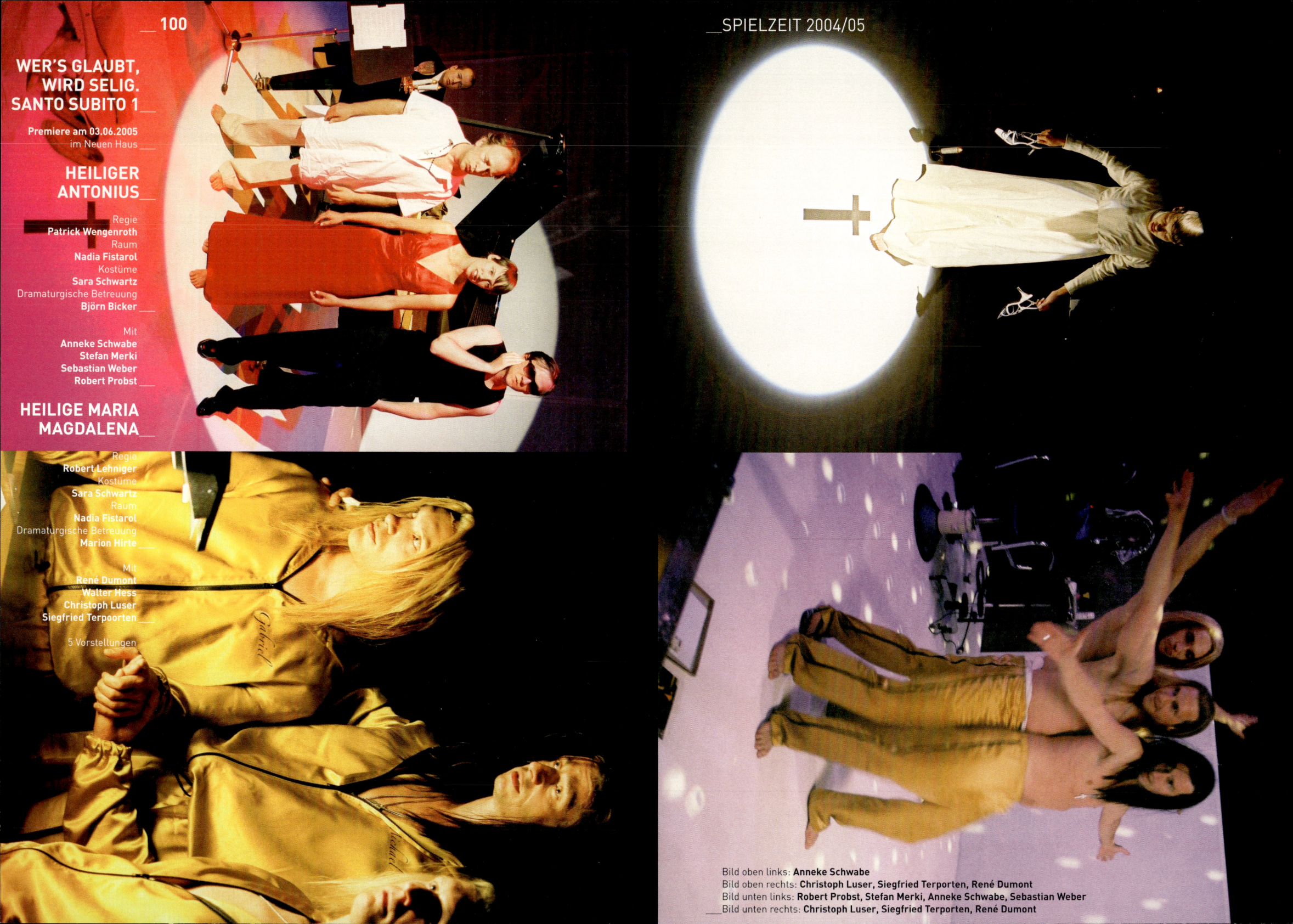

100

WER'S GLAUBT, WIRD SELIG. SANTO SUBITO 2

Premiere am 14.06.2005
im Neuen Haus

RESL VON KONNERSREUTH

Regie
Tobias Bühlmann
Raum
Nadia Fistarol
Kostüme
Frauke Löffel
Dramaturgische Betreuung
Uticha Marmon

Mit
Caroline Ebner
Anna Maria Sturm
Jochen Noch

KAROL WOJTILA

Regie
Thomas Zielinski
Raum
Nadia Fistarol
Kostüme
Frauke Löffel
Dramaturgische Betreuung
Uticha Marmon

Mit
Daphne Wagner
Peter Brombacher
Oliver Mallison

5 Vorstellungen

Bild oben links: Jochen Noch, Caroline Ebner
Bild oben rechts: Daphne Wagner
Bild unten links: Jochen Noch, Caroline Ebner
Bild unten rechts: Oliver Mallison, Daphne Wagner

SPIELZEIT 2005/06: DU SOLLST NICHT SPAREN.

WEIL'S SO SCHÖN WAR; DAS ELFTE GEBOT WIRD ERFUNDEN, DIE SCHAUSPIELER WERDEN ALS GRAFFITI AN DEN WÄNDEN DER STADT VERKLEBT, WIDERSTAND ALS MARKETING? ALLE REDEN ÜBERALL VOM SPAREN, DAS IST NICHT GUT, GEIZ SOLL GEIL SEIN, ABER BESSER, DU SOLLST NICHT

Kathrin Röggla
DRAUSSEN TOBT DIE DUNKELZIFFER

René Pollesch
SCHÄNDET EURE NEOLIBERALEN BIOGRAPHIEN

Ferdiun Zaimoglu / Günter Senkel
LULU LIVE

Euripides
DIE BAKCHEN

Michel Houellebecq
ELEMENTARTEILCHEN

Johann Wolfgang von Goethe
IPHIGENIE AUF TAURIS

Anja Hilling
MONSUN

Händl Klaus
DUNKEL LOCKENDE WELT

Ein musikalisches Projekt von Peter Licht
WIR WERDEN SIEGEN! UND DAS IST ERST DER ANFANG

Anton Tschechow
DER KIRSCHGARTEN

J.M. Coetzee
ROBINSON CRUSO, DIE FRAU UND DER NEGER

Brandherde:
DU SOLLST NICHT SPAREN

Peter Kastenmüller
Björn Bicker
Michael Graessner
BUNNYHILL 2
Wem gehört die Stadt?

A- ANGST ESSEN ZENTRUM AUF
Ein Projekt mit Schauspielern und Zentrumsbewohnern

DIE RÄUBER NACH SCHILLER

Ein Fußball-Liederabend von Franz Wittenbrink
MÄNNER

SPAREN. PLEITE? EGAL, WEITER TRÄUMEN, WEITER KÄMPFEN, WEITER VISIONEN ENTWICKELN. WEM GEHÖRT EIGENTLICH DIE STADT? DER KIRSCHGARTEN IST VIEL ZU SCHÖN, UM IHN ZU VERKAUFEN. WAS SOLL SICH ÄNDERN IN DEUTSCHLAND. DIE GEISTIGE FINANZKRISE VOR DER RICHTIGEN FINANZKRISE. BEVOR DIE ANGST ALLE AUFFRISST, LIEBER NOCHMAL EINE NEUE

UTOPIE ENTWICKELN, ABER WOHER NEHMEN, WENN NICHT … IRGENDWOHER DER GLAUBE; WIR WERDEN SIEGEN, ABER VORHER WERDEN NEOLIBERALE BIOGRAFIEN GESCHÄNDET, IM NEUEN HAUS; LIEDER VOM ENDE DES KAPITALISMUS (PROPHETIE?)

Bild: Walter Hess, Daphne Wagner

Deutsche Erstaufführung

Kathrin Röggla

DRAUSSEN TOBT DIE DUNKELZIFFER

Premiere am 07.10.2005
im Werkraum

Regie
Felicitas Brucker
Bühne
Nadia Fistarol
Kostüme
Sara Schwartz
Video
Alexander-Maximilian Giesche
Licht
Christian Mahrla
Dramaturgie
Marion Hirte

Mit
**Anna Böger
Martin Butzke
René Dumont
Caroline Ebner
Walter Hess
Daphne Wagner**

23 Vorstellungen

105

SPIELZEIT 2005/06

Bild links: Katharina Schubert

Uraufführung

René Pollesch

SCHÄNDET EURE NEOLIBERALEN BIOGRAPHIEN

Premiere am 20.10.2005 im Neuen Haus

Regie
René Pollesch
Raum
Michael Graessner
Mitarbeit Ausstattung
Anette Hachmann
Elisa Limberg
Licht
Max Keller
Christian Schweig
Dramaturgie
Barbara Mundel

Mit
Gundi Ellert
Stefan Merki
Katharina Schubert
Sebastian Weber

45 Vorstellungen

Bild oben: **Henriette Schmidt**
Bild unten: **Hildegard Schmahl, Henriette Schmidt, Annette Paulmann**

Uraufführung

Feridun Zaimoglu und
Günter Senkel

LULU LIVE

Premiere am 22.10.2005
im Schauspielhaus

Regie
Luk Perceval
Bühne
Katrin Brack
Kostüme
Ursula Renzenbrink
Musik
Laurent Simonetti
Lothar Müller
Textprojektion
Philip Bussmann
Live-Video
Fausto Molina / Tourette TV
Licht
Mark van Denesse
Dramaturgie
Marion Tiedtke

Lulu
Julia Jentsch
Christoph Luser
Peter Brombacher
Hildegard Schmahl
Annette Paulmann
Oliver Mallison
Bernd Grawert
Stephan Bissmeier
Henriette Schmidt

19 Vorstellungen

__107

__SPIELZEIT 2005/06

DIE BAKCHEN

Euripides

übersetzt von
Kurt Steinmann

**Premiere am 19.11.2005
im Schauspielhaus**

Regie
Jossi Wieler
Bühne
Jens Kilian
Kostüme
Gesine Völlm
Video
Chris Kondek
Musik
Wolfgang Siuda
Dramaturgie
Tilman Raabke
Licht
Björn Gerum

Dionysos
Robert Hunger-Bühler
Die Bakchen
**Sylvana Krappatsch
Wiebke Puls**
Pentheus
André Jung
Teiresias
Hans Kremer
Kadmos
Peter Brombacher
Agaue
Hildegard Schmahl
Ein Bote
Jochen Noch

19 Vorstellungen

Bild: Sylvana Krappatsch, Wiebke Puls, André Jung

Bild oben: **André Jung, Chris Nietveld, Robert Hunger-Bühler**
Bild unten: **Robert Hunger-Bühler,
Yvon Jansen, Chris Nietveld, Sylvana Krappatsch**

ELEMENTAR-
TEILCHEN

nach Michel Houellebecq
Theaterfassung von
Tom Blokdijk und
Koen Tachelet

**Premiere in München
am 29.11.2005
im Schauspielhaus**

Regie
Johan Simons
Bühne
Jens Kilian
Kostüme
Tina Kloempken
Musik
Markus Hinterhäuser
Dramaturgie
**Stephanie Carp
Tom Blokdijk**
Sound
Will Jan Pielage

Michel
Robert Hunger-Bühler
Annabelle
Yvon Jansen
Bruno
André Jung
Christiane
Sylvana Krappatsch
Janine
Chris Nietvelt
Die neuen Menschen
**Robert Hunger-Bühler
Yvon Jansen
André Jung
Sylvana Krappatsch
Chris Nietvelt**

Übernahme vom
Schauspielhaus Zürich

29 Vorstellungen

_109 __SPIELZEIT 2005/06

Bild links: Fabian Hinrichs

IPHIGENIE AUF TAURIS
Johann Wolfgang von Goethe

Premiere am 18.12.2005
im Schauspielhaus

Regie
Laurent Chétouane
Bühne
Katrin Brack
Kostüme
Katrin Tag
Musik
Lenard Schmidthals
Licht
Stephan Mariani
Dramaturgie
Marion Tiedtke

Iphigenie
Fabian Hinrichs
Arkas
Annette Paulmann
Thoas
Wolfgang Pregler
Orest
Sebastian Weber
Pylades
Christoph Luser

28 Vorstellungen

Bild rechts: **Paul Herwig, Anna Böger**

Anja Hilling

MONSUN

Premiere am 14.01.2006
im Werkraum

Regie
Roger Vontobel
Bühne, Kostüme
Petra Winterer
Video
Immanuel Heidrich
Clemens Walter
Licht
Christian Mahrla
Dramaturgie
Björn Bicker

Paula, Melanie
Caroline Ebner
Bruno
Paul Herwig
Sybille
Anna Böger
Coco
Tanja Schleiff

34 Vorstellungen

_111 __SPIELZEIT 2005/06

Uraufführung

Händl Klaus

DUNKEL LOCKENDE WELT

Premiere am 01.02.2006
im Schauspielhaus
wurde vom Deutschen
Schauspielhaus Hamburg
übernommen

Regie
Sebastian Nübling
Bühne, Kostüme
Muriel Gerstner
Musik
Lars Wittershagen
Licht
Max Keller
Dramaturgie
Marion Hirte

Herr Hutschmied
Jochen Noch
Corinna Schneider
Wiebke Puls
Mechthild Schneider
Gundi Ellert

34 Vorstellungen

Eingeladen zum
Berliner Theatertreffen 2006
Eingeladen zu den
Mülheimer Theatertagen
Stücke 2006
Eingeladen zu den
Autorentheatertagen
Hamburg 2006
Fernsehaufzeichnung
für ZDFtheaterkanal / 3sat,
ausgestrahlt am 20.05.2006
Theater heute:
Bühnenbildnerin des Jahres:
Muriel Gerstner für
DUNKEL LOCKENDE WELT
Dramatiker des Jahres:
Händl Klaus für
DUNKEL LOCKENDE WELT
tz-Rosenstrauß des Jahres
2006 für Gundi Ellert

Bild links: **Wiebke Puls, Jochen Noch**

Bild oben: **Jochen Noch, Gundi Ellert**
Bild unten: **Jochen Noch, Wiebke Puls**

_SPIELZEIT 2005/06

Uraufführung

Ein musikalisches Projekt
von PeterLicht

WIR WERDEN SIEGEN! UND DAS IST ERST DER ANFANG

Konzeption
Christiane Pohle
Maria-Alice Bahra
Björn Bicker
Robert Lehniger
Malte Ubenauf

Premiere am 09.02.2006
im Neuen Haus

Regie
Christiane Pohle

Raum
Michael Graessner

Bühne, Kostüme
Maria-Alice Bahra

Musik
PeterLicht

Musikalische Leitung
Peter Pichler

Video
Robert Lehniger

Licht
Jürgen Tulzer

Dramaturgie
Malte Ubenauf

Mit
Oliver Mallison
Stefan Merki
Katharina Schubert
Rainer Süßmilch

Musiker
Jan Kahlert
Tschinge Krenn
Peter Pichler

19 Vorstellungen

Bild unten: Rainer Süßmilch, Stefan Merki, Oliver Mallison

_SPIELZEIT 2005/06

Anton Tschechow

DER KIRSCHGARTEN

In der Übersetzung von
Thomas Brasch

**Premiere am 24.02.2006
im Schauspielhaus**

Regie
Lars-Ole Walburg
Bühne
Robert Schweer
Kostüme
Kathrin Krumbein
Musik
Theo Nabicht
Licht
Max Keller
Dramaturgie
Björn Bicker

Ranjewskaja
Hildegard Schmahl
Anja, ihre Tochter
Brigitte Hobmeier
Warja, ihre Pflegetochter
Cristin König
Gajew, ihr Bruder
Stephan Bissmeier
Lopachin, Kaufmann
Michael Neuenschwander
Trofimow, Student
Matthias Bundschuh
Pischtschik, Gutsbesitzer
Walter Hess
Charlotta Iwanowna,
Gouvernante
Theo Nabicht
Jepichodow, Kontorist
René Dumont
Dunjascha,
Zimmermädchen
Anna Böger
Jascha, ein junger Diener
Martin Butzke
Firs, Diener
Willy Brummer
Wolfgang de Haen
Helmut Glühuber
Hans Hofmann
Evelyn Holzhauser
Werner Janoud
Sabina Moser
Norbert Scholl
Martha Schweikart
Georgine Spaett
Ingmar Thilo
Katharina Wendling-Mägerl

27 Vorstellungen

AZ-Stern des Jahres 2006
für Hildegard Schmahl

Bild: Ingmar Thilo, Anna Böger, Walter Hess, Hildegard Schmahl, Cristin König

SPIELZEIT 2005/06

116

_SPIELZEIT 2005/06

Bild links: **Betty Schuurman**

Uraufführung

ROBINSON CRUSO, DIE FRAU UND DER NEGER

nach dem Roman FOE von
J.M. Coetzee
Bühnenfassung von
Pieter de Buyser
unter Verwendung einer
Übersetzung von
Wulf Teichmann

Premiere am 04.03.2006
im Schauspielhaus
Premiere am 11.03.2006
am NTGent

Regie
Johan Simons
Bühne
Marc Warning
Kostüme
Nadine Grellinger
Licht
Max Keller
Dramaturgie
**Koen Tachelet
Marion Tiedtke**

Susan Barton
Betty Schuurman
Cruso / Foe
Sylvana Krappatsch
Frau / Tochter
**André Jung
Julika Jenkins**

Eine Produktion des
NTGent und der
Münchner Kammerspiele
Koproduktion mit dem
Grand Théâtre de la ville
du Luxembourg

29 Vorstellungen

Bild rechts: **André Jung**

BRANDHERDE:
DU SOLLST NICHT SPAREN
EMILE ZOLA – DAS GELD
10./11.03.2006

BRANDHERDE: DU SOLLST NICHT SPAREN

VABANQUE.

Ein Theaterstück mit deutschen und polnischen Bankräubern über siebzig (Gastspiel schauspielhannover)

BRANDHERDE: DU SOLLST NICHT SPAREN

Ein Wochenende mit Theater, Gastspielen, Performances, Diskurs, Installationen und Schulung zum Thema Geld, Wert und Tausch, in Zusammenarbeit mit dem Siemens Arts Program im Rahmen der Projektreihe

KEIN VORHANG – KEIN APPLAUS

SCHMUTZ DER LIEBE PILJAY
Ein Geldstück

ANDERER PLANET

WO IST DAS GELD HIN?
Auf dem Markt
Videoinstallation

KRANKER KÖRPER ORIENT
das Kochduell

DIE PERVERSE FAMILIE

GELD AUS DRECK

PAYOLA STATT EURO
Schulung

TRANSNATIONALE REPUBLIKEN
Transnationale Republiken
Botschaft, Bank, Bürgermeisteramt

FÜR IMMER HOLLYWOOD
Heiner Müller im Gespräch
Live-Installation
der Jackson Pollock Bar

VABANQUE
Ein Theaterstück mit deutschen und polnischen Bankräubern über siebzig

MÄRCHEN NAIVE FRAGEN – KOMPLEXE ANTWORTEN

HANS IM GLÜCK – UND FRAGEN DER ÖKONOMIE, DIE KLUGE ELSE –
Fehlentscheidungen und Sicherheitsphobien im oberen Management

LOOKING FOR A MISSING EMPLOYEE
Performance in englischer Sprache von Rabih Mroué

SPIELZEIT 2005/06

122

BÄNKE
Installation

WO IST DAS GELD HIN – SCHULDEN SIND GUTHABEN
Experten-Symposion zum Thema Geld, Wert, Tausch

DEAD CAT BOUNCE
mit Chris Kondek & Co. – Live an der Börse

SPIELZEIT 2005/06

BUNNYHILL 2
WEM GEHÖRT DIE STADT?
ANGST ESSEN ZENTRUM AUF
21.04.–27.05.2006

Peter Kastenmüller
Björn Bicker
Michael Graessner

Mitarbeit
Ruth Feindel
Programm
Ruth Feindel
Leitung Produktion
Lisa Reisch
Ausstattung
Annette Hauschild
Produktion, Organisation
Eva Martin
Academy
Caro Millner
Sofie Canis
Max Zeidler
Ruth Feindel

BUNNYHILL 2

A – ANGST ESSEN ZENTRUM AUF

Ein Projekt mit Schauspielern und Zentrumsbewohnern

Von Peter Kastenmüller, Björn Bicker, Michael Graessner

Uraufführung am 22.04.2006 im Neuen Haus

Regie
Peter Kastenmüller
Raum und Ausstattung
Michael Graessner
Licht
Christian Schweig
Dramaturgie
Björn Bicker

Mit
**Anna Böger
Martin Butzke
Paul Herwig
Lisa-Marie Janke
Jochen Noch**
und Bewohnern der Sendlinger Str. 50

8 Vorstellungen

BUNNYHILL 2

PRAXISERÖFFNUNG

Academy
HOW TO MAKE A BÜRGERINITIATIVE
Eine Zentrumstour

IN-ORTE FÜR ÄLTERE

DREI MINUTEN NATIONALSOZIALISMUS
Revue von FX Karl und Tobias Yves Zintel

OLDSTARS
Praxis Fassbinder
Begegnungen mit Menschen ab 65

FAVORIT SPEZIAL
Konzert und Club

ROBERTO MERZO

Peterlicht
LIEDER VOM ENDE DES KAPITALISMUS

ROCKET/FREUDENTAL

PHANTOM/GHOS

KATZELMACHER UND DIE ANDEREN
Theater mit Jugendlichen aus dem Hasenbergl

MARTIN
von Martin Wörhl und Martin Fengl

MLM MÜNCHNER LASSEN MELDEN
von Kulturmaßnahmen

16. STUNDE C.L.A.I.M
(Verwaltungsperformance)
College latenter Armut in München von Holger Dreissig

Favorit präsentiert
WIE LAUT WIRD ALLES

FAKE WALK
Audiovisueller Citywalk von Mirko Hecktor und Sonja Junkers

Dream City
PFLANZEN JETZT!

SPIELZEIT 2005/06

126

**DAY DREAM DEMOLITION
WHITY-RADIKALISIE-
RUNGS-GEISTERBAHN**
von
Bo Christian Larsson
und Johanna Harlem
von Barbara Weber

**DER FREMDE –
EIN WÜRGER AUS MÜNCHEN**
Ein Touristiktheater
von Generation Aldi

MINIBAR+

FASSBINDER IM HOTEL
BUNNYHILL-Theater

FLUR präsentiert sich und
**DU KANNST NICHT LEBEN
WIE DIE STERNE**

**WIEVIEL GEGENWART
VERTRÄGT DAS RADIO?**
Zündfunk-retten.de
Eine Podiumsdiskussion

LEER
von Rekolonisation

**A VIDA NA
PRAÇA ROOSEVELT**
Von Dea Loher
Gastspiel Theater Os Satyros
São Paulo
Regie
Rodolfo Garcia Vázques

IMPORT
Von Rekolonisation

BYE BYE BUNNYHILL
Mit PARADIES
Film von Rekolonisation

BUNNYHILL 2 wurde
gefördert durch die
Kulturstiftung des Bundes

127

SPIELZEIT 2005/06

BUNNYHILL 2

BUNNYHILL INTERVENTION
MÜNJING – DIE STADT
AM MEER: DAS LEBEN IN
SCHIFFEN

Konzeption
Moreplatz AG
(Johannes Scheid) und
Palais Mai (Peter Scheller)
in Kooperation
mit BUNNYHILL
Umsetzung
Palais Mai

DIE RÄUBER NACH SCHILLER

Premiere am 05.05.2006
im Schauspielhaus

Regie
Christiane Pohle
Bühne
Reinhild Blaschke
Kostüme
Kathrin Krumbein
Licht
Jürgen Tulzer
Dramaturgie
Marion Hirte
Musikalische
Einstudierung des Chors
Peter-Michael Riehm

Karl Moor
Hans Kremer
Franz Moor
Wolfgang Pregler
Spiegelberg
Sebastian Weber
Eine Frau
Angelika Fink
Vater Moor
Ein Männerchor
(Die Giesingers,
Max-Reger-Vereinigung)

25 Vorstellungen

Bild links: Hans Kremer, Wolfgang Pregler

Bild rechts: **Jean-Pierre Cornu, Miroslav Nemec, Stephan Zinner**

MÄNNER

Ein Fußball-Liederabend von
Franz Wittenbrink

Premiere am 30.05.2006
im Schauspielhaus

Musikalische Leitung
und Regie
Franz Wittenbrink
Bühnenbild
**Adaption der Aufführung
des Deutschen
Schauspielhaus
in Hamburg**
Kostüme
Eva Martin
Licht
Björn Gerum
Ton
**Wolfram Schild
Martin Sraier-Krügermann**
Dramaturgie
Marion Hirte

Mit
**Winnie Böwe /
Caroline Ebner
Jean-Pierre Cornu
Christian Friedel
Paul Herwig
Stefan Merki
Miroslav Nemec
Jochen Noch
Rainer Piwek
Stephan Zinner**

Am Flügel
**Franz Wittenbrink /
Manfred Manhart**
Gitarre u.a.
Peter Pichler

54 Vorstellungen

SPIELZEIT 2006/07: FÜRCHTET EUCH NICHT!

ALLES IST ANDERS, DU BIST DEUTSCHLAND, ABER DAS WILL FAST KEINER MEHR GLAUBEN, WORAUF MAN SICH EINIGEN KANN: DIE ANGST, VOR DER ARMUT, VOR DER MULTIKULTURELLEN GESELLSCHAFT, VOR DEM TERROR, DA WILL DAS THEATER MAL WIEDER KIRCHE SEIN UND MACHT MUT.

TRAUER MUSS ELEKTRA TRAGEN
Eugene O'Neill

ENGEL
Anja Hilling

SCHATTEN
Jon Fosse

MACHT UND REBELL
Matias Faldbakken

DREI SCHWESTERN
Anton Tschechow

GLAUBE LIEBE HOFFNUNG
Ödön von Horváth

DENN ALLE LUST WILL EWIGKEIT
Ein Liederabend von Franz Wittenbrink

DIE PANIK
Raphael Spregelburd

DIE PROBE (DER BRAVE SIMON KORACH)
Lukas Bärfuss

SOLIDARITÄT IST SELBSTMORD
René Pollesch nach Carl Hegemann

PRINZ FRIEDRICH VON HOMBURG
Heinrich von Kleist

ULRIKE MARIA STUART
Elfriede Jelinek

KEBAB
Gianina Cărbunariu

Heinrich von Kleist
DIE FAMILIE SCHROFFENSTEIN

Ein Projekt nach Motiven und Texten von Wolfram von Eschenbach, Richard Wagner u.a.
PARZIVAL

Nach dem Film von Rainer Werner Fassbinder
DIE EHE DER MARIA BRAUN

Brandherde:
FÜRCHTET EUCH NICHT!

FÜRCHTET EUCH NICHT! NICHT VOR DER ANGST, NICHT VOR EUCH SELBST. DAS KANN NUR HEISSEN: WIDERSTAND. ABER WOHER NEHMEN. GIBT ES STRATEGIEN GEGEN DAS KAPITALISTISCHE DURCHRATIONALISIEREN UNSERER LEBENSWELT? GIBT ES NOCH ANDERE KOMMUNIKATIONSSTRATEGIEN ALS DAS OHREN- UND AUGENZUHALTEN? KANN MAN ZUNEIGUNG ANDERS AUSDRÜCKEN

ALS NUR ÜBER TAUSCHHANDEL?
IST SOLIDARITÄT WIRKLICH
SELBSTMORD? AUF DEN BÜHNEN:
FREIHEITSKÄMPFER, TERRORISTEN,
ANFÜHRER, AUFRÜHRER.

Bild rechts: **Peter Brombacher, Katharina Schubert**

Eugene O'Neill

TRAUER MUSS ELEKTRA TRAGEN

Deutsch von Michael Walter

Premiere am 28.09.2006
im Schauspielhaus

Regie
Stefan Pucher
Bühne
Barbara Ehnes
Kostüme
Annabelle Witt
Video
Chris Kondek
Musik
Marcel Blatti
Licht
Max Keller
Dramaturgie
Matthias Günther

Ezra Mannon, Brigadegeneral
Stephan Bissmeier
Christine, seine Frau
Michaela Steiger
Lavinia, beider Tochter
Katharina Schubert
Orin, beider Sohn
Oliver Mallison
Adam Brant, Kapitän
Stephan Bissmeier
Peter Niles, Artilleriehauptmann
René Dumont
Hazel Niles, seine Schwester
Anna Böger
Chor
Peter Brombacher
Walter Hess

30 Vorstellungen

SPIELZEIT 2006/07

Bild links: Sylvana Krappatsch

Uraufführung

Anja Hilling

ENGEL

Premiere am 29.09.2006
im Werkraum

Regie
Felicitas Brucker
Bühne
Frauke Löffel
Kostüme
Sara Schwartz
Musik
Arvild Baud
Licht
Christian Mahrla
Dramaturgie
Marion Tiedtke

Asta / Ulla
Sylvana Krappatsch
Elisabeth
Julika Jenkins
Olaf
Sebastian Weber
Hardy
Lasse Myhr
Axel
Sven Walser
Hanno
Stefan Merki
Sonja / Elfi
Susanne Schroeder / Angelika Fink
Heike
Anna Maria Sturm
Musiker
Arvild Baud

29 Vorstellungen

Bild rechts: **Christoph Luser, Edmund Telgenkämper**

Deutschsprachige Erstaufführung

Jon Fosse

SCHATTEN

Aus dem Norwegischen von
Hinrich Schmidt-Henkel

Premiere am 20.10.2006
im Schauspielhaus

Regie
Laurent Chétouane
Bühne
Marie Holzer
Laurent Chétouane
Kostüme
Imke Schlegel
Musik
Lenard Schmidthals
Licht
Stephan Mariani
Video
Chris Kondek
Dramaturgie
Björn Bicker

Vater
Hans Kremer
Mutter
Hildegard Schmahl
Der Mann
Edmund Telgenkämper
Der Freund
Christoph Luser
Das Mädchen
Lena Lauzemis
Die Frau
Brigitte Hobmeier

15 Vorstellungen

_SPIELZEIT 2006/07

MACHT UND REBEL

Matias Faldbakken

Uraufführung

Aus dem Norwegischen von Hinrich Schmidt-Henkel in einer Fassung von Schorsch Kamerun

Premiere am 18.11.2006 im Neuen Haus

Regie
Schorsch Kamerun
Bühne
Janina Audick
Kostüme
Daniela Selig
Musik
Jonas Landerschier
Choreographie
Johanna Richter
Video
Jakub Moravek
Licht
Stephan Mariani
Dramaturgie
Matthias Günther

Mit
Anna Böger
Sepp Bierbichler
Schorsch Kamerun
Lasse Myhr
Jochen Noch
Sebastian Weber
Und Schauspielschülern der Klasse 2 der Otto-Falckenberg-Schule
Benedikt Figel
Konstantin Frolov
Julia Jelinek
Matthias Kelle
Benjamin Kempf
Franziska Machens
Sarah Meyer
Musiker
Jan Kahlert
Martin Lickleder
Peter Pichler

28 Vorstellungen

Bild oben: Jochen Noch
Bild unten: Schorsch Kamerun

Bild rechts: **Lasse Myhr, Sepp Bierbichler**

DREI SCHWESTERN

Anton Tschechow
Deutsch von Andrea Clemen

Premiere am 26.11.2006 im Schauspielhaus

Regie und Bühne Andreas Kriegenburg
Kostüme Andrea Schraad
Musik Laurent Simonetti
Licht Jürgen Tulzer
Dramaturgie Marion Tiedtke

Andrej **Oliver Mallison**
Natalja, seine Frau **Tanja Schleiff**
Olga **Annette Paulmann**
Mascha **Sylvana Krappatsch**
Irina **Katharina Schubert**
Kulygin, Maschas Mann **Paul Herwig**
Werschinin **Bernd Grawert**
Tusenbach **Bernd Moss**
Solenyj **René Dumont**
Tschebutykin, Militärarzt **Jean-Pierre Cornu**
Fedotik **Stefan Merki**
Feraport **Walter Hess**

47 Vorstellungen

Eingeladen zum Berliner Theatertreffen 2007
Eingeladen zum Dialog Festival Wrocław (Warschau) 2007
Eingeladen zu den Maifestspielen Wiesbaden 2007
Eingeladen zum Festival Neues Europäisches Theater (NET) Moskau 2008
Theater heute: Kostümbildnerin des Jahres 2007 Andrea Schraad für »Faust«
Deutscher Theaterpreis DREI SCHWESTERN 2006 für Andrea Schraad in der Kategorie »Beste Ausstattung, bestes Kostüm«

Bild: Sylvana Krappatsch, Katharina Schubert, Bernd Moss, Paul Herwig, Annette Paulmann

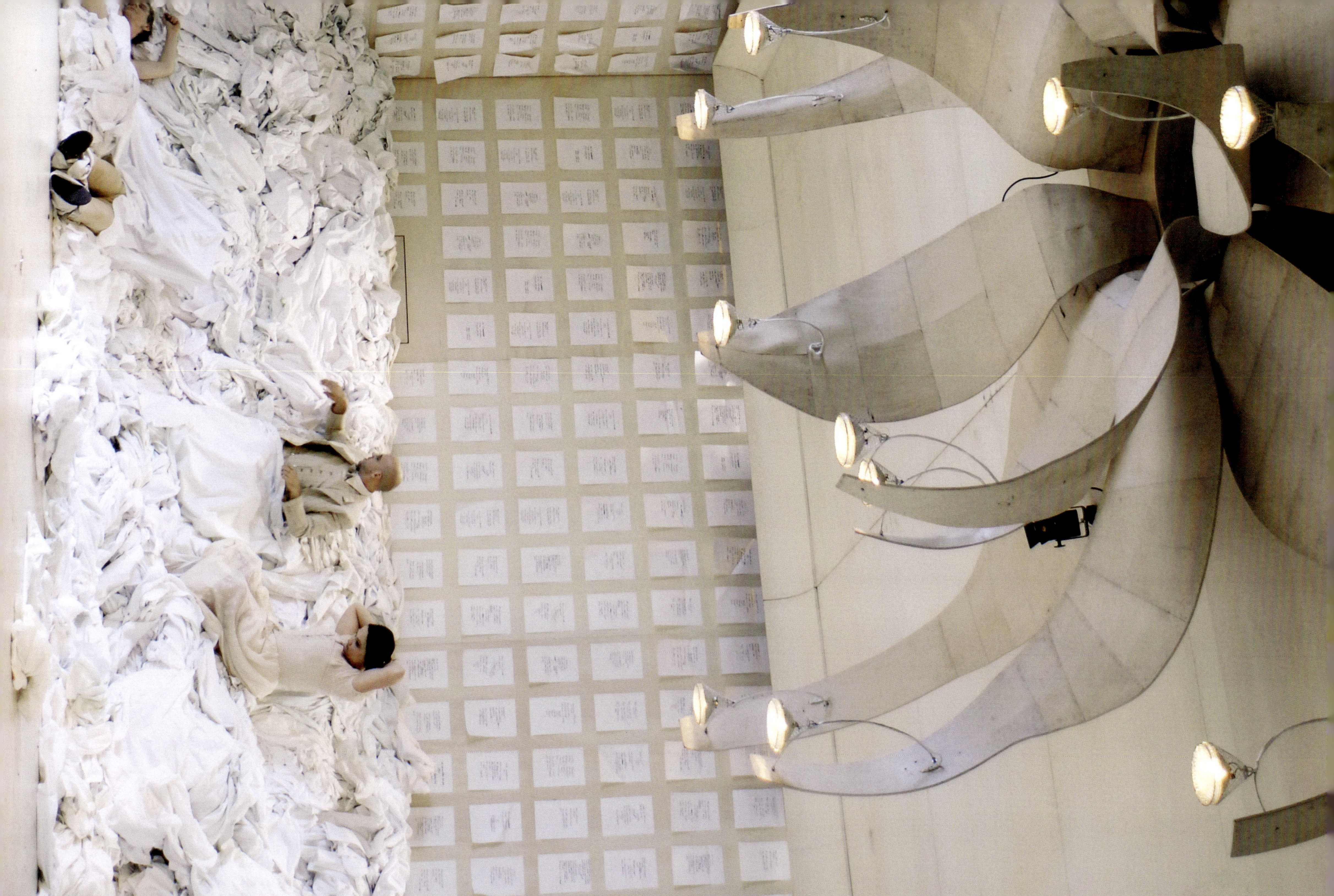

Ödön von Horváth

GLAUBE LIEBE HOFFNUNG

Premiere am 17.12.2006 im Schauspielhaus

Regie
Stephan Kimmig
Bühne
Martin Zehetgruber
Kostüme
Heide Kastler
Musik
Michael Verhovec
Licht
Björn Gerum
Dramaturgie
Julia Lochte

Elisabeth
Brigitte Hobmeier
Ein Schupo (Alfons Klostermeyer)
Edmund Telgenkämper
Der Präparator
André Jung
Der Oberpräparator, Der Oberinspektor
Stephan Bissmeier
Der Baron mit dem Trauerflor, Der Vizepräparator, Herr Amtsgerichtsrat
Wolfgang Pregler
Frau Amtsgerichtsrat
Gundi Ellert
Irene Prantl
Michaela Steiger
Tochter Prantl, Maria
Lena Lauzemis
Der Tierpfleger
Peter Brombacher
Anatomieassistent, Ein zweiter Schupo
Bernd Moss

47 Vorstellungen

Eingeladen zum Theaterfestival deutscher Sprache Prag 2007
Eingeladen zu den Duisburger Akzenten 2008
Deutscher Theaterpreis Faust 2007 für Brigitte Hobmeier in GLAUBE LIEBE HOFFNUNG in der Kategorie »Beste darstellerische Leistung Schauspiel«

Bild links: Edmund Telgenkämper, Bernd Moss, Brigitte Hobmeier, Wolfgang Pregler

___Bild rechts: **Brigitte Hobmeier, Lena Lauzemis**

__SPIELZEIT 2006/07

Bild links: **Anne Weber, Wiebke Puls, Caroline Ebner**

DENN ALLE LUST WILL EWIGKEIT

Ein Liederabend von
Franz Wittenbrink

Premiere am 12.01.2007
im Schauspielhaus

Musikalische Leitung
und Regie
Franz Wittenbrink
Bühne
Jörg Kiefel
Kostüme
Robby Duiveman
Licht
Rainer H. Gawenda
Rebekka Dahnke
Ton
Johann Jürgen Koch
Martin Sraier-Krügermann

Mit
Caroline Ebner
Wiebke Puls
Anne Weber
Stefan Merki
Doris Schade / Gundi Ellert
Am Flügel
Franz Wittenbrink / Manfred Manhart
Cello
Friedrich Paravicini / Susanne Paul

Übernahme von den Salzburger Festspielen 1999

49 Vorstellungen

Franz Wittenbrink

Bild oben: **Tabea Bettin, Anna Böger**
Bild unten: **Jochen Noch, Anne Retzlaff**

Rafael Spregelburd

DIE PANIK

Deutsch von Sonja und
Patrick Wengenroth

Premiere am 13.01.2007
im Werkraum

Regie
Patrick Wengenroth
Bühne
Mascha Mazur
Kostüme
Gunna Meyer
Choreografie
Anne Retzlaff
Licht
Christian Mahrla
Dramaturgie
Ruth Feindel

Lourdes Grynberg, Mutter
Cornelia Kempers
Jessica Sosa,
Tochter von Lourdes
Tabea Bettin
Guido Sosa,
Sohn von Lourdes
Lasse Myhr
Emilio Sebrjakovich,
Toter
Jochen Noch
Cecilia Roviro, Bankchefin,
Susanna Lastri, Medium,
Elyse Bernard, Choreographin,
Regina, Geliebte von Emilio
Cristin König
Rosa Lozano,
Maklerin, Roxana,
Sekretärin der Bankchefin,
Ursula, Marcia, Tänzerin
Anna Böger
Betiana, Tänzerin,
Therapeut,
Melina Trelles,
Strafvollzugsbeamtin
René Dumont
Anabel,
Tänzerin
Sarah Sanders
Tänzerin
Anne Retzlaff

23 Vorstellungen

_145 _SPIELZEIT 2006/07

SPIELZEIT 2006/07

Bild oben: Hans Kremer, Katharina Lorenz
Bild unten: Stefan Merki, Gundi Ellert, Katharina Lorenz, Hans Kremer, Oliver Mallison

Uraufführung

Lukas Bärfuss

DIE PROBE
(Der brave Simon Korach)

Premiere am 02.02.2007 im Schauspielhaus

Regie
Lars-Ole Walburg
Bühne
Robert Schweer
Kostüme
Kathrin Krumbein
Musik
Tomek Kolczynski
Video
Fausto Molina / Tourette TV
Licht
Max Keller
Dramaturgie
Björn Bicker

Simon Korach
Hans Kremer
Peter Korach
Oliver Mallison
Agnes Korach
Katharina Lorenz
Franzeck
Stefan Merki
Hellе Korach
Gundi Ellert

18 Vorstellungen

Eingeladen zu den Autorentheatertagen Hamburg 2007

Eingeladen zu den Mülheimer Theatertagen Stücke 2007

Ein Auftragswerk für die Münchner Kammerspiele. Das Stück entstand mit Unterstützung von Dr. Hans Vontobel, Zürich

Bild rechts: **Bernd Moss, Sylvana Krappatsch, Anna Böger, Mira Partecke, Lasse Myhr, Sebastian Weber**

Uraufführung

René Pollesch
nach Carl Hegemann

SOLIDARITÄT IST SELBSTMORD

Premiere am 27.02.2007
im Neuen Haus

Regie
René Pollesch
Bühne, Kostüme
Janina Audick
Live-Video
Lisa Reisch
Licht
Christian Schweig
Dramaturgie
Julia Lochte

Rollergirl
Anna Böger
Amber Waves
Sylvana Krappatsch
Jack Horny
Bernd Moss
Tony Powers
Lasse Myhr
Gina Romantica
Mira Partecke
Dirk Diggler
Sebastian Weber

19 Vorstellungen

_SPIELZEIT 2006/07

Heinrich von Kleist

PRINZ FRIEDRICH VON HOMBURG

Premiere am 03.03.2007
im Schauspielhaus

Regie
Johan Simons
Bühne, Licht
Jan Versweyveld
Kostüme
Nadine Grellinger
Musik
Markus Hinterhäuser
Dramaturgie
Marion Tiedtke
Paul Slangen

Friedrich Wilhelm,
Kurfürst von Brandenburg
André Jung
Die Kurfürstin
Annette Paulmann
Prinzessin Natalie
von Oranien
Sandra Hüller
Prinz Friedrich Arthur
von Homburg
Paul Herwig
Oberst Kottwitz
Stephan Bissmeier
Graf Hohenzollern
Christoph Luser

29 Vorstellungen

Eingeladen zur
Ruhrtriennale 2007

Bild: Annette Paulmann, Paul Herwig, André Jung, Christoph Luser

SPIELZEIT 2006/07

Elfriede Jelinek ___

ULRIKE MARIA STUART ___

Premiere am 29.03.2007
im Schauspielhaus ___

Regie
Jossi Wieler
Bühne
Jens Kilian
Kostüme
Anja Rabes
Musik
Wolfgang Siuda
Licht
Max Keller
Dramaturgie
Tilman Raabke ___

Ulrike Maria
Bettina Stucky
Chor der Greise
Hildegard Schmahl
Werner Rehm
Die Prinzen im Tower
Katharina Schubert
Sebastian Rudolph
Gudrun Elisabeth
Brigitte Hobmeier ___

18 Vorstellungen ___

Eingeladen zu den
Autorentheatertagen
Hamburg 2007

___Bild links: **Brigitte Hobmeier**

Bild rechts: **Hildegard Schmahl, Sebastian Rudolph, Katharina Schubert, Werner Rehm, Bettina Stucky**

__152 __SPIELZEIT 2006/07

Gianina Cărbunariu ___

KEBAB__

Übersetzung von
Gheorghe Pascu ___

Premiere am 04.04.2007
im Werkraum ___

Regie
Barbara Weber
Bühne, Kostüme
Bernhard Siegl
Musik
Murena
Video
Nicolas Hemmelmann
Licht
Christian Mahrla
Dramaturgie
Matthias Günther ___

Bogdan
Steven Scharf
Voicu
Edmund Telgenkämper
Mady
Tabea Bettin
Musiker
Murena ___

30 Vorstellungen ___

Eingeladen zum
Theaterfestival Temeswar
(Rumänien) 2007

___Bild links: **Edmund Telgenkämper, Tabea Bettin**

Bild rechts: **Sebastian Weber, Lena Lauzemis**

Heinrich von Kleist

DIE FAMILIE SCHROFFEN-STEIN

Trauerspiel in fünf Aufzügen

Premiere am 27.04.2007
im Schauspielhaus

Regie
Roger Vontobel
Bühne
Petra Winterer
Kostüme
Dagmar Fabisch
Video
Tobias Yves Zintel
Musik
Immanuel Heidrich
Licht
Jan Haas
Dramaturgie
Björn Bicker

Rupert,
Graf von Schroffenstein,
aus dem Hause Rossitz
Jochen Noch
Eustache, seine Gemahlin
Annette Paulmann
Ottokar, ihr Sohn
Sebastian Weber
Johann,
Ruperts natürlicher Sohn
Oliver Mallison
Sylvius,
Graf von Schroffenstein,
aus dem Hause Warwand
Jochen Striebeck
Sylvester,
sein Sohn, regierender Graf
Wolfgang Pregler
Gertrude, Sylvesters
Gemahlin, Stiefschwester
der Eustache
Caroline Ebner
Agnes, ihre Tochter
Lena Lauzemis
Jeronimus
von Schroffenstein,
aus dem Hause Wyk
Paul Herwig

21 Vorstellungen

153 ⎯⎯ SPIELZEIT 2006/07

Uraufführung

PARZIVAL

Ein Projekt nach Motiven und Texten von Wolfram von Eschenbach, Richard Wagner und anderen

Premiere am 02.06.2007 im Neuen Haus, Unterführung Thomas-Wimmer-Ring, Kerschensteiner Schulzentrum, St. Lukaskirche

Regie
Christiane Pohle
Ausstattung
Maria-Alice Bahra
Video
Robert Lehniger
Licht
Jürgen Tulzer
Dramaturgie
Matthias Günther

Mit
**Anna Böger
Peter Brombacher
René Dumont
Walter Hess
Stefan Merki
Lasse Myhr
Wolfgang Pregler
Thomas Schmauser
Edmund Telgenkämper** (Video)

Solosänger
**Ilona Hähnel
Tanja Jorberg
Christian Mayer
Harald Peters
Inge Roester-Pasquay
Angelika Sewalski
Melanie Straub
Christine Weiß
Christine Wegele
Christiane Wolf
Johannes Wüst**
Choreitung
Gerd Kötter

9 Vorstellungen

Bild links: Stefan Merki

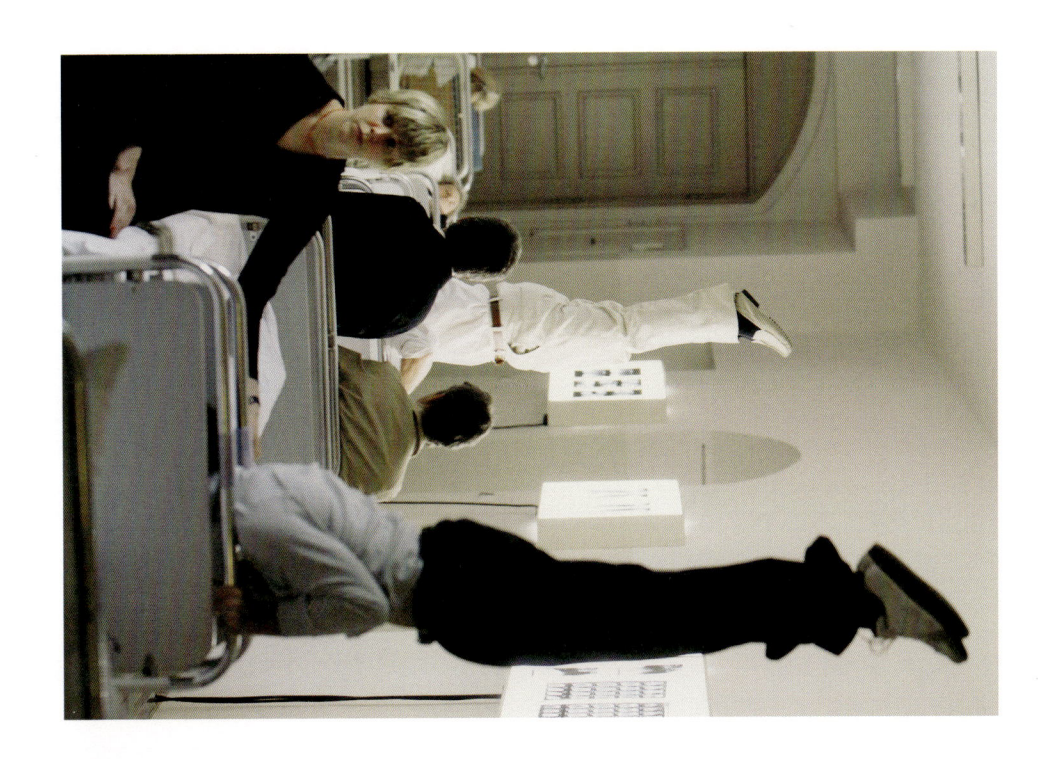

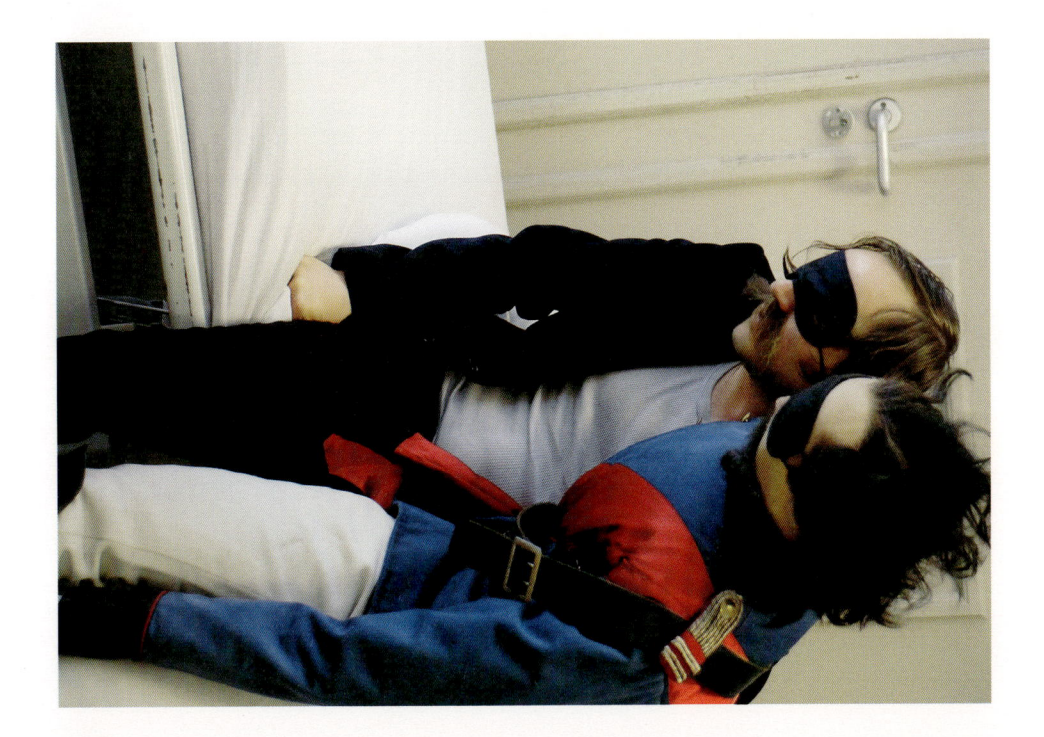

Bild oben: **Peter Brombacher, Stefan Merki, Statisten und Zuschauer**
Bild unten links: **Anna Böger, Stefan Merki, Edmund Telgenkämper, Statisten**
Bild unten rechts: **Thomas Schmauser**

__SPIELZEIT 2006/07

DIE EHE DER MARIA BRAUN

Nach dem Film von
Rainer Werner Fassbinder

Premiere am 06.06.2007
im Schauspielhaus

Regie
Thomas Ostermeier
Bühne
Nina Wetzel
Kostüme
Ulrike Gutbrod
Musik
Nils Ostendorf
Video
Sebastien Dupouey
Licht
Max Keller
Dramaturgie
Julia Lochte

Maria Braun
Brigitte Hobmeier
Hermann Braun, Betti,
Amerikanischer Soldat,
Journalist, Kellner
Steven Scharf
Standesbeamter,
Opa Berger, Bronski,
Dolmetscher, Karl Oswald,
Notarin
Jean-Pierre Cornu
Mutter, Arzt, Richter,
Senkenberg, Warter, Anwalt,
Kellner
Hans Kremer
Amerikanischer Geschäfts-
mann, Frau Ehmke, Kellner,
Wetzel
Bernd Moss

38 Vorstellungen

Eingeladen zum
Berliner Theatertreffen 2008

Eingeladen zum
Theaterfestival deutscher
Sprache Prag 2008

Eingeladen zum
Stanislavsky Season Festival
Moskau 2008

Fernsehaufzeichnung
für ZDFtheaterkanal / 3sat,
ausgestrahlt am 24.05.2008

Bild: Bernd Moss, Brigitte Hobmeier, Steven Scharf, Hans Kremer

SPIELZEIT 2006/07

BRANDHERDE: FÜRCHTET EUCH NICHT! THEATER, FILM, PERFORMANCE, KUNST UND DISKURS
13./14.07.2007

**BRANDHERDE:
FÜRCHTET
EUCH NICHT!**

Theater
KÖRPERKONTAKT
Ein Beratungsforum für den
Körper der Zukunft

Bild oben: **Walter Hess**
Bild unten: **Stefan Merki, Katharina Schubert**

_SPIELZEIT 2006/07

SPIELZEIT 2006/07

LIFE THERE IS NO R...

**BRANDHERDE:
FÜRCHTET
EUCH NICHT!**

Theater
KÖRPERKONTAKT
Ein Beratungsforum für den
Körper der Zukunft

Theater
BESSER RAUSKOMMEN
Chinas Boutique

DIE LOGIK DER ANPASSUNG

SECURITY
SICHERHEIT
SIGURANTA

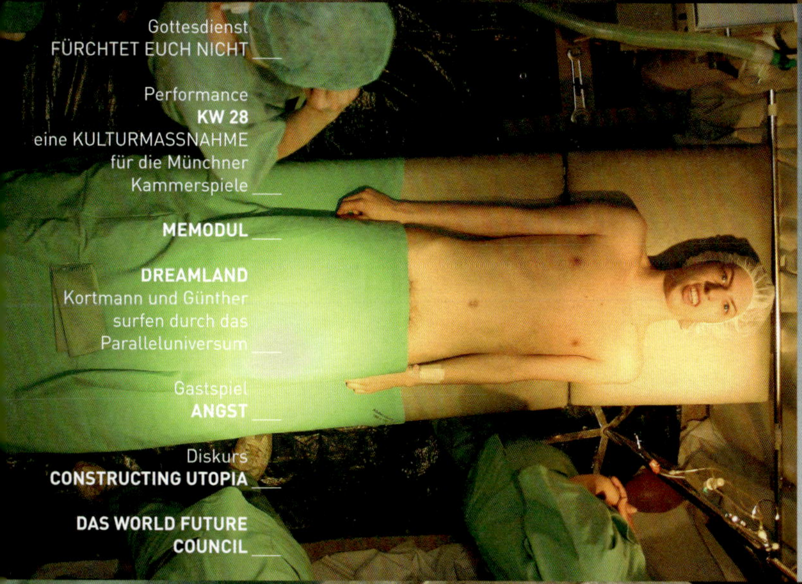

Gottesdienst
FÜRCHTET EUCH NICHT

Performance
KW 28
eine KULTURMASSNAHME
für die Münchner
Kammerspiele

MEMODUL

DREAMLAND
Kortmann und Günther
surfen durch das
Paralleluniversum

Gastspiel
ANGST

Diskurs
CONSTRUCTING UTOPIA

DAS WORLD FUTURE
COUNCIL

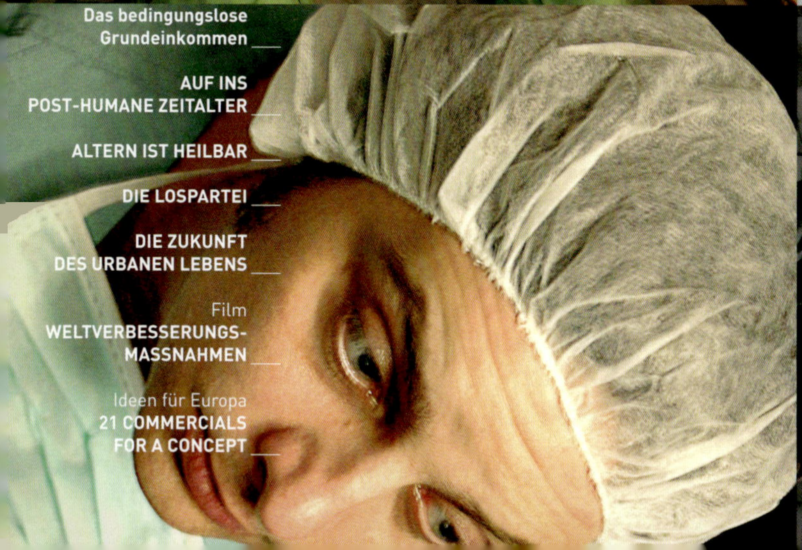

Das bedingungslose
Grundeinkommen

AUF INS
POST-HUMANE ZEITALTER

ALTERN IST HEILBAR

DIE LOSPARTEI

DIE ZUKUNFT
DES URBANEN LEBENS

Film
WELTVERBESSERUNGS-
MASSNAHMEN

Ideen für Europa
21 COMMERCIALS
FOR A CONCEPT

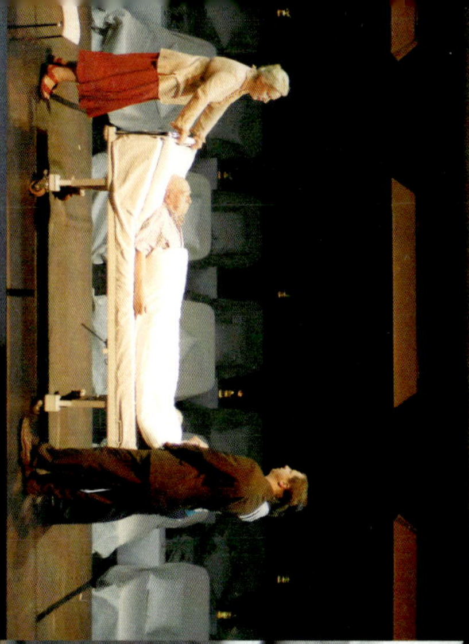

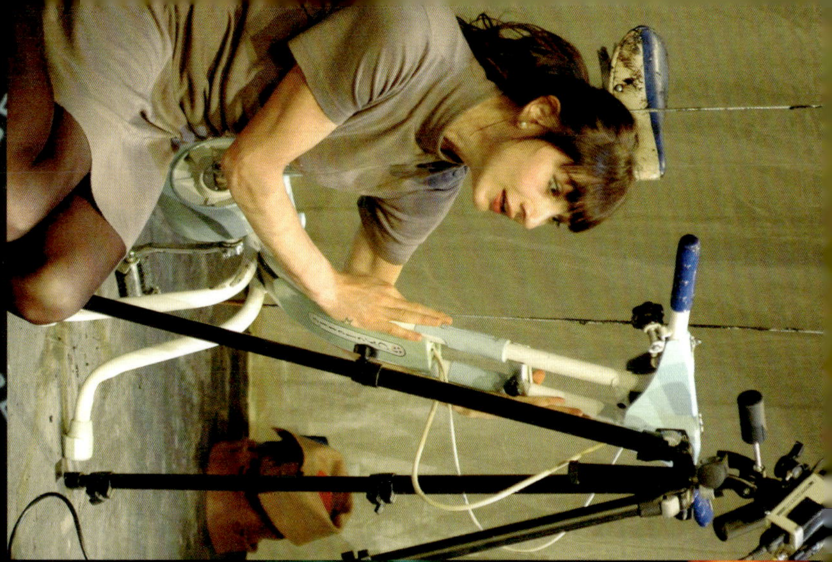

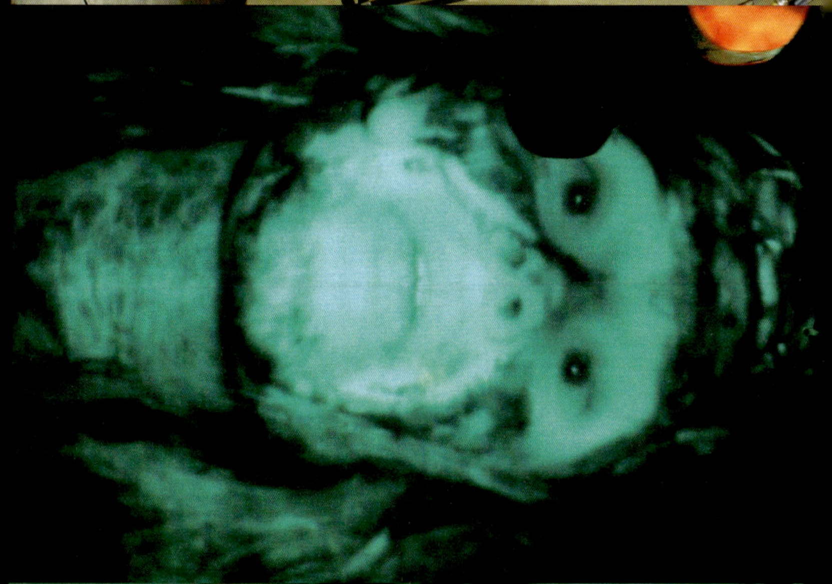

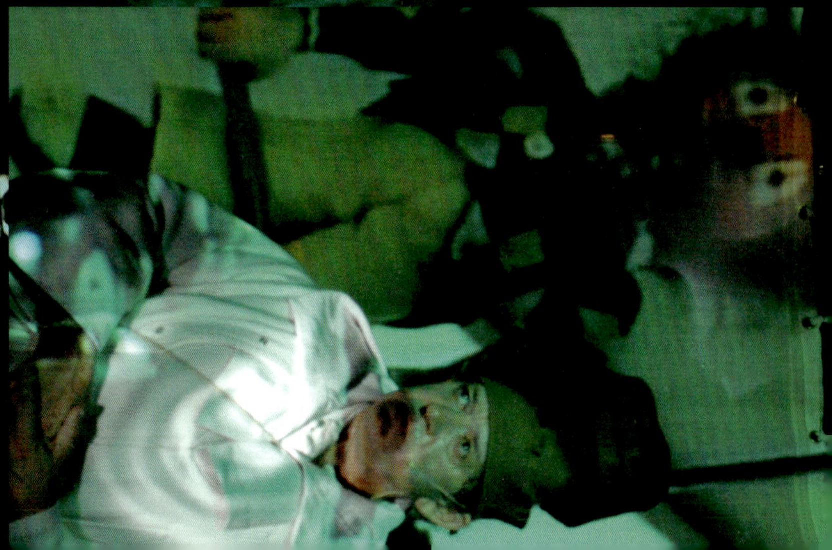

Konzert & Club
DIE GOLDENEN ZITRONEN

Themendisko
POLLYESTER + MOONER

SPIELZEIT 2007/08: DA KANN JA JEDER KOMMEN. EGAL, OB ES UM MARKT, GLOBALISIERUNG, GLAUBEN ODER SONSTWAS GING, ALLES LIEF AUF DIESES EINE THEMA ZU: MIGRATION. WELTWEIT WANDERN MENSCHEN, ÜBER LAND, ÜBER WASSER, DURCH DIE LUFT, UND IRGENDWO KOMMEN SIE AN UND WOLLEN EIN MENSCHENWÜRDIGES LEBEN

ÖDIPUS AUF KOLONOS
Sophokles

TANGER UNPLUGGED
Barbara Weber

LAND OHNE WORTE / BERLINER GESCHICHTE
Dea Loher

DER STURM
William Shakespeare

AUSGEGRENZT
Xavier Durringer

MAMMA MEDEA
Tom Lanoye

HASS
Nach dem Film von Mathieu Kassovitz

SCHNEE
Nach dem Roman von Orhan Pamuk

DOING IDENTITY: BASTARD MÜNCHEN
Björn Bicker, Malte Jelden
Theater, Performance, Diskurs, Club

ZUR SCHÖNEN AUSSICHT
Ödön von Horváth

LILJA 4-EVER
Nach dem Film von Lukas Moodysson

HIOB
Nach dem Roman von Joseph Roth

TROILUS UND CRESSIDA
William Shakespeare

Schorsch Kamerun
DOWN UNDERSTANDING__

Ein Projekt von
Peter Kastenmüller,
Björn Bicker und
Michael Graessner
Text: Polle Wilbert
ILLEGAL__

FUHREN. DESHALB IST DEUTSCH-LAND EIN EINWANDERUNGSLAND UND DESHALB MÜSSEN DIE REGELN DES ZUSAMMMENLEBENS NEU VERHANDELT WERDEN. HABEN WIR DAS ETWA VERSCHLA-FEN? WAS SOLL DAS SEIN: LEITKULTUR? KANN ES SO ETWAS WIE INTEGRATION ÜBERHAUPT GEBEN? ODER MÜSSEN WIR UNS AN DIVERSITY- UND PARALLEL-GESELLSCHAFTEN GEWÖHNEN?

MÜNCHEN IST DAS BESTE FORSCHUNGSGEBIET, IN FAST KEINER ANDEREN STADT IN DEUTSCHLAND LEBEN SO VIELE ZUWANDERER. WOHER KOMMT MEIN NACHBAR? SOLL ER EINE MOSCHEE BAUEN DÜRFEN? GIBT ES DIE NORMALITÄT DER MIGRATION? WELCHE SPRACHE SOLLEN UNSERE KINDER LERNEN? IST DER FRIEDENSENGEL EIN BASTARD? AUF DER BÜHNE, IN DER STADT.

ÜBERALL WERDEN GESCHICHTEN ERZÄHLT VOM WANDERN, VOM AUSWANDERN, VOM ANKOMMEN, VOM ZUSAMMENLEBEN.

Bild rechts: **Stephan Bissmeier, Sylvana Krappatsch**

Sophokles
ÖDIPUS AUF KOLONOS
Deutsch von Kurt Steinmann

Premiere am 27.09.2007
im Schauspielhaus

Regie
Jossi Wieler
Bühne
Barbara Ehnes
Kostüme
Nadine Grellinger
Musik
Wolfgang Siuda
Charlotte Hug
Licht
Max Keller
Dramaturgie
Tilman Raabke

Ödipus
Stephan Bissmeier
Antigone
Annette Paulmann
Ismene
Caroline Ebner
Kreon
Hans Kremer
Polyneikes
Edmund Telgenkämper
Theseus
Sylvana Krappatsch

Chor
Anna Böger
Lena Lauzemis
Angelika Fink
Rena Dumont
Charlotte Hug
(Live-Musik)

23 Vorstellungen

Bild oben links: **Steven Scharf, Tabea Bettin**
Bild oben rechts: **Karin Pfammatter, Tabea Bettin**
Bild unten links: **Sebastian Weber, Karin Pfammatter**
Bild unten rechts: **Lasse Myhr, Steven Scharf**

Uraufführung

Ein Projekt
von Barbara Weber
mit Texten von Mike Müller

TANGER
UNPLUGGED

Premiere am 28.09.2007
im Neuen Haus

Regie
Barbara Weber
Bühne
Janina Audick
Kostüme
Daniela Selig
Musik
Arvild Baud
Licht
Björn Gerum
Dramaturgie
Ruth Feindel

Mit
**Tabea Bettin
Lasse Myhr
Karin Pfammatter
Steven Scharf
Sebastian Weber**

14 Vorstellungen

___Bild rechts: **Wiebke Puls**

Uraufführung / Premiere ___

Dea Loher ___

LAND OHNE WORTE / BERLINER GESCHICHTE ___

Premiere am 30.09.2007
im Werkraum /
Schauspielhaus ___

Regie, Ausstattung
Andreas Kriegenburg
Licht
Jürgen Tulzer
Dramaturgie
Björn Bicker ___

Mit
Wiebke Puls ___

Berliner Geschichte:
Übernahme vom Deutschen
Schauspielhaus Hamburg ___

20 Vorstellungen ___

Eingeladen zu den
Autorentheatertagen
Hamburg 2008

_**167**

__SPIELZEIT 2007/08

William Shakespeare
DER STURM

Deutsch von Jens Roselt
in einer Bearbeitung von
Stefan Pucher

Premiere am 08.11.2007
im Schauspielhaus

Regie
Stefan Pucher
Bühne
Barbara Ehnes
Kostüme
Annabelle Witt
Video
Chris Kondek
Musik
Marcel Blatti
Licht
Stephan Mariani
Dramaturgie
Matthias Günther

Prospero,
Herzog von Mailand
Hildegard Schmahl
Ariel
Wolfgang Pregler
Miranda,
Tochter von Prospero
Katharina Schubert
Ferdinand,
Sohn von Alonso
Oliver Mallison
Alonso, König von Neapel
Walter Hess
Sebastian, Alonsos Bruder
Jörg Witte
Antonio, Prosperos Bruder
René Dumont
Gonzalo, Ratsherr
Peter Brombacher
Caliban
Thomas Schmauser
Trinculo
Stefan Merki
Stephano
Bernd Moss
Iris, Ceres, Juno
**Joy Bai
Annika Olbrich
Julia Schmelzle**

42 Vorstellungen

Eingeladen zum
Berliner Theatertreffen 2008
Fernsehaufzeichnung
für ZDFtheaterkanal / 3sat
ausgestrahlt am 03.05.2008

Bild links: **Jörg Witte, René Dumont, Hildegard Schmahl,
Wolfgang Pregler, Walter Hess, Peter Brombacher**

Bild rechts: **Annika Olbrich, Peter Brombacher**

Deutschsprachige
Erstaufführung

Xavier Durringer

AUSGEGRENZT

Deutsch von Alain Jadot und
Ulrike Frank
Ergänzt von Raul Zelik

Premiere am 24.11.2007
im Werkraum

Regie
Neco Çelik
Bühne
Mascha Mazur
Kostüme
Gunna Meyer
Licht
Christian Schweig
Dramaturgie
Tuncay Kulaoglu
Matte Jelden

Vater
André Jung
Sohn
Ismail Deniz
Tochter
Tabea Bettin

Koproduktion mit dem
SPIELART-Festival in der
Reihe »What's next?«

15 Vorstellungen

Bild oben: **André Jung, Ismail Deniz, Tabea Bettin**
Bild unten: **Tabea Bettin, André Jung, Ismail Deniz**

Bild rechts: **Sandra Hüller, Steven Scharf**

Tom Lanoye

MAMMA MEDEA

Aus dem Niederländischen
von Rainer Kersten

Premiere am 08.12.2007
im Schauspielhaus

Regie
Stephan Kimmig
Bühne
Katja Haß
Kostüme
Anja Rabes
Musik
Michael Verhovec
Licht
Björn Gerum
Dramaturgie
Julia Lochte

Medea
Sandra Hüller
Jason
Steven Scharf
Aietes, Ägeus
Hans Kremer
Telamon, Sportlehrer
Sebastian Weber
Idas
Lasse Myhr
Apsyrtos, Kreusa
Lena Lauzemis
Chalkiope, Kirke
Caroline Ebner
Frontis
Jonas Schmid
Melas
Simon Kirsch
Zwei Kinder
Max Gicklhorn
Thomas Gicklhorn /
Firmian Fischer
Leon Kitzbichler

26 Vorstellungen

Eingeladen zu den Autorentheatertagen Hamburg 2008
tz-Rosenstrauß des Jahres
2007 für Sandra Hüller
AZ-Stern des Jahres 2007
für Sandra Hüller

_SPIELZEIT 2007/08

HASS

nach dem Film von
Mathieu Kassovitz
in einer Fassung von
Sebastian Nübling und
Julia Lochte

Premiere am 18.01.2008
im Schauspielhaus

Regie
Sebastian Nübling
Bühne, Kostüme
Muriel Gerstner
Musik
Lars Wittershagen
Licht
Max Keller
Dramaturgie
Julia Lochte

Mit
**Katja Bürkle
Brigitte Hobmeier
Katharina Schubert**

27 Vorstellungen

Bild oben: Katharina Schubert, Katja Bürkle, Brigitte Hobmeier
Bild unten: Katharina Schubert, Katja Bürkle

Bild rechts: **Bernd Moss**

Uraufführung

SCHNEE

Nach dem Roman von Orhan Pamuk

Deutsch von Christoph K. Neumann. Bearbeitet von Lars Ole Walburg und Malte Jelden

Premiere am 01.03.2008 im Schauspielhaus

Regie
Lars-Ole Walburg
Bühne
Robert Schweer
Kostüme
Nina Wetzel
Video
Sebastien Dupouey
Licht
Stephan Mariani
Musik
Theo Nabicht
Dramaturgie
Malte Jelden

Ka
Bernd Moss
Ipek
Annette Paulmann
Kadife
Tabea Bettin
Turgut
Jochen Striebeck
Lapislazuli
Bernd Grawert
Sunay Zaim
Hans Kremer
Necip, Fazil
Sebastian Weber
Orhan
Wolfgang Pregler

20 Vorstellungen

Eingeladen zu den Duisburger Akzenten 2009

_173   __SPIELZEIT 2007/08

DOING IDENTITY – BASTARD MÜNCHEN THEATER, PERFORMANCE, DISKURS, CLUB
26.01. – 08.03.2008

Künstlerische Leitung
Björn Bicker und Matte Jelden

Gesamtausstattung
Ralf Käselau

Mitarbeit Dramaturgie/Programm
Ruth Feindel

Produktionsleitung
Kerstin Grübmeyer

Produktionsassistenz
Julia Reichert, Annabelle Leschke

Ausstattungsassistenz
Eva-Maria Bauer, Nele Ahrens

Kurator TOY-VOID
Bo Christian Larsson

**DOING IDENTITY-
BASTARD
MÜNCHEN**

**SAVE ME –
EINE STADT SAGT JA!**
Die Galashow

Bild oben: **Julia Schmelzle, René Dumont**
Bild unten: **Julia Schmelzle**

KINDER STATT INDER

850 flüchtlinge

175

SPIELZEIT 2007/08

DOING IDENTITY – BASTARD MÜNCHEN

Künstlerische Leitung
Björn Bicker und
Malte Jelden

Bülent Kullukcu
MIA SAN MURAT
Konzert und Club

**GOMMAGÂNG
+ THE BARRIO LATIN
MASSACRE FROM BOGOTA**

YU WAVE!

**KING AUTOMATIC
+ DOS HERMANOS**

LOCAL TIGERS
(Indian Club Night)

**MAMA ROSIN
+ OKTOBER FOLK CLUB**

**URBAN AFRICAN
IDENTITIES**

Johannes Buss
**UN MONUMENT
AFRICAIN BAVAROIS**

Christine Umpfenbach
**FLUCHTEN 1: ARBEIT
FLUCHTEN 2: WOHNEN
FLUCHTEN 3: LIEBE
FLUCHTEN 4: BAYERN**

Johanna v. Hatem
DRAUSSEN

zlep präsentiert
**VIRTUELLE IDENTITÄTS-
BESCHLEUNIGUNG**

Karnik Gregorian
**INSIDE
LANDWEHRSTRASSE**
Ansichten aus der heiligen
Straße Münchens

Landwehr Spezial
EINWEIHUNGSPARTY

**DIE GERICHTE
MEINES VATERS**
Dokumentarfilm von
Karnik Gregorian

APERTURA DI STAGIONE

**SAVE ME –
EINE STADT SAGT JA!**
Die Galashow

SPIELZEIT 2007/08

Evil Knievel
DEATH IS A TOUGH COMPETITOR, I BET HIM MANY TIMES
Upstate (2007)

SILBERLUNGE
eine Lichtinstallation

NO INTEGRATION?!
Rechte statt Integration
Diskussion, Workshops
+ Open space
Intercultural mainstreaming

Anna Brisolla
SAUM
Work in Progress
with Anna Brisolla

Tobias Yves Zintel
CONFESSION OF AGGRESSION

Schauplatz International
HOP-ON HOP-OFF IDENTITY TOUR
Rund um die
Sendlinger Moschee

Murena
NO FOOD – NO DRINKS – NO NAMES ON SET

WORLDSTAR
Film

Pollyester + Mooner
AMANDA AMENDE UND PIA NO – DENEN IHRE ICH-ENTZÜNDUNG

Martin Hast/Kristan Horton
A PARASITE WORLD, WE BELIEVE WHAT WE SEE

Michaela Melián
SPEICHER

LIVING THE HIPLIFE
Film

Videoperformance
Julien Friedler
SPIRIT OF BOZ

Passamt
VEREINTE TRANSNATIONALE REPUBLIKEN

Gespräch
MENSCHENRECHTE/UMWELT
Jürgen Knirsche
(Greenpeace)
GELD / RELIGION
Dr. Willy Manzana
(Missionar)

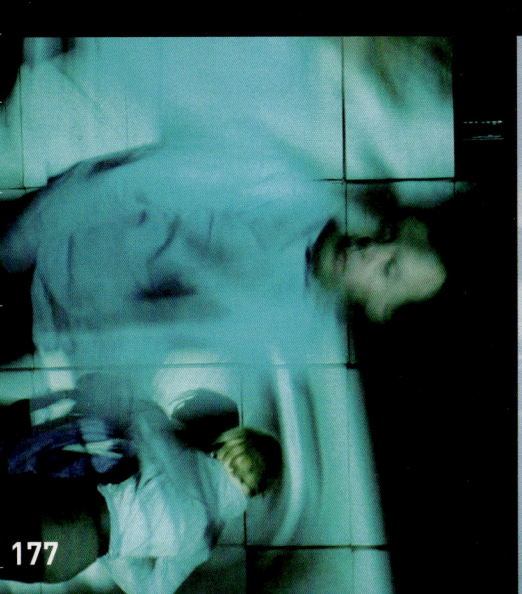

__SPIELZEIT 2007/08

DOING IDENTITY - BÄSTARD MÜNCHEN

INVASION!
von Jonas Hassen Khemiri

ABSCHLUSSGALA VON UND MIT ALLEN UND ALLEM

Filmpräsentationen
MAKING OF TOY-VOID

DOING IDENTITY wurde unterstützt von Allianz Kulturstiftung, der Ludwig-Maximilians-Universität München, vom Goethe-Institut und der Landeshauptstadt München, Kulturreferat

__SPIELZEIT 2007/08

Ödön von Horváth

ZUR SCHÖNEN AUSSICHT

Premiere am 05.04.2008 im Schauspielhaus

Regie
Christiane Pohle
Bühne
Maria-Alice Bahra
Kostüme
Sarah Schittek
Licht
Jürgen Tulzer
Dramaturgie
Matthias Günther

Max
Peter Brombacher
Karl
Edmund Telgenkämper
Müller
Jochen Noch
Strasser
Thomas Schmauser
Emanuel Freiherr von Stetten
Stefan Merki
Ada Freifrau von Stetten
Gundi Ellert
Christine
Lena Lauzemis

26 Vorstellungen

Bild links: **Thomas Schmauser, Lena Lauzemis**

Bild rechts: **Edmund Telgenkämper, Gundi Ellert, Jochen Noch**

Bild links: Daniela Britt, Lasse Myhr

Uraufführung

LILJA 4-EVER

Nach dem Film von
Lukas Moodysson
Deutsch von
Hansjörg Betschart

Premiere am 15.04.2008
im Werkraum

Regie
Roger Vontobel
Bühne
Natascha von Steiger
Kostüme
Eva Martin
Musik
Murena
Licht
Christian Schweig
Dramaturgie
Ruth Feindel

Mit
**Daniela Britt
Lasse Myhr
Murena
Jochen Noch
Katharina Schubert**

17 Vorstellungen

Bild oben: **André Jung**
Bild unten: **Sylvana Krappatsch**, **André Jung**

HIOB

nach dem Roman
von Joseph Roth
in einer Fassung
von Koen Tachelet

Premiere am 19.04.2008
im Schauspielhaus

Regie
Johan Simons
Bühne
Bert Neumann
Kostüme
Dorothee Curio
Musik
Paul Koek
Licht
Max Keller
Dramaturgie
Koen Tachelet
Julia Lochte

Mendel Singer
André Jung
Deborah, seine Frau
Hildegard Schmahl
Menuchim, sein Sohn
Sylvana Krappatsch
Miriam, seine Tochter
Wiebke Puls
Schemarjah, sein Sohn /
Skowronnek, Schumacher
Edmund Telgenkämper
Jonas, sein Sohn / Kosake /
Mac, Amerikaner /
Groschel, Musikhändler
Steven Scharf
Menkes, Bibelschreiber
Walter Hess

40 Vorstellungen

Eingeladen zu den
Wiener Festwochen 2008
Eingeladen zu den
Autorentheatertagen
Hamburg 2009
Eingeladen zum
Hollandfestival
Amsterdam 2009
Eingeladen zur
Siegener Biennale 2009
Fernsehaufzeichnung vom
ZDFtheaterkanal
Erstausstrahlung in 3sat
am 11.04.2009

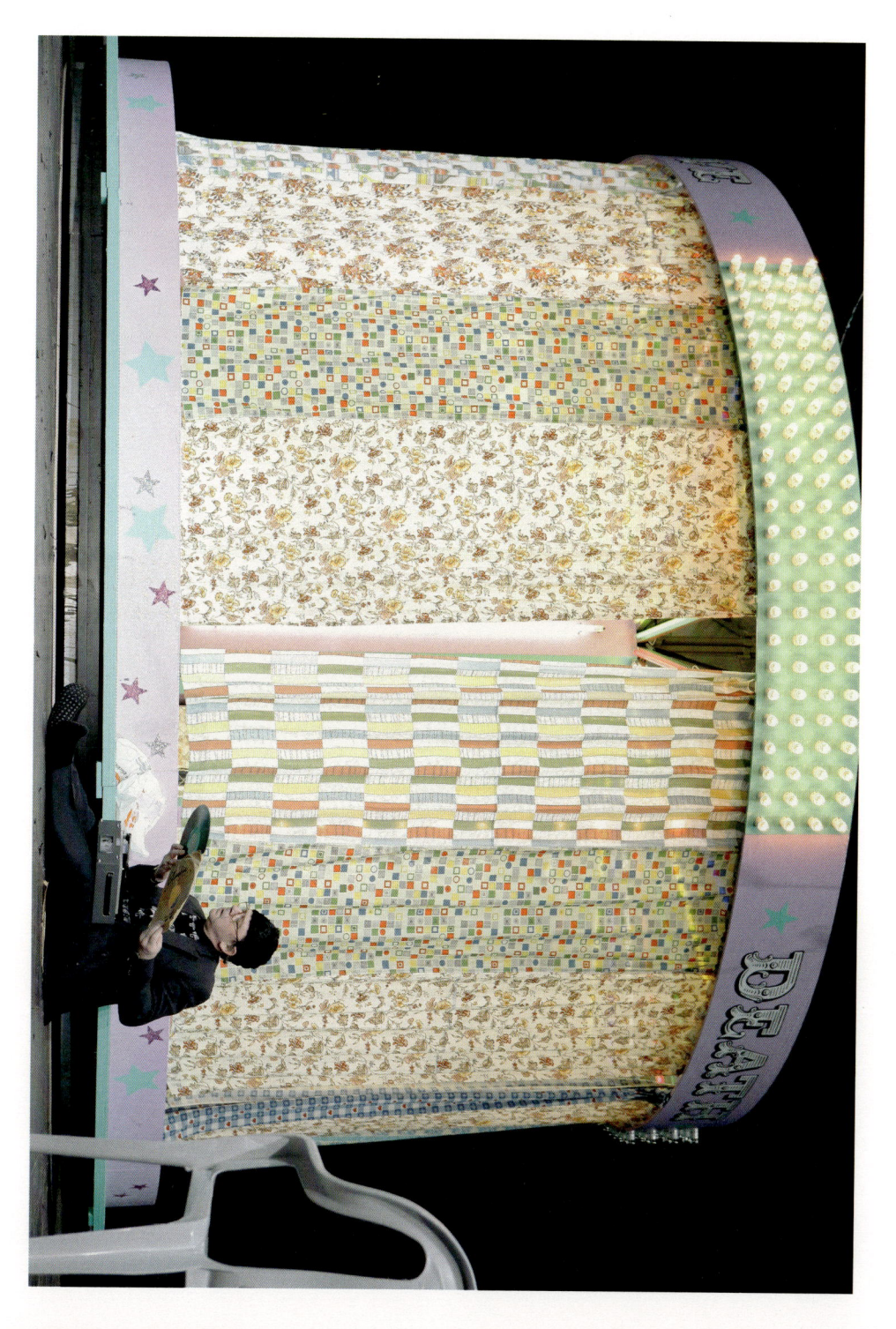

TROILUS UND CRESSIDA

William Shakespeare

Übersetzung und Bearbeitung: Paul Brodowsky
Fassung: Luk Perceval

Premiere am 12.05.2008 in Wien bei den Wiener Festwochen
Premiere am 30.05.2008 in München im Schauspielhaus

Regie und Raum **Luk Perceval**
Kostüme **Ilse Vandenbussche**
Licht **Max Keller**
Ton **Wolfram Schild**
Dramaturgie **Matthias Günther**

Priamus, Nestor **Barbara Nüsse**
Hektor, Agamemnon **Hans Kremer**
Paris, Menelaus **Bernd Grawert**
Troilus **Oliver Mallison**
Andromache, Cassandra, Kalchas **Annette Paulmann**
Cressida **Julia Jentsch**
Achilles **Christoph Luser**
Ajax **Peter Brombacher**
Ulysses **Wolfgang Pregler**
Diomedes **Stefan Merki**
Patroklus **Frederik Tidén**
Thersites **Joel Harmsen**

27 Vorstellungen
Koproduktion mit den Wiener Festwochen

Bild: **Wolfgang Pregler, Bernd Grawert, Stefan Merki, Peter Brombacher, Barbara Nüsse, Annette Paulmann**

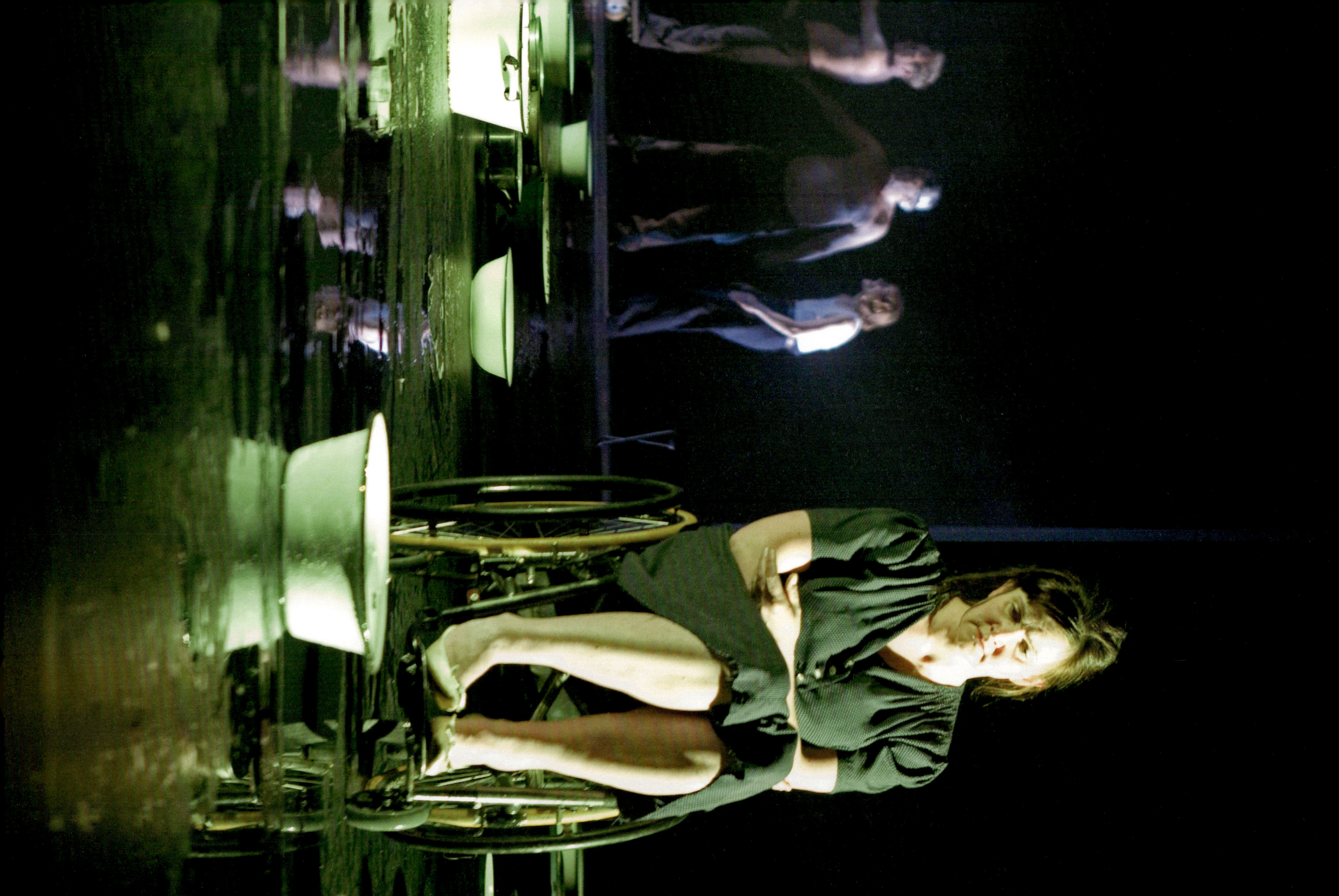

Uraufführung

Schorsch Kamerun

DOWN UNDERSTANDING

Premiere am 06.06.2008
im Neuen Haus

Regie
Schorsch Kamerun
Bühne
Constanze Kümmel
Kostüme
Marysol del Castillo
Video
Naomi Steuer
Musik
Maria Berauer
Licht
Jonas Landerschier
Dramaturgie
Malte Jelden

Mit
Tabea Bettin
Schorsch Kamerun
Sylvana Krappatsch
Bernd Moss
Lasse Myhr
Tjark Bernau / Martin Laue
Nora Buzalka /
Tina Keserovic
Demet Gül / Sophie Köster
Michael Kranz /
Marc Staehelin
Alice Röttger/
Lenja Schulze
Lukas Turtur /
Tobias Schormann

Statisten / Kinderstatisten
Erich Menzel
Birgit Wild-Dicke
Antonia Button
Federico Chiodo Cianfarani /
Kevin Stanley
Marie Hopf
Joshua Linn /
Steven Stanley
Hanna Merki

Musiker
Jan Kahlert
Martin Lickleder
Peter Pichler

11 Vorstellungen

Bild oben: **Bernd Moss**, Ensemble
Bild unten: **Martin Lickleder, Jan Kahlert, Peter Pichler, Tabea Bettin**

Bild rechts: **Polina Lapkovskaja, Damien Liger, Hildegard Schmahl, Steven Scharf**

Uraufführung

ILLEGAL

Ein Projekt von
**Peter Kastenmüller,
Björn Bicker** und
Michael Graessner
Text: **Polle Wilbert**

Premiere am 20.06.2008
im Schauspielhaus

Regie
Peter Kastenmüller
Bühne
Michael Graessner
Kostüme
Ayzit Bostan
Video
Stefan Bischoff
Licht
Björn Gerum
Musik
Kamerakino
Dramaturgie
Björn Bicker

Mit
**Katja Bürkle
Hildegard Schmahl
Melanie Witteborg
Walter Hess
Steven Scharf
Serhat Karakayali
Edmund Telgenkämper
Damien Liger**

Kamerakino
**Polina Lapkovskaja
Sebastian Meyhöfer
Federico Sanchez Nitzl
Manuela Rzytki
Martin Schoierer
Thomas Wühr**

und 63 weitere Mitwirkende

5 Vorstellungen

Gefördert im
Fonds Heimspiel der
Kulturstiftung des Bundes

_187

__SPIELZEIT 2007/08

SPIELZEIT 2008/09: GESCHIEHT DIR RECHT

SO, DIE BUNDESREPUBLIK DEUTSCHLAND IST ERWIESENERMASSEN EIN EINWANDERUNGSLAND. UND WIRD 60. WELCHE REGELN HABEN WIR UNS GEGEBEN FÜR UNSER ZUSAMMENLEBEN? REICHEN UNSERE BEGRIFFE VON RECHT UND FREIHEIT AUS? WENN MAN ÜBER DIE DIALEKTIK VON

GESCHIEHT DIR RECHT
Brandherde:

DER PROZESS
Franz Kafka

KASPAR HÄUSER MEER
Felicia Zeller

FURCHT UND ZITTERN
Ein Singspiel von Händl Klaus und Lars Wittershagen

NINFO / NO INFO!
Schorsch Kamerun:
Ein mehrmonatiges Suchprogramm nach Rest- und Neualternativen

PETER PAN
M. Barrie
Schorsch Kamerun nach den Geschichten von James M. Barrie

RECHNITZ (DER WÜRGEENGEL)
Elfriede Jelinek

ARMES DING
John Birke

MASS FÜR MASS
William Shakespeare

BULBUS
Anja Hilling

PETERLICHT: FESTIVAL VOM UNSICHTBAREN MENSCHEN
PeterLicht

RÄUME RÄUMEN
René Pollesch

PING PONG D'AMOUR

Jörg Albrecht
LASS MICH DEIN LEBEN LEBEN! DIRTY CONTROL 2

nach den Filmen von Krzysztof Kieslowski und Krzysztof Piesiewicz
DREI FARBEN: BLAU, WEISS, ROT

Herbert Achternbusch
SUSN

Hans Fallada
KLEINER MANN – WAS NUN?

Peter Kastenmüller
Björn Bicker
Michael Graessner
HAUPTSCHULE DER FREIHEIT

FREIHEIT UND RECHT NACHDENKT, STÖSST MAN AUF DEN DRITTEN TEIL DES SCHÖNEN LIEDES, DIE EINIGKEIT. WER SOLL MIT WEM EINIG SEIN? DAS NEBENEINANDER DER VIELEN RELIGIONEN, HERKÜNFTE UND IDENTITÄTEN VERLANGT NACH VIEL FANTASIE UND TATENDRANG. SCHAUT MAN SICH UM, WER DIE TÄTER SIND, DANN WIRD SCHNELL KLAR, DASS WIR ETWAS TUN MÜSSEN, DAMIT

WELCHE NORMEN WOLLEN WIR UNS GEBEN, DAMIT WIR DIE SEIN KÖNNEN, DIE WIR SEIN WOLLEN? WENN DIE INNERE SICHERHEIT ZUR FEINDIN DER FREIHEIT WIRD, WENN POLITIK KEINE GERECHTIGKEIT MEHR HERSTELLEN KANN, WENN DIE EINIGKEIT IN DER ABLEHNUNG BESTEHT, DANN UNS DER LADEN NICHT UM DIE OHREN FLIEGT, MÜSSEN WIR VOR DER FREIHEIT ANGST HABEN?

HEISST ES, WEITER MACHEN, FRAGEN STELLEN, BLOSS NICHT AUFGEBEN!

BRANDHERDE:
GESCHIEHT DIR RECHT
27.09.2008

**BRANDHERDE:
GESCHIEHT
DIR RECHT**
Theater, Debatte, Party

**HAUSHALTSDEBATTE.
WAS SOLLTE MAN MIT
3.000 EURO MACHEN?**
präsentiert von
Kulturmaßnahmen

BRANDHERDE: GESCHIEHT DIR RECHT

Theater, Debatte, Party
27. September 2008 im Schauspielhaus

KLEINE ANFRAGEN 1–18
von
Jörg Albrecht
John Birke
Paul Brodowsky
Hartmut El Kurdi
Anja Hilling
Elfriede Jelinek
Azhar Kamal
Juliane Kann
Händl Klaus
Christian Kortmann
Dirk Laucke
Nora Mansmann
Tim Staffel
Laura de Weck
Polle Wilbert
Ferdinan Zaimoglu
Felicia Zeller

PARTY MIT GENERATION ALDI LIVE + ALDI DJING

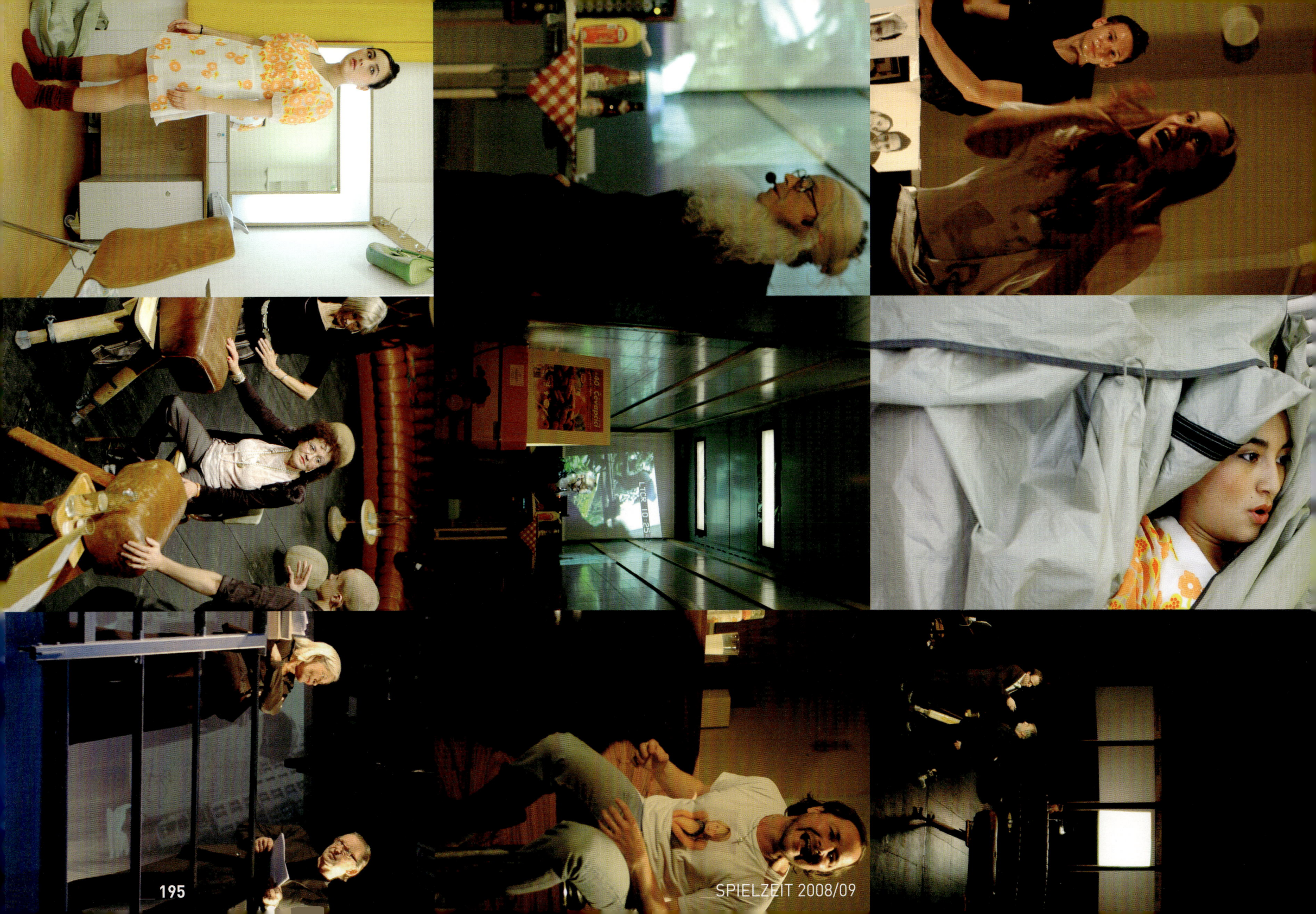

SPIELZEIT 2008/09

Franz Kafka

DER PROZESS

Premiere am 25.09.2008
im Schauspielhaus

Regie, Bühne
Andreas Kriegenburg
Kostüme
Andrea Schraad
Licht
Björn Gerum
Dramaturgie
Matthias Günther

Mit
**Walter Hess
Sylvana Krappatsch
Lena Lauzemis
Oliver Mallison
Bernd Moss
Annette Paulmann
Katharina Schubert
Edmund Telgenkämper**

42 Vorstellungen

Eingeladen zum
Berliner Theatertreffen 2009
Eingeladen zu den
Wiener Festwochen 2009
Eingeladen zu den
Theaterformen 2009
Eingeladen zu den
Maifestspielen Wiesbaden
2009
AZ-Stern des Jahres 2008
für Andreas Kriegenburg
tz-Rosenstrauß des
Jahres 2008 für
Andreas Kriegenburg

Bild: Oliver Mallison, Edmund Telgenkämper und Ensemble

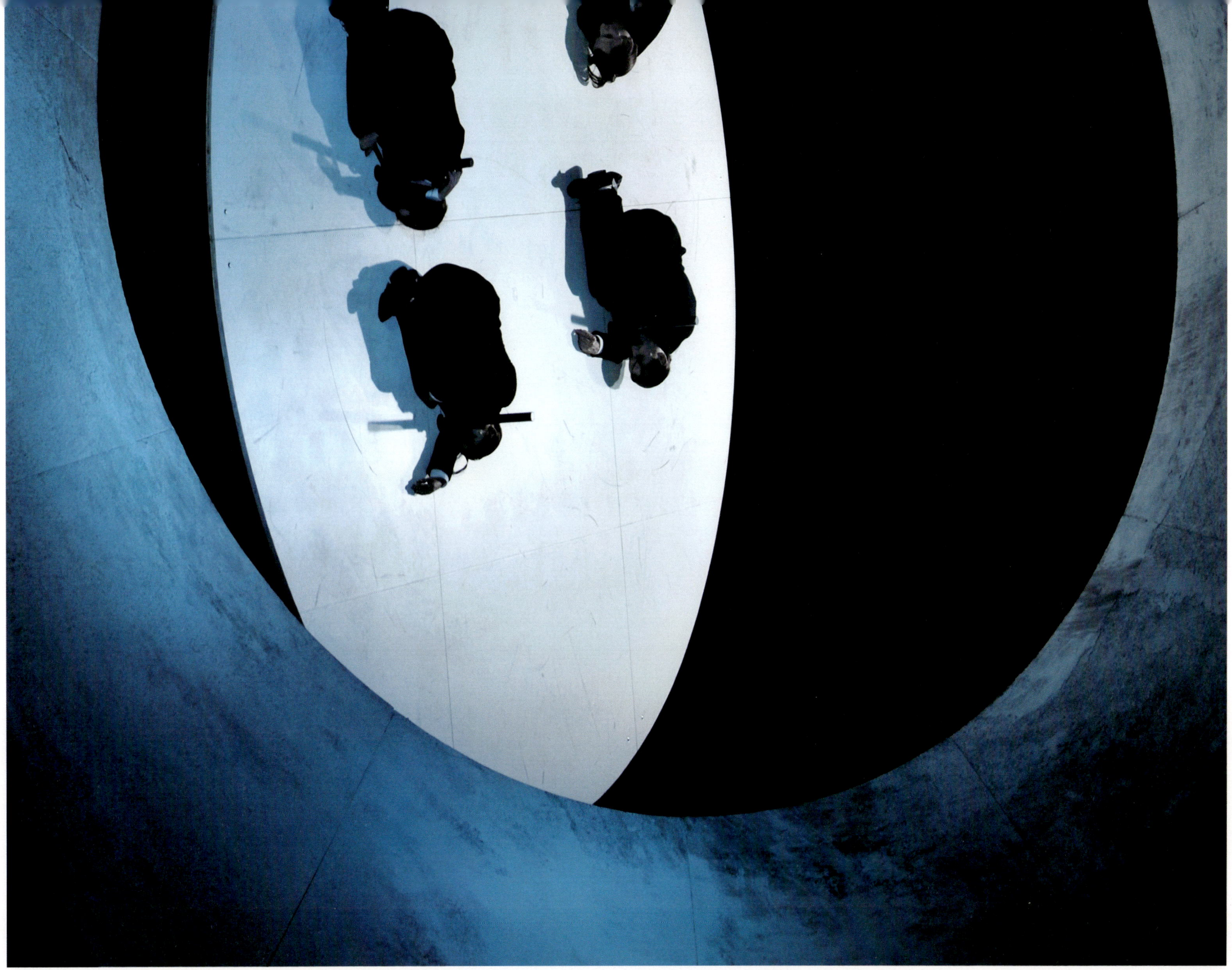

Felicia Zeller

KASPAR HÄUSER MEER

Premiere am 03.10.2008
im Werkraum

Regie
Lars-Ole Walburg
Bühne, Kostüme
Kathrin Krumbein
Musik
Tomek Kolczynski
Licht
Christian Schweig
Dramaturgie
Matte Jelden

Barbara
Steven Scharf
Anika
Lasse Myhr
Silvia
Sebastian Weber

22 Vorstellungen

Bild links: Lasse Myhr

Bild oben links: **Paul Herwig, Wiebke Puls, Stefan Merki**
Bild oben rechts: **Caroline Ebner, Jochen Noch**
Bild unten: **Wiebke Puls, Caroline Ebner, René Dumont, Jochen Noch,
Paul Herwig, Tanja Schleiff und Kindersolisten des Staatstheaters am Gärtnerplatz**

Uraufführung

FURCHT UND ZITTERN

Ein Singspiel von
Händl Klaus und
Lars Wittershagen

**Premiere
bei der RuhrTriennale
in Essen am 12.09.2008
Premiere am 17.10.2008**
im Schauspielhaus

Regie
Sebastian Nübling
Bühne, Kostüme
Muriel Gerstner
Musik
Lars Wittershagen
Musikalische Leitung
**Lars Wittershagen
Peter Pichler**
Licht
Jürgen Tulzer
Chorleitung
Verena Sarré
Dramaturgie
Julia Lochte

Manfred Horni,
Lehrer für Musik
Jochen Noch
Anneliese Horni, seine Frau
Caroline Ebner
Stephanie Meier, Polizistin
Wiebke Puls
Martin Kirchner, Polizist
Paul Herwig
Wally, Pädagogin
Tanja Schleiff
Eberhard und Gert,
Reinigung
**René Dumont
Stefan Merki**

Musiker
**Margarita Holzbauer
Jan Kahlert
Tschinge Krenn
Peter Pichler
und die Kindersolisten
des Staatstheaters
am Gärtnerplatz**

21 Vorstellungen

FURCHT UND ZITTERN
ist ein Auftragswerk der
Münchner Kammerspiele
und der RuhrTriennale.

199 _SPIELZEIT 2008/09

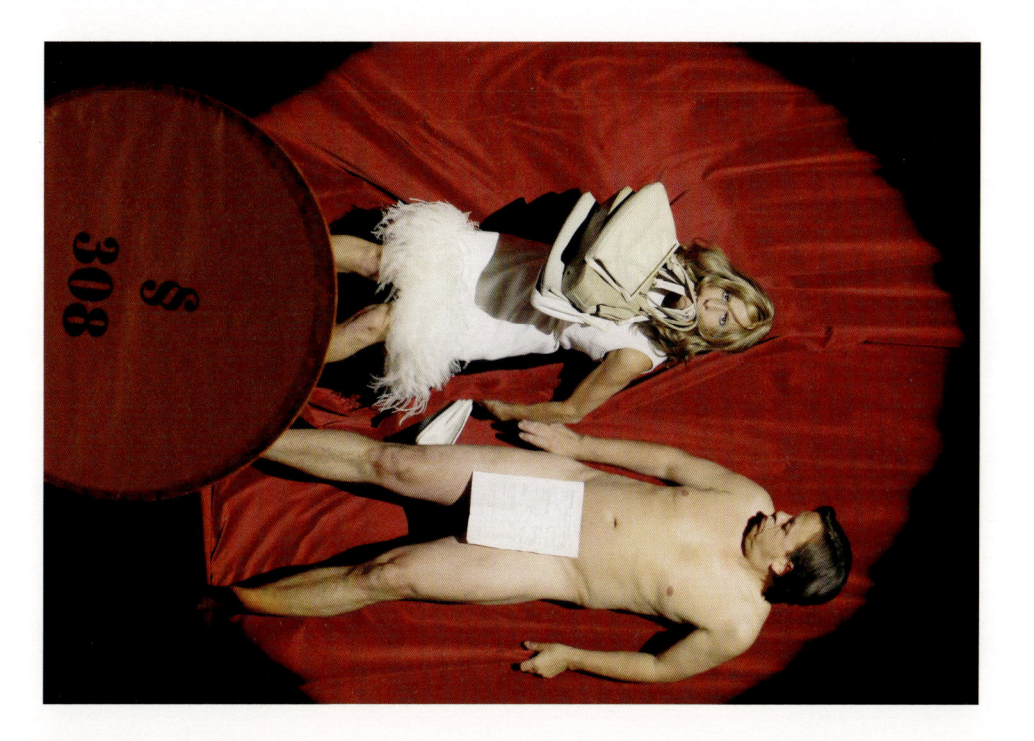

SCHORSCH KAMERUN:
NINFO/NO INFO
18.10.–20.12.2008

Bild: **Schorsch Kamerun**

SCHORSCH KAMERUN: NINFO/NO INFO

PETER PAN
Ein Musical mit Recht auf private Zeit für die ganze Familie

Schorsch Kamerun
nach den Geschichten von
James M. Barrie

Premiere am 08.11.2008
im Neuen Haus

Regie
Schorsch Kamerun
Bühne
Constanze Kümmel
Kostüme
Maren Geers
Musik
Carlo Fashion
Choreographie
Volker Michl
Licht
Christian Schweig
Video
Jo Schramm
Dramaturgie
Malte Jelden

Peter Pan
Bernd Moss
Wendy
Wiebke Puls
Kapt'n James Hook
Walter Hess
Tinker Bell
Tabea Bettin
Die Zeit
René Dumont
The Lost Boys
Carlo Fashion, Salewski
Piraten & Indianer
**Helene Brønsted
Simone Detig
Stephanie Felber
Joséfine Häggblad
Denise Schatz**

16 Vorstellungen

Bild oben: **René Dumont, Wiebke Puls**
Bild unten: **Tabea Bettin, Wiebke Puls, René Dumont, Helene Brønsted, Simone Detig, Stephanie Felber, Joséfine Häggblad, Denise Schatz**

Bild oben: Walter Hess; Helene Brondsted, Simone Detig, Stephanie Felber, Josefine Häggblad, Denise Schatz (oben), Bernd Moss, Wiebke Puls (unten)
Bild unten: Wiebke Puls, Bernd Moss, Tabea Bettin

NINFO/NO INFO!
DIE GROSSE ERÖFFNUNG IM SCHAUSPIELHAUS
Schaumparty von und mit Schorsch Kamerun, Gustav, DJ Phono, GOMMA

Citybattle
MÜNCHEN VS. HAMBURG
Rote Sonne vs. Golden Pudel Club

Roberto Ohrt
ARBEITET NIE!

Konzert
SOAP&SKIN

Lesung
HEINZ STRUNK

CJ LAUFI

INFORMATIONS-VERWEIGERUNG MIT PROFESSIONELLEN GÄSTEN!

NYMPHE IN PHANTASIEUNIFORM
Hommage an Jules Vallès

EXTRA KEINE ANGABEN!
Plus Special Guests!

70 JAHRE GEBURTSTAGSFEIERN
Herbert Achternbusch

Konzert
JACQUES PALMINGER FEAT. RICA BRUNCK, VICTOR MAREK
Plus: DJ DSL

NINFO/NO INFO! GROSSER ZWISCHENSTAND

YOU DON'T LOVE ME YET
Johanna Billing

Lesung
DIEDRICH DIEDRICHSEN

Gagarin
LABEL-ABEND

Lesung
ALBAN LEFRANC
(Blumenbar Verlag)

GROSSES FINALE WURSTIBAR
Härteste Improvisation

Gastspiel
DOWN UNDERSTANDING
von Schorsch Kamerun

_203

SPIELZEIT 2008/09

RECHNITZ (DER WÜRGEENGEL)

Uraufführung

Elfriede Jelinek

Premiere am 28.11.2008 im Schauspielhaus

Regie
Jossi Wieler
Bühne, Kostüme
Anja Rabes
Musik
Wolfgang Siuda
Licht
Max Keller
Dramaturgie
Julia Lochte

Boten
**Katja Bürkle
André Jung
Hans Kremer
Steven Scharf
Hildegard Schmahl**

24 Vorstellungen

Eingeladen zu den
Mülheimer Theatertagen
Stücke 2009
Eingeladen zu den
Autorentheatertagen
Hamburg 2009
tz-Rosenstrauß des Jahres
2008 für die Produktion
RECHNITZ
(DER WÜRGEENGEL)

Bild: Hildegard Schmahl, André Jung, Katja Bürkle,
Steven Scharf, Hans Kremer

SPIELZEIT 2008/09 204

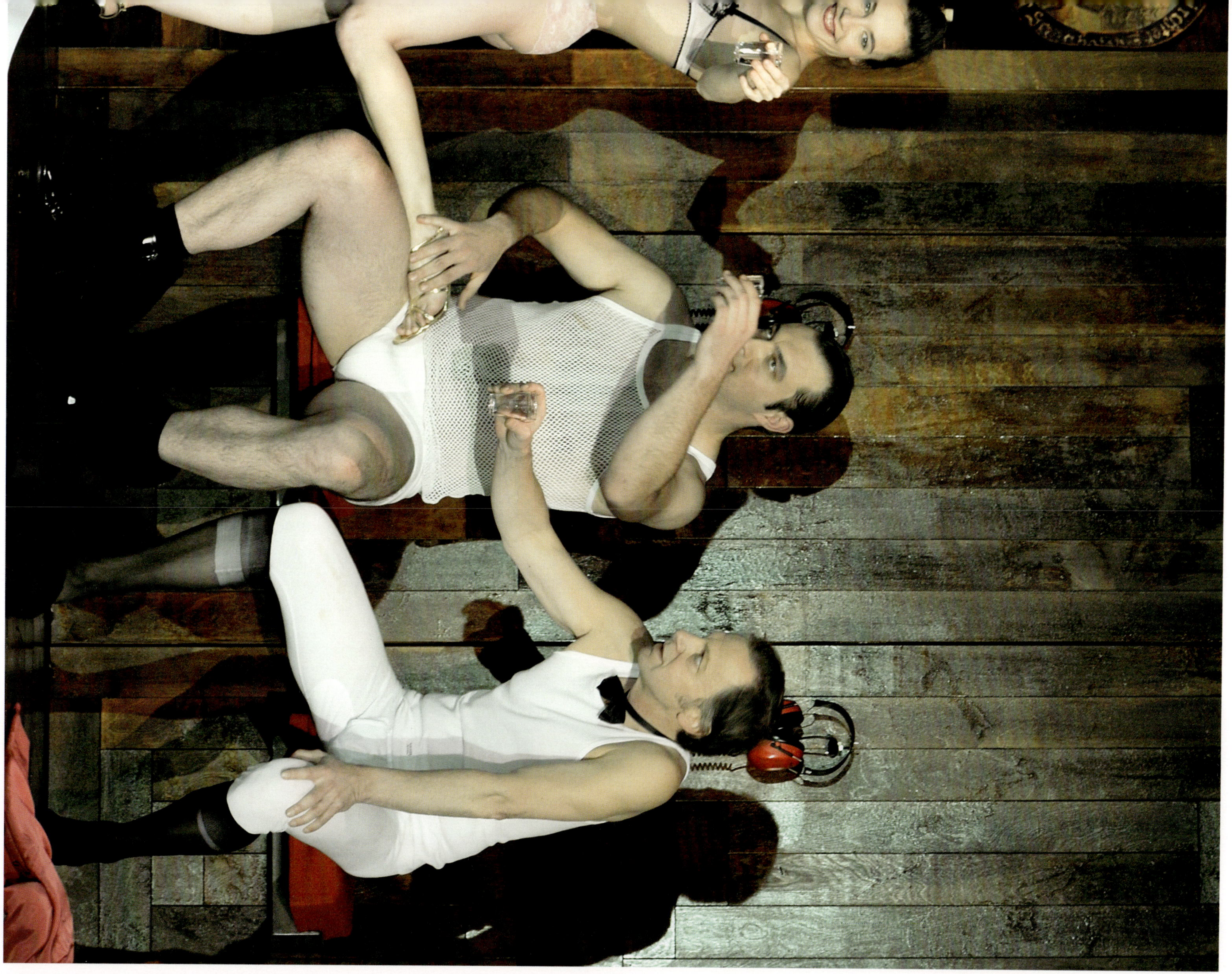

Bild links: Sylvana Krappatsch, Edmund Telgenkämper

ARMES DING

Uraufführung

John Birke

Premiere am 30.11.2008
im Werkraum

Regie
Felicitas Brucker
Bühne
Dorothee Curio
Kostüme
Sara Schwartz
Musik
Arvild J. Baud
Video
Nicolas Hemmelmann
Licht
Christian Mahrla
Dramaturgie
Ruth Feindel

Bombe, Frau, Lady
Sylvana Krappatsch
Sie, Journalistin, Keller-Mann
Lena Lauzemis
Einer, Mann, Journalist
Edmund Telgenkämper

14 Vorstellungen

Ein Auftragswerk für die Münchner Kammerspiele. Unterstützt vom Verein zur Förderung der Münchner Kammerspiele.

Bild oben: **Brigitte Hobmeier, Christoph Luser**
Bild unten: **Brigitte Hobmeier, Thomas Schmauser, Tabea Bettin**

William Shakespeare

MASS FÜR MASS

Deutsch von Jens Roselt
in einer Bearbeitung von
Stefan Pucher

Premiere am 17.01.2009
im Schauspielhaus

Regie
Stefan Pucher
Bühne
Barbara Ehnes
Kostüme
Annabelle Witt
Musik
Marcel Blatti
Video
Chris Kondek
Licht
Stephan Mariani
Dramaturgie
Matthias Günther

Vincentio, der Herzog
Thomas Schmauser
Angelo, der Statthalter
Christoph Luser
Escalus, ein alter Lord /
Bernardino, ein zügelloser
Gefangener
Wolfgang Pregler
Claudio,
ein junger Gentleman
Lasse Myhr
Lucio, ein Sonderling
Peter Brombacher
Kerkermeister
Stefan Merki
Ellbogen, einfacher Polizist /
Abhorsohn, ein Henker
Sebastian Weber
Pompejus, ein Kuppler
Walter Hess
Bernardino, ein zügelloser
Gefangener
Wolfgang Pregler
Isabella, Claudios Schwester
Brigitte Hobmeier
Franziska, eine Nonne,
Marianna, Angelos Verlobte,
Madame Overdone,
eine Bordellwirtin
Tabea Bettin
Julia, Claudios Geliebte
Selale Gonca Cerit

21 Vorstellungen

Deutsche Erstaufführung

Anja Hilling

BULBUS

Premiere am 23.01.2009
im Werkraum

Regie
Christiane Pohle
Bühne
Annette Kurz
Kostüme
Diana Ammann
Musik
Rainer Süßmilch
Licht
Jürgen Tulzer
Dramaturgie
Julia Lochte

Amalthea
Lena Lauzemis
Manuel
Edmund Telgenkämper
Jutta Schratz
Gundi Ellert
Der alte Markidis
Jean-Pierre Cornu
Albert Ross
Jochen Noch
Rosa Landen
Annette Paulmann

13 Vorstellungen

Bild: Edmund Telgenkämper, Jean-Pierre Cornu, Annette Paulmann, Jochen Noch, Gundi Ellert, Lena Lauzemis

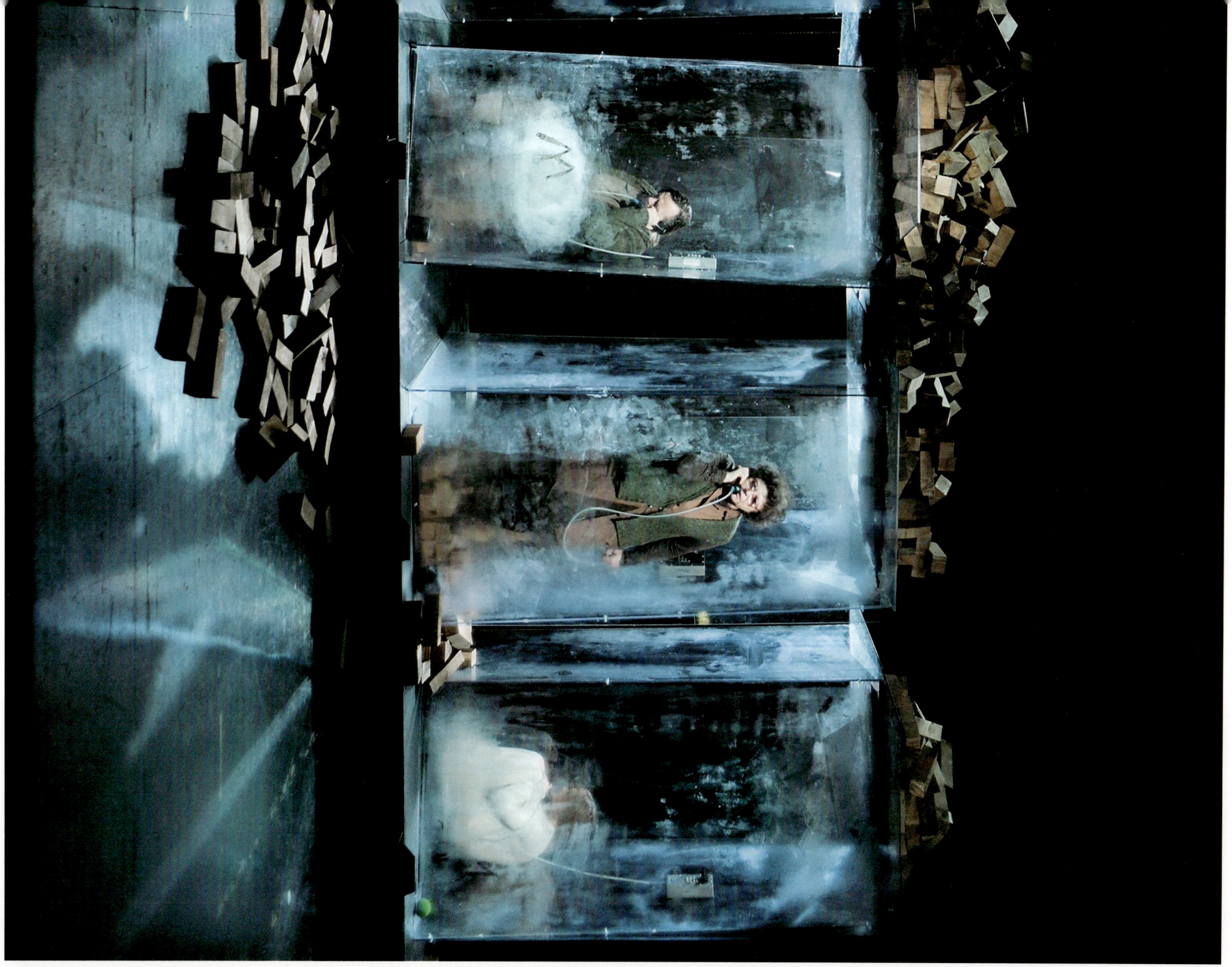

PETERLICHT:
FESTIVAL VOM UNSICHTBAREN
MENSCHEN
24.01. – 08.03.2009

_211   __SPIELZEIT 2008/09

PETERLICHT: FESTIVAL VOM UNSICHTBAREN MENSCHEN

24.01. – 08.03.2009
im Neuen Haus

RÄUME RÄUME
PeterLicht

Premiere am 31.01.2009
im Neuen Haus

Regie
PeterLicht und S. E. Struck
Bühne
Dominic Huber
Kostüme
Pascale Martin
Licht
Christian Mahrla
Musik
PeterLicht
Musikalische Leitung
Peter Pichler
Dramaturgie
Björn Bicker

Mit
Caroline Ebner
Sophie Köster
Franziska Machens
Sarah Sophia Meyer
Lenja Schultze
Olivia Stutz
Nora Wahls
Markus Boniberger
René Dumont
Benjamin Holtschke
Benjamin Kempf
Oliver Mallison
Andreas Müller
Tobias Schormann

Musiker
Peter Pichler
Martin Lickleder
Barbara Streidl

14 Vorstellungen

Bilder links: Ensemble und Zuschauer

SPIELZEIT 2008/09

Bild rechts: **Barbara Streidl, Peter Pichler, Martin Lickleder, Sarah Sophia Meyer, Benjamin Kempf, René Dumont, Andreas Müller, Tobias Schormann, Caroline Ebner, Markus Boniberger, Nora Wahls, Franziska Machens, Lenja Schultze, Olivia Stutz, Sophie Köster, Oliver Mallison, Benjamin Holtschke**

Konzert
PETER LICHT

Pater Friedhelm Mennekes S.J.
GEFALLENE WORTE PRE-DIGTEN ÜBER DAS ICH I – IV

PeterLicht präsentiert
HERR TAPETE

Florian Huber
SPACEBOOK

Bo Dog Wiget und Andreas All Müller
BEIDE MESSIES

Ligna
DER NEUE MENSCH

SEE!
SCHLAF IN DEINER STADT

Datenstrudel
MEINTEN SIE NEO DAMPF?

Kulturmaßnahmen
WER BIN ICH? BZW. WAS GLAUBE ICH, WAS ANDERE DENKEN, WER ICH BIN?

SEE!
MY PERSONAL WIDERSTANDSJUKEBOX

PeterLicht und Blumenbar präsentieren
HEIKO VOSS UND BASTIAN WEGNER & JACK BEAUREGARD

SPIELZEIT 2008/09

Uraufführung

René Pollesch

PING PONG D'AMOUR

Premiere am 14.02.2009 im Schauspielhaus

Regie
René Pollesch
Bühne
Janina Audick
Kostüme
Tabea Braun
Video / Live-Video
Kathrin Krottenthaler
Licht
Christian Schweig
Dramaturgie
Matthias Günther

Mit
**Katja Bürkle
Bernd Moss
Martin Wuttke**

14 Vorstellungen

Bild links: Katja Bürkle, Martin Wuttke, Bernd Moss

__SPIELZEIT 2008/09

Uraufführung

Jörg Albrecht

LASS MICH DEIN LEBEN LEBEN! DIRTY CONTROL 2

Premiere am 20.03.2009 im Werkraum

Regie
Roger Vontobel
Bühne
Claudia Rohner
Kostüme
Eva Martin
Musik
Murena
Licht
Christian Mahrla
Video
Immanuel Heidrich
Dramaturgie
Ruth Feindel

Hope Scaervelis, Judith
Tabea Bettin
Giancarlo Tranquilli,
Filmvorführer
René Dumont
Dylan McLovin, Gil,
Michael Myers
Oliver Mallison
Cody Cummings,
Praktikant
Lasse Myhr
Stella Solar, Lynn,
Jamie Lee Curtis
Tanja Schleiff
Jackie Trestini, Mick
Sebastian Weber
Musiker
Murena
Errol Dizdar

10 Vorstellungen

Ein Auftragswerk für die
Münchner Kammerspiele.
Unterstützt vom Verein
zur Förderung der
Münchner Kammerspiele.

Bild links: Sebastian Weber, René Dumont, Tabea Bettin, Oliver Mallison, Tanja Schleiff

Bild rechts: **Stephan Bissmeier, Thomas Schmauser**

Uraufführung

Nach den Filmen von
Krzysztof Kieslowski und
Krzysztof Piesiewicz.
In einer Fassung von
Koen Tachelet
Deutsch von
Eva M. Pieper und
Alexandra Schmiedenbach

DREI FARBEN: BLAU, WEISS, ROT

**Premiere am 28.03.2009
im Schauspielhaus**

Regie
Johan Simons
Bühne
Jens Kilian
Kostüme
Dorothee Curio
Musik
**Paul Koek
Ton van der Meer
(Veenfabriek)**
Licht
Max Keller
Dramaturgie
**Koen Tachelet
Malte Jelden**

Mit
**Stephan Bissmeier
Sylvana Krappatsch
Lena Lauzemis
Wiebke Puls
Sandra Hüller
Steven Scharf
Hildegard Schmahl
Thomas Schmauser
Edmund Telgenkämper
Jeroen Willems**

12 Vorstellungen

Herbert Achterbusch

SUSN

Premiere am 24.04.2009
im Werkraum

Regie
Thomas Ostermeier
Bühne, Kostüme
Nina Wetzel
Musik
Nils Ostendorf
Video
Sebastien Dupouey
Licht
Björn Gerum
Dramaturgie
Julia Lochte
Mit
Brigitte Hobmeier, Bernd Moss

11 Vorstellungen

Bild links: **Brigitte Hobmeier, Bernd Moss** (Probenfoto)

Bild rechts: **Paul Herwig, Annette Paulmann** (Probenfoto)

Hans Fallada

KLEINER MANN – WAS NUN?

In einer Fassung von
Luk Perceval

Premiere am 25.04.2009
im Schauspielhaus

Regie
Luk Perceval
Bühne
Annette Kurz
Kostüme
Ilse Vandenbussche
Musik
Mathis B. Nitschke
Video
Martin Noweck
Philipp Trauer
Licht
Max Keller
Dramaturgie
Matthias Günther
Korrepititor
Manfred Manhart

Johannes Pinneberg
Paul Herwig
Emma Mörschel,
genannt Lämmchen
Annette Paulmann
Frau Kleinholz, Mia Pinneberg
Gundi Ellert
Doktor Sesam, Taxifahrer,
Frau Scharrenhöfer,
Lauterbach, Lehmann,
Erste Dame, Herr Jänecke,
Ein Germane
Wolfgang Pregler
Emil Kleinholz, Heilbutt,
Der Schauspieler
André Jung
Mutter Mörschel, Jachmann
Zweite Dame, Ein Anderer
Hans Kremer
Karl, Schulz, Fräulein
Semmler, Herr, Keßler,
Spannfuß, Ein Herr, Kunde
Frau Rusch, Schupo
Stefan Merki
Vater Mörschel, Kube,
Postbote, Alte Dame,
Fetter Brillenmensch,
Dicker Mann, Vermieterin
Peter Brombacher
Schwester, Marie, Frau
Tina Keserovic

9 Vorstellungen

219
_SPIELZEIT 2008/09

HAUPTSCHULE DER FREIHEIT
19.06.–04.07.2009

SPIELZEIT 2008/09

Peter Kastenmüller
Björn Bicker
Michael Graessner

HAUPTSCHULE DER FREIHEIT

19.06. – 04.07.2009

Leitung
**Björn Bicker
Jens Dreske
Ruth Feindel
Sonja Füsti
Michael Graessner
Judith Hepting
Peter Kastenmüller
Christine Umpfenbach**

Mit
Schülern, Lehrern, Eltern, dem Ensemble der Münchner Kammerspiele und vielen anderen Partnern

In Kooperation mit der Hauptschule Schwindstraße

Das Theater zieht in eine leerstehende Hauptschule und gründet mit Schülern, Lehrern und Eltern, die nach der Renovierung dorthin umziehen sollen, schon mal eine eigene Schule, die Hauptschule der Freiheit. Drei Wochen Theater, Musik, Work-Shops,

Bilder vom Spielort: Schulgebäude der zukünftigen Hauptschule am Ackermannbogen, Elisabeth-Kohn-Straße

STADTTHEATER.
—

EIN GROSSES WORT. FÜR DIE EINEN DIENT ES ALS ETIKETT FÜR PROVINZ UND DILLETANTISMUS UND FÜR DIE ANDEREN IST ES DER NEUE KAMPFBEGRIFF IM RINGEN UM RELEVANZ DES EIGENEN TUNS. DIE KAMMERSPIELE JEDENFALLS HABEN DIE LETZTEN ACHT JAHRE VERSUCHT, DIE STADT INS THEATER ZU HOLEN UND DAS THEATER IN

DIE STADT ZU TRAGEN. ZUSCHAUER, THEMEN, STÜCKE, INSZENIERUNGEN: ALLES ZUSAMMMEN HAT EIN NETZ AN BEDEUTUNGEN ERGEBEN, DAS IN ERSTER LINIE FÜR DIE BEWOHNER DIESER STADT GEKNÜPFT WURDE. DASS DIE STADT EIN TEIL DIESER WELT UND NICHT VON IHR ZU TRENNEN IST, DAVON ZEUGEN DIE VIELEN VERSUCHE, POLITIK, THEATER, KUNST, DEBATTE UND ENGAGEMENT

ZUSAMMEN ZU DENKEN. AUTOREN, REGISSEURE, JOURNALISTEN, BILDENDE KÜNSTLER, LAIENDAR-STELLER UND PROFISCHAUSPIELER, PARTNER VON AUSSEN, PARTNER VON INNEN, SIE ALLE HABEN WIR GEBETEN, ÜBER DAS ERLEBTE NACHZUDENKEN UND EINEN BLICK NACH VORNE ZU WAGEN. WAS DABEI HERAUSGEKOMMEN IST? DANK UND KRITIK, VISION UND RÜCKSCHAU, LUST AUFS WEITERMACHEN.

ANJA HILLING: HALLO FRANK B. ODER SEHR GEEHRTER HERR BAUMBAUER,

Anja Hilling, geboren 1974, hat Szenisches Schreiben an der Universität der Künste in Berlin studiert. Ihr erstes Stück MEIN JUNGES IDIOTISCHES HERZ wurde an den Münchner Kammerspielen im Rahmen der Autorenwerkstatt entdeckt und aufgeführt. Seither ist sie eine der meistgespielten Gegenwartsautorinnen. An den Kammerspielen waren außerdem ihre Stücke MONSUN, ENGEL und BULBUS zu sehen.

ich hoffe, es geht Ihnen gut, und diese Abschiedsgeschichte muss man sich eher als eine Art Party vorstellen, den Irrsinn ausklingen lassen. Björn B. hat mir von dem Buch erzählt, das Ihnen und Ihrem treuen Team und den letzten acht Jahren zu Ehren entstehen soll. Ehrlich gesagt wollte ich mich drücken, statt dessen lieber losziehen und Euch allen Pralinen aus dem KaDeWe holen, Ihr hättet sogar sagen können, welche, Alkohol, kein Alkohol, was auch immer, aber Björn B. hat dann doch durchblicken lassen, dass ein paar Worte schon schön wären – ist doch Ihr Beruf, Fräulein – und das stimmt ja auch, irgendwie, ich bin halt nur nicht so ein Theaternarr, wird auch nicht besser mit den Jahren, ehrlich gesagt werde ich sogar immer nervöser in diesen Hallen, der ganze Betrieb, den Sie so wunderbar leiten können, macht mich nur verrückt, aber trotzdem, was heißt trotzdem, auf alle Fälle und von ganzem Herzen: mein Glückwunsch und ein aufrichtiges und euphorisches Dankeschön, denn, so läuft das doch, mein kleiner Stern wär wahrscheinlich nie aufgegangen, hätten Sie, Frank B. mir nicht mit schwerer Hand auf den Kopf gehauen, Oktober 2004, Kantine, WOCHENENDE DER JUNGEN DRAMATIKER, »Toll geschrieben, Frau Hilling.«, MEIN JUNGES IDIOTISCHES HERZ, da hab ich mich aber gefreut, bin erst mal so richtig in Stimmung gekommen, sagen wir Schreiblaune, die total bekloppte Tipperei, ein wahres Vergnügen, und plötzlich wollen auch noch alle einen Blick reinwerfen in dein Zettelmeer, verrückt, also weiter, MONSUN, ENGEL, BULBUS, vielen Dank für vier Wahnsinnsinszenierungen, die vierte gibt es noch gar nicht zu diesem Zeitpunkt, aber auch die wird Wahnsinn, ich bin fasziniert, ich glaub, ich hab wenig so gemeint wies dann kam, aber besser wars so und von meiner Seite hundertprozentig erträglicher, klüger, versteht sich und auf einen Punkt gebracht, von dem ich selbst keinen Schimmer hatte, von klugen, gnädigen Regisseuren vor mir selbst bewahrt, was will man mehr, wenn ich meine eigenen Worte auf Ihrer schönen Bühne wiederfand, bin ich sitzengeblieben aus demselben Grund, der mich im Normalfall davonrennen lässt, die Distanz, das kluge Lächeln und der kühle Kopf, das alles tut gut, wenn es sich um dein eigenes Zeug handelt, das so wenig von dieser Schärfe hat, ich bewundere das, Euch, alle, ehrlich, ich begreifs nur nicht, ich glaub ich bin zu weinerlich für Euch, todernst, sentimental bis zur Unerträglichkeit,

___ siehe Seite 300
___ siehe Seite 300, 301
___ siehe Seite 111, 136, 208

_TEXTE, GESPRÄCHE

sagen wir pathetisch, poetisch, peinlich und das sehr gerne, und ich würde gerne weiter so, wenn ich darf, und Ihr seid dann die, dies rausreißen, die was draus machen, die mir zeigen, wo der Hase läuft, auf jeden Fall an mir vorbei, auf jeden Fall will ich weiter wegbleiben und Euch doch nah sein. Je weniger ich ins Theater gehe, desto freier werden meine Stücke, je weniger ich weiß von den konkreten Dingen, Bretter, Türen, Drehbühnen, die ganzen rauchenden Regisseure und begabten Schauspieler, je weniger davon, desto weiter wird der Raum, wilder die Vorstellung und das Gefühl, dann gehts ums nackte Überleben, nicht ums Umbauen, also, was ich sagen will, und jetzt, wo ich schon mal so weit bin, frag ich mich natürlich, was ich im KaDeWe wollte, ich bin Ihnen und Euch dankbar, dass Ihr Vertrauen in mein Zeug hattet und auf Eurer schönen Bühne gezeigt habt, ich wünsch Euch allen viel Glück für die Zukunft, passt gut auf Euch auf.

Herzlich Anja H.

—

KATJA HUBER: HOFFENTLICH NICHT DAS LETZTE GROSSE DING. EINE KURZE BETRACHTUNG DER ÄRA BAUMBAUER.

—

Katja Huber, 1971 geboren, studierte Slawische Philologie und Politische Wissenschaften in München. Seit 1996 arbeitet sie als Journalistin beim Bayerischen Rundfunk, seit 1999 hauptberuflich

Es gibt noch immer viele Gründe, nicht ins Theater zu gehen. Einer, es doch zu tun, war für mich in den 90er Jahren JK. Zu gerne würde ich die Zeitangabe »90er Jahre« durch »60er Jahre« ersetzen, zwischen die Initialen JK ein F einfügen, »ins Theater gehen« ersetzen durch »ans Gute im Menschen und sogar in der Politik zu glauben« und »mich« ersetzen durch »viele Menschen«, um das Maß an Faszination zu beschreiben, das die Schauspielerin JK einst auf mich ausübte. Ich wollte der Bühne so nah wie möglich sein, um ihr Lachen und ihre Tränen zu sehen, das diffuse Leuchten, das ihren Körper umgab, wenn sie als kunstseidenes Mädchen störrisch darauf bestand, »ein Glanz« zu werden. Wieso werden? Die da oben auf der Bühne war der Glanz

bei *Bayern2 / Zündfunk*. Sie schreibt Hörspiele und Romane. 2006 war sie nominiert für den Ingeborg-Bachmann-Wettbewerb und erhielt den Bayerischen Staatsförderpreis für Literatur.

des Theaters an sich. Sie war die Frau, meine Göttin, und es schien mir ein Dauererweckungserlebnis, keine anderen *Hedda Gablers, Fräulein Elses, Eves* oder *Maries* neben »der JK« zu haben.

Sogar über Marlon Brando und Johnny Depp war sie erhaben, damals: Als sie eines Tages zufällig und privat im Film *Don Juan DeMarco* im Kinositz neben mir saß, wurden Depp und Brando zu Statisten, die Leinwand wurde zum flackernden Scheinwerfer, und ich zum Nervenbündel. Keine Sekunde konnte ich den Blick von der JK abwenden, bis ich nach 60 Minuten schließlich den Saal verlassen musste, um mich zu übergeben. Ihre physische Präsenz hatte mich ausgeknockt.

In meiner selbst manipulierten Erinnerung sind es die 60 Minuten *Don Juan DeMarco,* in denen JK begriff, dass sie eigentlich eine Filmschauspielerin war. Oder vielmehr sein wollte.

In meiner selbst manipulierten Erinnerung waren es die 60 Minuten *Don Juan DeMarco,* in denen ich nicht nur begriff, ja, ja, der Brecht hat Recht, sondern förmlich spürte, dass es selbst dem unprofessionellen Theaterbesucher um mehr gehen sollte, als talentierten Schauspielern Ersatzleid, Ersatzfreud und Ersatzgedanken abzuverlangen, Emotionen und Erkenntnisse, die gleichzeitig zu stark und zu schwach sind, um den Morgen nach der Vorstellung zu überdauern.

Es gibt immer noch viele Gründe, nicht ins Theater zu gehen. In der »Ära Baumbauer« habe ich es mehr als je zuvor getan, und wenn meine Münchner Kammerspielbesuche auch keineswegs Dauererweckungserlebnisse waren, hielt das diffuse Leuchten, das Grollen, das Pollern, das Genervt-Sein und Sich-Überfordert-Wähnen, das Gelangweilt-Sein und Sich-Unterfordert-Wähnen, das sich Ernstgenommen- oder Verarscht-Fühlen viel länger an, als bis zum Morgen nach der Vorstellung. Und das, obwohl niemand behauptete, ein Glanz sein zu wollen, obwohl Gewitter auch ohne Donner und Blitze auskamen, obwohl da plötzlich Bühne und Requisite fehlten, obwohl so gut wie keine *Elses, Maries, Heddas* oder *Eves* mehr die Möglichkeit zur Instant-Identifikation boten.

Symbolbeladener als mit der Errichtung eines Neuen Hauses kann eine Intendanz wohl kaum beginnen. Eine spannendere Frage als »Wer und was kommt rein in dieses Haus?« gibt es demnach Anfang des neuen Jahrtausends bei Kritik und Publikum auch nicht. Die Frage wird schon bald beantwortet sein mit »Everybody is in the house«, und zwar nicht unbedingt im Sinne von »Gesamtauslastung« sondern von »Leute, die schon immer ins Theater gegangen sind UND Leute, die vorher nie ins Theater gegangen sind« und zwar nicht nur im Sinne von »Publikum« sondern auch von Schauspielern, Darstellern, Autoren, Musikern, Theoretikern, Programmmachern und so weiter. Und zwar überhaupt nicht im Sinne von Menschen, die ins Theater gehen, weil sie Theater erwarten, sondern weil sie nicht wissen, was sie erwartet. Bald auch wird eine Frage beantwortet sein, die niemand gestellt hat, weil sie im Moment noch jenseits des im doppelten Sinne des Wortes Vorstellungshorizont liegt, nämlich »Was geht aus von, was kommt raus aus diesem Haus?«

Dass die Kammerspiele, schlappe 90 Jahre nach ihrer Gründung, auf einmal (wieder) mehr sein wollen als nur Theater, ist für viele ein Schock.

An das rein geographische Paradoxon, dass im ebenerdig gelegenen Schauspielhaus an der Maximilianstraße offensichtlich erst mal weiterhin die sogenannte Hochkultur gefeiert und bedient wird, und in den luftigen Höhen des Neuen Hauses die sogenannte Subkultur, könnten sich Vertreter dieser im Jahre 2001 noch klarer voneinander getrennten beiden Kulturen vermutlich gewöhnen. Die Tatsache, dass Baumbauer und sein Team scheinbar gar nichts an ihrem renommierten und angestammten Theater-Platz lassen wollen, ist schon schwerer zu schlucken.

Unter dem Motto BUNNYHILL wird 2004 die totale Invasion Münchens betrieben. Demütig oder auch nur ___ siehe Seite 076, 124
bescheiden ist das nicht: Als ob das Neue Haus nicht genügend Platz böte für künstlerische Experimente, werden utopische Orte in einem künstlerischen Nirgendwo installiert, werden Jugendtreffs okkupiert, wird die

Maximilianstraße zum Spielplatz, werden ganze Republiken gegründet und Botschaften am Stadtrand errichtet, wird nicht nur künstlerisch ausprobiert sondern endlich auch das getan, was in der Bildenden Kunst fast schon passé ist, nämlich »sozial interveniert«, wird der Gegensatz von Zentrum und Peripherie thematisiert, die kulturelle Kirche Kammerspiele aber letztlich doch im Mittelpunkt des Dorfes München gelassen. Es sind keine ausgebildeten Sozialpädagogen, es sind Regisseure, Dramaturgen und Schauspieler, die sich »Problemkids« aus dem Hasenbergl ins Neue Haus holten. Das Theater ist groß und Kritik und Misstrauen, Verratsvorwürfe kommen von allen Seiten: Ernstzunehmende Kritiker sind ernsthaft beleidigt, weil die Kammerspiele (!!!) ihnen Laienspiel verkaufen wollen.

Authentische Gutmenschen sind ernsthaft besorgt, weil da unterprivilegierte Jugendliche »benutzt und vorgeführt« werden, weil man sie verantwortungslos aus der vertrauten Umgebung reißt, um ihnen – natürlich nur für die Dauer des BUNNYHILL-Projekts – großes Theater à la »Auch du kannst es schaffen« vorzugaukeln __ siehe Seite 076, 124 und sie danach doch wieder nur in die kleine gemeine Welt entlässt.

Was, bitte schön, soll das denn jetzt sein – Kleinkunst im Großen? Temporäre Sozialarbeit? Pop? Sozpop? Und mit welcher Botschaft?

Mal ganz ehrlich: »Ich möchte gern furchtbar glücklich sein. Ich werde ein Glanz!« – wenn JK als Doris, das kunstseidene Mädchen, auf die Bühne tritt, funktioniert die Instant-Identifikation mit der kleinen Sekretärin aus Berlin. Am Ende des Abends ist Doris wieder JK, und wir hatten zumindest eine kurze Ahnung, wie es in den zwanziger Jahren gewesen sein könnte, auf der Stelle zu treten.

Wenn Severina aus dem Hasenbergl das Mikrophon an sich reißt, um dem Publikum trotzig vorzuwerfen: »Ich habe ein Praktikum gemacht, Einzelhandelskauffrau, bei H&M, das hab ich gehasst. H&M finde ich Scheiße!« möchte man das störrische Kind am liebsten an jemanden verweisen, der sich professionell um so was kümmert. Am Ende des Abends ist Severina immer noch Severina, und ihre Zukunft genau so ungewiss wie während der Vorstellung. Puren Kunstgenuss bietet dieser Auftritt nicht und die damit vorhandenen Aussichten erst recht nicht. Und schließlich geht man ins Theater, um sich unterhalten zu lassen, nicht um Verantwortung zu übernehmen.

Apropos Unterhaltung und Verantwortung. Frank Baumbauer ist der Mann, der jetzt in den Kammerspielen für die Unterhaltung verantwortlich ist. Ein Intendant ist kein Schauspieler, und wenn er kein Star ist und sich auch nicht als einer gibt, ist das nur sympathisch. Für den gemeinen Theaterbesucher ist Baumbauer erst mal leicht zu übersehen. Dank guter Zusammenarbeit mit einem guten Team nerven und inspirieren die Kammerspiele trotzdem von Anfang der Baumbauer-Intendanz an. Und deshalb muss man immer wieder hingehen, und deshalb macht man sich allmählich Gedanken, was die Rolle, das Selbstverständnis, das Aussehen dieses Intendanten ist – Baumbauer bietet nicht nur seinem Team und Ensemble Raum zum Experiment, sondern auch dem Publikum Raum für Spekulation.

Meine Spekulation, zweitliebste Version: Baumbauer ist ein freundlicher alter Mann, der es München schon in den achtziger Jahren gezeigt hat, ohne dass es München sehen wollte oder konnte, der sich in anderen Städten und Stätten ausgetobt hat und nun zurückgekehrt ist um zu ermöglichen und zu irritieren.

Meine Spekulation, Lieblingsversion: Baumbauer errichtet, baut und pflügt um, deshalb liegt die Vermutung nahe, dass er kein Mensch, sondern eine Kulturmaschine ist. Modell: Baumbauer Muc 2.0. Rein optisch stelle ich mir eine Mischung aus Caterpillar, Cembalo und Häcksler vor. In Monokulturen genau so einsetzbar wie in Mischkulturen. Was er einmal bearbeitet hat, ob sicheres Terrain oder Neuland, ist nicht wiederzuerkennen.

Arbeitsgebiet: Mono- und Mischkultur. Zur Münchner und später zur bundesweiten und internationalen Subkultur ist die neue Kulturmaschinerie besonders freundlich.
Aber auch von der kommen Vorwürfe.
Doch erst mal zum Freundlichen: Poetryslammerinnen, jahrelange anerkannte Größen des Westends dürfen plötzlich im ersten Theater der Stadt Regie führen, Club-DJs dürfen das Neue Haus bald genau so bespielen wie VJs es bekochen dürfen, wie AerobiclehrerInnen und Öffentlicher-Raum-TheoretikerInnen es betanzen dürfen, wie wie wie. ALLEN wird ein Forum geboten.
»Willkommen in der Realität.« Mit diesen Worten hätte Schorsch Kamerun ihnen allen schon im Jahr 2004 an der Pforte vermutlich persönlich das knappe Begrüßungsgeld der Hochkultur-Institution ausgezahlt, beziehungsweise den anerkennenden Händedruck gegeben, wenn Kamerun damals schon zum Kammerspiele-Team gehört hätte.

Seltsam ist das schon für die, die aus ihren oft gleichermaßen eigen-zelebrierten wie zementierten Nischen hervortreten, um genau diese Nischen plötzlich offiziell zu präsentieren. Und leicht nachvollziehbar ist der Paradigmenwechsel ja auch nicht gerade: Kein Vorhang jenseits der klassischen Theater-Bühne, sei er nun kulturell oder eisern, fällt ganz ohne Not. Haben die Kammerspiele ihn etwa bewusst gelüftet, aus Angst, die eigene ästhetische Bedürftigkeit lasse sich auch mit Vorhang nicht mehr lange verschleiern? Aus welchem Grund auch immer er fällt, massiver Druck im Vorfeld, von denen, die da plötzlich eingelassen werden, ist es nicht. Denn die haben schon per definitionem (das Selbstverständnis, aus freier Entscheidung einer gewissen unabhängigen Szene anzugehören und einer gewissen institutionalisierten Kultur eben nicht anzugehören) niemals an den Pforten der Kammerspiele gerüttelt. Erst als die Türen offen sind, setzt bei einigen zumindest die innere Revolte, der Verrats-, der Ausverkaufsvorwurf ein, und die damit verbundenen Fragen tauchen auf:

Die Kammerspiele kaufen sich mit Dumpinglöhnen das gesamte kreative Potential der Stadt. Eine Imagekampagne, die kostengünstiger, authentischer und effektiver nicht sein kann, und von der das kreative Potential – was noch mal hat? Außer endlich mal das städtische Theater von innen zu sehen? Außer bei Premierenfeiern in der Kantine neben den »echten« Schauspielern, Regisseuren, Dramaturgen zu stehen, und die dabei auch noch mit Straßenkredibilität aufzuladen? Außer Mitverantwortung zu tragen, am Einzug von »everybody« nicht nur in the Neue- sondern selbst in the Schauspiel-House? Und wer garantiert, dass nicht auch der authentischste Künstler, genau so wie die echte Severina, irgendwann wieder die schillernde Bühne verlassen und sich weiter um ein Einzelhandels-Kauffrau-Praktikum kümmern muss? Dass auch der authentischste Künstler raus aus dem Haus und zurück in seine Nische muss, die inzwischen keinen mehr interessiert, während die Kammerspiele das nächste große Ding inszenieren? Viele verunsicherte und verunsichernde Fragen, bei deren Beantwortung schon mal Scheinkämpfe ausgefochten werden, Slavoj Žižek zitiert (»die Linie, die die Hochkultur von der Subkultur trennt, ist nur von der Seite der Subkultur sichtbar. Die Hochkultur ist in der Regel offen, ihre Vertreter wollen den Dialog«) und Frustration nicht immer nur als unverzichtbarer Prozess kreativer Entwicklung empfunden wird.
Erneuerungsprozesse hat es immer wieder gegeben in den acht Jahren Baumbauer. Und als Besucherin von **BUNNYHILL** Eins und Zwei, als Touristin mit Faible für Meer und Hafen, an denen München dank der Kammerspiele einen kurzen Sommer lang lag, als erleichtert Ein-, Aus- und Aufatmende, die bei so vielen offenen Türen die Gänge, Säle, Bühnen und Räume des vermeintlichen Tempels der Münchner Hochkultur endgültig von Weihrauchschwaden befreit sah und roch, als Husten gereizte oder auch einfach nur gereizte Luftanhaltende, die die Selbstbeweihräucherung einer Szene, die sich letztlich erstaunlich wohl fühlt in den Kammerspielen und sich dabei doch wieder nur im Mittelpunkt des Universums wähnt, manchmal schwer

_siehe Seite 076, 124

_TEXTE, GESPRÄCHE

ertrug, als unabhängige Berichterstatterin von Produktionen im Alten und Neuen Haus, als involvierte Gastau-
torin, als enttäuschter und begeisterter Fan kann ich nur subjektiv resümieren: Auch eine Institution ist kein
Garant gegen das Phänomen des Fremdschämens, einiges ist kolossal gescheitert, und Hochachtung gilt den
Verantwortlichen an den Kammerspielen, die dieses Scheitern zugelassen haben, auch wenn das sicherlich
nicht auf eine kulturmasochistische Ader zurückzuführen ist, sondern auf die souveräne Gewissheit, dass
ALLES Ausprobieren, viel Überdurchschnittliches zufolge hat.
Und wenn beim Ausprobieren auch nicht wenig Säue durchs Dorf gejagt wurden, wurde den Säuen doch erstaun-
lich treu geblieben. An den Kammerspielen hat sich eine Szene etabliert, die mehr als die Summe einzelner
Kulturschaffender ist. Im Gegensatz zum Märchen durften echte Menschen hier sogar echte Forderungen
aufstellen, die immer größer wurden und die trotzdem erfüllt wurden, ohne dass die Fordernden irgendwann
heimgeschickt wurden und wieder in ihrem alten Schuppen sitzen mussten.
Auf den ersten Blick war die Ära Baumbauer Muc 2.0. vielleicht vor allem eine große Party, mit all den Frei-
bieren, die an weiß blauen Tischdecken, den Gin Tonics mit oder ohne Tonic, die in Nachtlinien-Ecken, den
Proseccos, die von von Schauspielern umzingelten Theaterbesuchern auf der nicht vorhandenen Bühne kon-
sumiert wurden, mit all den Trockennebelpustern und Schaumschlägern. Aber eben eine Party, deren Kater
und Euphorie den Morgen nach der Vorstellung um Jahre überdauert: Die Zahl lebender (!) Münchner, die seit
2001 an Kammerspiel-Produktionen beteiligt waren, überbietet die des Ensembles um ein Vielfaches, und
jeder Münchner, der meckern will, sollte sich mal an die städtischen Theater anderer Metropolen wenden und
fragen, wie die es so halten mit der Einbindung der lokalen Szene.
Da kann man schon mal kurz neidisch sein auf den Ermöglicher, der auf diese Entwicklung zurückblickt und
konsequenter Weise völlig gelassen zurücktritt. Da kann man schon mal tiefes Mitgefühl haben für den, der
nun folgt, und bestimmt nicht einfach so weiter machen kann.

Und was kommt jetzt? Ist die nächste ganz simple Frage, denn Hausbau steht wahrscheinlich in nächster Zeit nicht
an, und alle Szenen sind okkupiert. Wer immer noch die Frage nach Hoch- und Subkultur stellt, wartet einfach
bis noch mal MACHT UND REBEL ins Programm aufgenommen wird, fragt Schorsch Kamerun, wie man sich ___ siehe Seite 138
in Würde etabliert ohne sich selbst zu verraten oder ruft wahlweise bei Max Goldt, Rocko Schamoni, Daniel
Richter, Rainald Goetz oder Christoph Schlingensief an. Wenn er Glück hat, wird er sowieso niemanden an die
Strippe bekommen, und die Frage beantwortet sich von selbst, wenn er Pech hat, meldet sich beim ein oder
anderen die Lebensgefährtin, die die Antwort zwar in petto hat, aber leider auch keine Ahnung, wie das denn
eigentlich bei KünstlerINNEN so ist.

Gewisse Abnutzungs- und Ermüdungserscheinungen machen sich bereits in der letzten Spielzeit unter Baumbauer
bemerkbar. Nach ehrgeizigen und hoch engagierten Projekten wie BUNNYHILL Eins und Zwei und DOING IDEN- ___ siehe Seite 076, 124 ,174
TITY – BASTARD MÜNCHEN ruft das NINFO/NO INFO-Konzept eines Kamerun Schorsch Reaktionen hervor wie ___ siehe Seite 200
Kamma tun, Schorsch, kamma aber auch lassen. Kamma ruhn lassen, bis einem was Inspirierteres einfällt. Weil
vieles eben nur – wie solls auch anders sein – die Wiederholung von schon Dagewesenem ist, weil es nach jahrelanger Einbindung der lokalen Szene auch nicht die Neuerfindung des Räume-Bespielens ist, jetzt eben endlich
mal die Spezeln aus Hamburg nach München zu laden. Und weil die »Installation« von Berg am Laim als »das
nächste große Ding« auch ohne Süddeutsche-Zeitung-Umzug nicht als die frischeste aller Ideen dahergekommen
wäre. Die Kammerspiele haben sich neu erfunden, im neuen Jahrtausend, und jetzt? –
Werde ich weiterhin hingehen, aus Gewohnheit, Verbundenheit, aus Treue. Und
nicht, weil ich Theater erwarte, aber irgendwann auch wieder mit dem Anspruch,
nicht zu wissen, was mich erwartet.

Gestern Abend habe ich zum ersten Mal seit Jahren wieder JK gesehen, im gefeierten deutschen Kino. Ihr Auftritt war ca. 60 Sekunden lang, sie hieß »Claire«, und genau so ambitioniert und bescheuert war der restliche Film. Neben mir im Kinositz saß kein Johnny Depp, und ich habe mir die ganze Zeit nur vorgestellt, wie großartig es wäre, wenn ein Baumbauer Muc 2.0. von hinten die Leinwand durchbrechen und alles aufmischen und kleinhäckseln würde. Nach sechzig Minuten habe ich den Saal verlassen.

WAS MÜSSEN WIR EIGENTLICH TUN, WENN WIR ANDERS WERDEN WOLLEN ALS UNSERE ELTERN? GESPRÄCH MIT HILDEGARD SCHMAHL, PETER BROMBACHER UND WALTER HESS.

Hildegard Schmahl, geboren 1940 in Schlawe, Polen, kam über Bochum, Berlin, Stuttgart und Köln nach Hamburg, wo sie

__ Drei Schauspieler, die das Gesicht der Kammerspiele die vergangenen Jahre geprägt haben: Hildegard Schmahl, Peter Brombacher und Walter Hess. Gemeinsam bringen sie über hundert Jahre gelebtes Bühnenleben auf die Bretter. Das hört sich ehrwürdig und entrückt an. Wenn man mit ihnen spricht oder sie bei der Arbeit erlebt, dann ist man beglückt. Denn sie fangen jedesmal wieder von vorne an. Das Gestern ist für sie kein Ruhekissen. So auch vor ein paar Jahren an den Münchner Kammerspielen, an die sie Frank Baumbauer gefolgt sind. Mit jeder Rolle, mit

TEXTE, GESPRÄCHE

zunächst am Deutschen Schauspielhaus spielte. In den 1970er und 80er Jahren arbeitete sie intensiv mit George Tabori und Niels-Peter Rudolph. 1990 trat sie dem Ensemble des Thalia Theaters in Hamburg bei. Seit 2001 spielt sie an den Münchner Kammerspielen.

Peter Brombacher,
1941 in Freiburg geboren, erhielt sein erstes Engagement 1963 am Schauspielhaus Bochum. In Folge spielte er an zahlreichen deutschsprachigen Bühnen unter anderem am Schillertheater Berlin, am Düsseldorfer Schauspielhaus, am Schauspiel Frankfurt, am Staatstheater Stuttgart, am Deutschen Schauspielhaus Hamburg und am Schauspielhaus Zürich. Seit 2004 ist er Ensemblemitglied der Münchner Kammerspiele.

Walter Hess,
geboren 1939 in Luzern, war nach seinem ersten Engagement von 1963 bis 1968 am Theater Konstanz knapp 20 Jahre freischaffend tätig. Er gastierte in Basel, Luzern und Zürich. Außerdem arbeitete er als Regisseur und übernahm zwischen 1972 und 1980 die Künstlerische Leitung des Theaters an der Winkelwiese in Zürich. 1987 trat er ein Engagement als Schauspieler am Theater Bonn an und wechselte nach einem Zwischenstopp am Schauspiel Hannover im Jahr 2000 ans Zürcher Schauspielhaus. Seit 2002 ist er Ensemblemitglied der Münchner Kammerspiele.

jedem Projekt wird eine neue Welt erfunden. Matthias Günther und Björn Bicker sprachen mit Ihnen über Politik und Theater und was in Zukunft übrig bleiben wird von jenem Aufbruch, der sie ihr Leben lang begleitet hat.

Matthias Günther: **Wenn man zurückblickt, stellt sich die Frage, was bleibt? Wir wollen mit Euch reden, weil Ihr ja eher die Älteren im Ensemble seid ...**

Hildegard Schmahl: Nein, wir sind nicht die Älteren, wir sind die Alten. Das kann man ruhig sagen.

Björn Bicker: **Also ihr habt jedenfalls die meiste Erfahrung.**

Peter Brombacher: Wir sterben halt noch nicht.

Walter Hess: Wir sind alle drei schon weit über 60.

HS: Ja, wir sind die 68er!

BB: **Da sind wir ja schon mitten drin im Thema.**

MG: **Walter, was hast du 1968 gemacht?**

WH: Wir haben in Zürich versucht ein neues Theater zu praktizieren. Ein Theater der Mitbestimmung, möglichst wenig Hierarchien. Die Schauspieler haben alles selber gemacht, den Spielplan, Öffentlichkeitsarbeit. Es wurde wie wild improvisiert, auch an den Stücken, die wir gespielt haben.

PB: Wer war da Intendant?

WH: Keiner. Ich war damals der Leiter, also besser gesagt primus inter pares, derjenige, der die Sitzungen anberaumt oder die anderen an ihre Aufgaben erinnert hat.
Das war natürlich sehr schwierig und dauerte nicht lange. Man hat den Spielplan so zu machen versucht, dass er wirklich gesellschaftlich relevante Fragen betrifft, was schwierig war, weil immer die passenden Stücke fehlten, oder wenn man ein Stück hatte, fehlten die finanziellen Möglichkeiten, es zu besetzen. Aber es war auf jeden Fall ein Versuch. Das waren Schauspieler, die unter der Regie, wie sie damals praktiziert wurde, gelitten haben. Damals wurde von Regisseuren einfach alles durchgeboxt, die Meinung der Schauspieler war denen egal.

HS: Ja, es wurde gemacht, wie der Regisseur es wollte.

WH: Wir wollten nicht mehr dieses sogenannte »zeitlose Theater« ... Seit Brecht sollte sich das Theater kritisch auf seine Zeit beziehen. Das ist heute an einem Theater wie den Kammerspielen normal. Heute wird das Experimentiertheater auf den staatlichen Bühnen praktiziert.

PB: Man muss sehen, dass es damals eine ganz andere Bewegung in der Gesellschaft gab, die ins Theater einfach reingewirkt hat. Zum Beispiel in Frankfurt, wo ich 1968 war, gab es dauernd Demonstrationen. Ich hatte eine Premiere, *Vietnam Diskurs* von Peter Weiss, und plötzlich hieß es: Wir können nicht spielen, es sitzen 200 Polizisten im Zuschauerraum. Da ist der Habermas auf die Bühne gegangen und hat gesagt, wieso, ist doch gut, wenn die auch mal so etwas erfahren, so einen Stoff mal zur Kenntnis nehmen. Unter allgemeinem Gelächter fing dann die Vorstellung an. Ob wir das wollten oder nicht, das Politische ist von außen reingetragen worden ins Theater. Eine unheimliche Bewegung war das in der Gesellschaft.

BB: **Bist du schon politisiert ans Theater gegangen oder hat das Theater dich politisiert?**

PB: Ich habe fünf Jahre nur Mist gemacht und nur gesoffen und hab langsam angefangen, mich für Politik zu interessieren – als es auch in der Gesellschaft anfing. Es gab dauernd diese internen Diskussionen, wie mit Schauspielern umgegangen wird, wer die Macht hat. In Hannover habe ich damals ein Stück von Rühmkorf vorgeschlagen, das weiß ich noch. *Was heißt denn hier wohl Sinii?* Das wurde aber von der Dramaturgie abgelehnt, und so gab es immer Kämpfe zwischen der Dramaturgie und ein paar Schauspielern, die Stücke lasen. Das war alles wahnsinnig anstrengend, wir haben in jeder Woche zwei, drei Stücke gelesen und hatten fast jeden Abend Vorstellung und Proben. Das war ein Horror. Meine Frau saß mit den Kindern zu Hause und hat mich kaum mehr gesehen. So war es in Mannheim auch. Wir sind alle dort hingegangen, weil es ein Mitbestimmungsmodell gab. Das wurde ein Jahr durchgeführt. Wir waren eigentlich auch erfolgreich, aber der Stadt ging das auf den Wecker. Die haben Schiss bekommen und dann haben sie den Stecker rausgezogen. Da sind wir halt wieder weggegangen.

HS: Wann war das?

PB: Das war 1972.

HS: In dieser Zeit begann auch das Frankfurter Mitbestimmungsmodell. Über die Zeit gibt es ein Buch mit dem Titel *War da was?*

BB: **Und hier in München? War da auch was? Würdet Ihr sagen, Ihr habt hier in den letzten acht Jahren an den Kammerspielen politisches Theater gemacht?**

PB: Das ist ein schwieriges Kapitel. Man denkt, der *Vietnam Diskurs* ist politisches Theater. Oder als wir *Die Gerechten* gespielt haben in Stuttgart und Bezug genommen haben auf Stammheim. Das hat natürlich Tumulte ausgelöst. Ein Freund von mir hat immer gesagt, politisch ist, was zwischen Zuschauerraum und Bühne passiert. Das ist das eigentlich Politische. Da muss nicht immer Vietnam oder was anderes dranstehen.

BB: **Aber dann ist ja alles politisch.**

PB: Nein. Es gibt auch Aufführungen, da findet keine Kommunikation statt. Man spielt nur, um das Publikum zu besänftigen. Aber es gibt auch Möglichkeiten, gegen das Publikum zu spielen. Das ist auch politisch. Ob man das Publikum bedient oder nicht, ob man es angreift oder sagt: Euer Leben nervt uns.

WH: Ich glaube nicht, dass wir hier politisches Theater im Sinne von Agitation machen. Es geht um Beeinflussung von Politik durch ein bestimmtes politisches Bewusstsein. Das war bei uns auch früher schon so. Wir haben kein politisches Stellungnahmetheater gespielt, sondern einfach mit politischem Bewusstsein, und ich glaube, das ist an den Kammerspielen auch der Fall. Einmal durch die Spielplangestaltung und dann konkret in Projekten wie BUNNYHILL. Das ist direkt in die Gesellschaft hineingewirkt und an den Kammerspielen seit Baumbauer sehr stark ausgeprägt. Auch in den Inszenierungen. ___ siehe Seite 076, 124

HS: Also für mich war in der Zeit um 1968 etwas ganz anderes interessant. Da kamen nämlich meine Kinder auf die Welt, und es ging um die Frage: Wie erzieht man Kinder, wie lebt man? Wie lebt man in diesen Kleinfamilien? Wir sind natürlich irgendwann samt Kind und Kegel in eine Wohngemeinschaft gezogen. Es ging um Kommunikationsformen in der Beziehung zwischen Mann und Frau, wie Ehen aussehen. Wir haben angefangen über uns, unsere Lebensformen, unsere Familien, unsere Kinder zu sprechen und am Ende kam heraus, dass wir *Medea* spielten. Die Erkenntnisse, die wir da gewinnen konnten, die haben sich in unserer Arbeit niedergeschlagen. Noch zehn Jahre später ist eine Frau zu mir gekommen und hat gesagt: Als ich diese *Medea* gesehen habe, habe ich mein Leben verändert. Sie hatte verstanden, was ein Patriarchat ist, wie das ist, wenn der Mann da steht und einfach befiehlt oder sagt, so wird das jetzt gemacht, und die Frau lehnt sich auf. Das war für mich das Wichtigste – zu sehen, wie die Theaterarbeit in unser Leben reinwirkt. Das ging bis in die 1980er Jahre. Wir haben dieses ganze Zeug über Psychotherapie gelesen. Was müssen wir eigentlich tun, wenn wir anders werden wollen als unsere Eltern? Das war meine Art, politisches Theater zu machen.

MG: **Seid ihr aus den etablierten Häusern mit Euren Projekten rausgegangen?**

HS: *Medea* haben wir in einer Fabrikhalle gespielt. Auf Kampnagel in Hamburg. Wir haben das eröffnet.

MG: **Gab es dann auch eine Veränderung auf den traditionellen Stadttheaterbühnen? Oder sind im Goldrahmen der Kammerspiele keine neuen Formen denkbar?**

PB: Das Außen hat schon viel gebracht. Ich hab ja mit dem Schlingensief dieses *Mission Impossible* mit den Obdachlosen in Hamburg gemacht. Eine Woche lang sind wir durch die Stadt gezogen und haben da aufgemischt. Hier an den Kammerspielen gab es DIE ZEHN GEBOTE von Kieslowski. Das fünfte Gebot »Du sollst nicht töten« ist ein ___ siehe Seite 086 extrem politisches Thema. Ich kenne niemanden, der das besser beschrieben hat als Kieslowski. Der Film, den er gemacht hat, ist fantastisch und wie Johan Simons und Koen Tachelet das fürs Theater umgesetzt haben, fand ich ziemlich genial. Und das ist im Goldrahmen passiert. Ich finde, es hat als politisches Theater funktioniert.

BB: **Aber trotzdem: Diese emanzipatorischen Anstrengungen der 1960er und 1970er Jahre, die ihr mit auf den Weg gebracht habt, haben die sich denn erfüllt? Im Ensemble? In der Arbeit?**

PB: Ich würde sagen, die Bewegung draußen hat stark nachgelassen. Es gibt jetzt noch Gruppen wie *Attac,* aber sonst ist es ziemlich still im Land. Überall gibt es Kriege und hier in Deutschland ist es ruhig. Das war damals anders. Da waren natürlich auch die Ensembles in einem anderen Zustand. Man musste sich viel mehr rechtfertigen. Und wenn man jetzt hier an so einem Haus ist und auch noch Erfolg hat, geht so etwas natürlich flöten.

HS: Aber ist es nicht einfach so, dass uns heute ein Ziel fehlt? Als wir anfingen, war es ganz klar. Die Frauen waren mit ihrer Emanzipationsbewegung beschäftigt und es gab eine Richtung, die hieß Gleichberechtigung. Man wollte von hier nach da kommen. Im Moment wüsste ich gar nicht, wo ich hin möchte? Es hat sich viel erfüllt. Unsere Art, miteinander zu sein, zu arbeiten, wenn wir probieren. Früher habe ich meine eigenen Rollen verwaltet und weder war ich einbezogen in den ganzen künstlerischen Prozess, noch in den Austausch mit anderen Kollegen. Andererseits haben wir hier am Anfang auch noch mehr miteinander verhandelt. Schauspieler hatten Sitzungen mit den Dramaturgen, es wurde versucht, mehr Meinungen in den Findungsprozess einzubeziehen. Das ist einfach gestorben. Plötzlich haben wir Schauspieler uns nicht mehr dafür interessiert und ihr Dramaturgen euch auch nicht.

BB: **Das ist der Betrieb. Der schleift das ab. Vielleicht funktioniert er zu gut.**

MG: **Peter, du hast mal gesagt, das einzige, was nach den ganzen Theaterrevolutionen bleibt, ist der Text. Was hast du damit gemeint?**

PB: Das ist die Konstante. Wenn die Moden und der Zeitgeist dich da und da hintreiben, bleibt am Schluss immer wieder der Text. Ich bin als Schauspieler halt auch sehr abhängig davon. Wenn ich glaube, es ist ein guter Text, kann ich besser spielen. Dann habe ich mehr Kraft. Mich interessiert dabei vor allem der Rhythmus, deshalb hat mich auch Kleist interessiert, teilweise auch Goethe, Hölderlin oder Büchner. Die sind so Oberrhythmiker. Oder Heiner Müller. Ich habe sieben Mal Heiner Müller gespielt, das hat mir schon immer Kraft gegeben, weiter zu existieren, wenn ich mit den Moden nicht mehr zurecht gekommen bin, was immer wieder passiert ist. Die Autoren und ihre Texte waren die Sicherheit hinter den ganzen Bewegungen des Zeitgeistes.

BB: **Seit Jahren wird über Regietheater geredet. Aber das Regietheater, sei es jetzt von Stefan Pucher oder Andreas Kriegenburg oder von wem auch immer, ist ohne euch Schauspieler nicht möglich. Seid ihr der wichtigste Teil?**

HS: Wir sind ein wichtiger Part, wir spielen ja den Abend. Aber letztlich ist entscheidend, was gedacht wird und wer noch da ist, wer eine Sensibilität hat, seine Zeit wahrzunehmen, und eben eine Übersetzung zu finden, die unserer Zeit gemäß ist, die anders klingt, als sie vor 15 Jahren geklungen hat. Theaterspielen hat so viel mit dem Heute zu tun. Deshalb kann man diese bescheuerte Werktreue nicht erfüllen. Als wir LULU geprobt haben, hat Luk Perceval ___ siehe Seite 107 das ganz gut beschrieben. Für ihn bedeute Werktreue, den Skandal, den Wedekind durch seine Weise über Sex zu schreiben, ausgelöst hat, ins Heute zu übertragen. Zeitgemäß sei es, wenn wir auch so etwas mit diesem Stück auslösen könnten. Wenn wir fragen, wo ist das Tabu unserer Zeit? Womit löst man einen Aufschrei aus? Für mich sind nicht die Schauspieler am wichtigsten. Wenn wir nicht in einem geistigen Austausch sind, können wir auch nicht gut spielen. Wenn Theater nicht von einem intellektuellen Geist beseelt ist, interessiert es mich auch nicht.

WH: Bei dem Begriff Regietheater kommt man sich immer vor, als wäre man so ein Regiesklave. Das stimmt doch hinten und vorne nicht. Zum Beispiel Andreas Kriegenburgs Kafka-Inszenierung DER PROZESS: Natürlich ist die Vorgabe ___ siehe Seite 196 entscheidend, das Bühnenbild, die Entscheidung, dass alle den K. spielen; aber ohne genau diese Schauspieler wären diese schwierigen Texte vielleicht langweilig. Das wäre einfach in die Gegend hinausgesprochene Literatur. Insofern sind die Schauspieler die wichtigsten Beteiligten, wenn es darum geht, ein Anliegen zu vermitteln.

HS: Aber gute Schauspieler können in schlechten Aufführungen ganz mies sein. Wenn wir kein Gegenüber haben und wenn diese Urzelle – Regisseur, Dramaturg, Schauspieler – nicht funktioniert, dann sind wir nicht gut.

WH: Es gibt auch Gegenbeispiele. Oft machen es ja die Schauspieler. Wenn es die Regie nicht bringt …

HS: Aber es geht doch ums Miteinander im Theater. Erst einmal ums Miteinander mit der Urzelle, und dann auch noch ums Miteinander mit den Zuschauern.

MG: **Und wie ist das mit den Kollegen?**

HS: Mich beeindruckt sehr, dass zwischen den Generationen hier an den Kammerspielen nicht diese Sprachlosigkeit ist, sondern dass wir im Gespräch sind. Als wir jung waren, war das anders. Mit den Alten hat man nur gesprochen, wenn es sein musste, ansonsten blieb man in seiner Generation, aber das ist jetzt nicht mehr so.

BB: **Aber gibt es bei aller Harmonie nicht auch Eigenschaften an den jungen Kollegen, die wahnsinnig nerven, die ihr nicht mehr versteht?**

PB: Mich nervt nur, wenn sie statt »nicht« »nich« sagen. Das machen fast alle. Das kommt vom Fernsehen. Im Fernsehen sagen alle nur noch »nich«. Das Wort »nicht« gibt es nicht mehr. Da habe ich ein Problem. Sonst eigentlich nicht.

HS: Ich eigentlich auch nicht. Außer, wenn eine bestimmte junge Kollegin nicht aufhören kann zu schwatzen. Da sind wir mal zusammengestoßen. Ansonsten ist es interessant zu sehen, wie die Jungen in der Welt stehen, wie sie denken, wie sie alles wahrnehmen. Man muss aufpassen, dass man davon etwas mitkriegt.

WH: Die ganze Empfindungswelt der Jungen ist anders. Die muss ich aber kennen. Wenn wir Theater spielen, müssen die Leute unten im Parkett das Gefühl kriegen, dass wir etwas mit ihnen zu tun haben. Dass wir im selben Diskurs sind. Schließlich ist das, was wir machen, Bewusstseinsarbeit.

MG: Braucht man dazu das klassische Repertoire?

HS: Je älter ich werde, desto mehr ist die ORESTIE für mich das tollste Theaterstück der Welt. Wie da über die __ siehe Seite 042
Entstehung der Demokratie gesprochen wird, über dieses Demokratie-Lernen, das ist für mich das Größte. Es gibt einfach Stücke, in denen Grundlegendes gesagt wird und an dem wir uns heute messen können. Der dritte Akt der ORESTIE ist immer wieder eine ganz große Lernstunde. Erstaunlich. Innerhalb von 20 Jahren, über __ siehe Seite 042
viele verschiedene Aufführungen, die ich gesehen habe, habe ich begriffen und erkannt, das es so ist. Theater ist für mich ein Ort, an dem ich lerne.

BB: An diesem Lerneffekt kann man auch zweifeln. Theater ist oft so affirmativ. Es gibt eine kleine Schicht von Leuten, die sich das angucken und sich darin gefallen, kritisch zu sein.

WH: Was wäre die Alternative? Am Anfang hier in München hatten wir das ja: wenig Besucher und viel Ablehnung.

BB: Man fragt sich trotzdem, wie das weitergeht. Wir können bis ans Ende unserer Tage so weiter fabrizieren, aber die Welt wird leider nie besser dadurch.

WH: Ich mach das schon seit 45 Jahren.

HS: Ob die Welt besser wird oder nicht, kann man das beurteilen? Ich finde, wir müssen dafür sorgen, dass die Dinge in einer Balance sind. Was wir am Theater leisten, ist mal spektakulär und mal sieht es so aus, als wenn es gar nichts bedeutet. Aber in unserer Welt müssen wir schauen, dass wir auf der richtigen Seite stehen. Wir müssen uns einsetzen für lebenswerte Orte, für Gedanken, die eine bestimmte Klarheit und Deutlichkeit haben. Es muss genügend Leute geben, die das tun. Das muss sich akkumulieren auf allen Gebieten. Alle Künstler, alle Philosophen, alle Leute sind aufgerufen, an so etwas zu arbeiten. Und wir sind ein Teil davon. Und manchmal sieht es so aus, als würden wir irgendwas bewirken, manchmal auch wieder gar nicht. Aber ich fühle mich im Theater auf der richtigen Seite. Natürlich wünsche ich mir manchmal auch, dass man irgendwas deutlicher sehen könnte. An manchen Abenden läuft alles so glatt – Friede, Freude, Eierkuchen, es ist gar nichts los, und trotzdem glaube ich, es ist etwas los.

BB: Wenn man mal in die Zukunft schaut: Was wird sich ändern am Theater, was soll sich eurer Meinung nach ändern? Braucht es wieder eine neue Mitbestimmung zum Beispiel?

HS: Ich habe kein wirkliches Bild im Kopf.
WH: Die Mitbestimmung hat sich erübrigt.

HS: Das finde ich nicht.

WH: In unserem Theater schon. Wir sprechen ja von uns. Mitbestimmung hat sich ganz klar nicht durchgesetzt.

HS: Es würde sich aber wirklich lohnen, das nochmal zu betrachten und irgendeine Form zu finden, die nicht auch noch unsere ganze private Zeit wegnimmt. Es müsste ein realistisches Modell geben. Runden, in denen wir uns gegenseitig befragen, wie unsere Haltung ist zu dem, was wir da auf die Bühne stellen. Was ist mein Interesse daran, denn an einigen Stücken habe ich ein tiefes Interesse, an anderen auch wieder gar keines.

WH: In einer freien Gruppe wäre das einfacher. Mit Leuten, die Stoffe immer wieder neu wählen. Eine der schönsten Aspekte am Theater ist es, gemachte Erfahrungen in die nächste Arbeit weiterzutragen. Das geschieht bei Andreas Kriegenburg, das geschieht bei Stefan Pucher. Schon zu Beginn ist vieles da, das man nicht mehr suchen muss. Aber die Frage, was man verändern sollte und wie es weitergehen könnte, ist damit nicht beantwortet.

PB: Ich brauche einen Autor, der jetzt lebt und seine Sinne offen hat und die Sprache für unsere Zeit findet. Wie Rainald Goetz – ein Autor, zu dem ich einen direkten Draht hatte. Ich habe eine Sehnsucht nach jemandem, der aus dem Jetzt-Rhythmus schreibt. Aus dem Jetzt-Gefühl.

WH: Die richtigen Texte zur Zeit zu finden, das ist ein dramaturgisches Problem. Aber Theater ist natürlich noch weit mehr. Improvisation, Techniken, die wir hier gar nicht benutzen: In dieser Richtung sollte man mehr arbeiten. Aber dazu haben wir einfach nicht die Zeit. Eine Öffnung in diese Richtung, das wäre zum Beispiel auch heute noch ein Wunsch von mir.

PETER MICHALZIK: ZEITGENOSSENSCHAFT.

Peter Michalzik, geboren 1963, ist Literatur- und Theaterkritiker. Er schrieb längere Zeit für die Süddeutsche Zeitung, die *Frankfurter Rundschau*, Focus und den Deutschlandfunk. Zur Zeit ist er Redakteur im Feuilleton der *Frankfurter Rundschau*. Als Kritiker ist

Schon das Wort klingt, als würde es etwas sagen wollen, an das es selbst nicht glaubt. Zeitgenossenschaft. Zeit, ja, Zeit ist ok, ein großes und schönes Wort, unsere Zeit und die vergehende Zeit, unerschöpfliches Thema. Aber Genossen, sind das nicht die, von denen man selbst in der SPD genug hat und die jetzt eigentlich nur noch in der Linkspartei vorkommen? Und was will uns eigentlich dieses merkwürdige »schaft« am Ende sagen? Es gibt Menschen, die wahrscheinlich nie über Zeitgenossenschaft nachdenken. Haruki Murakami oder Damien Hirst werden sich nicht fragen, was das ist, nehme ich an. Ob Obama schon mal darüber nachgedacht hat, halte ich für ungewiss. Warren Buffet und Klaus, das ist der Broker, den ich vor ein paar Wochen hier in Frankfurt kennengelernt habe, wird es auch egal sein. Und Paris Hilton oder Johannes B. Kerner werden auch nicht ihre Tage mit Grübeleien verbringen, was zum Teufel diese Zeitgenossenschaft sein könnte.

_237 _TEXTE, GESPRÄCHE

_TEXTE, GESPRÄCHE

er regelmäßiger Besucher
der Münchner Kammer-
spiele. Peter Michalzik lebt
in Frankfurt am Main.

Echte Zeitgenossen, so denkt man sich, denken nicht darüber nach, was das ist. Solche Fragen stellt sich nur das Theater, das notorisch unsichere und verunsicherte Theater. Und dann ruft auch noch dieser nette, hervorragende Dramaturg aus den Münchner Kammerspielen an und fragt, ob ich nicht etwas über Zeitgenossenschaft schreiben könne. Ja klar, kann ich, Herr Bicker, **aber ob Sie das bekommen, was Sie wollen?**

Es weiß ja wirklich kein Mensch, was das sein soll, Zeitgenossenschaft. Street-Credibility, Modernität, Teilhabe am Jetzt? Auch in den Dramaturgien unserer Theater glaubt wahrscheinlich niemand mehr, dass Zeitgenossenschaft durch treffende Analysen unserer Gegenwart entsteht, oder durch die neuesten Theorien, die sich in den Stücken widerspiegeln. Wahrscheinlich ist auch der Glaube erschüttert, dass man durch die heutige Interpretation eines Klassikers das ersehnte Jetzt wirklich erreicht, und sei sie auch noch so wief und geschickt und einleuchtend. Die Kritik der Verhältnisse, vor allem der ökonomischen, ist zwar gerade wieder schwer in Mode, aber erreicht man wirklich Zeitgenossenschaft, wenn man das aufs Theater bringt?

Zwischendrin schleicht sich immer wieder ein Verdacht ein: Ist es das, was das Geld macht? Dass es uns sagt, dass wir Menschen von heute sind. Je mehr man davon hat, desto mehr ist man Zeitgenosse, Mitglied der Gegenwart, Freund der Götter, die das Heute regieren? Kommt auch daher, neben der nie versiegenden Existenzangst und der ebenso wenig versiegenden Gier, der Drang zum Gelde?

Ist das Theater zeitgenössisch, wenn es sich in die Stadt hineinbegibt?

Wenn es dabei alle Dramaturgien aufbricht und zu einer spinnenartigen sozialen Plastik wird, die bis ins Hasenbergl reicht? Ist das Theater zeitgemäß, wenn drei Schwestern mit riesigen Masken, wehenden weißen Gewändern und Nüssen auftreten, die von der Decke fallen? Oder wenn drei andere Schwestern sich in Irland in einem ELECTRIC BALLROOM verkriechen? Ist das Theater zeitgemäß, wenn es DIE EHE DER MARIA BRAUN ___ siehe Seite 072, 156 rettet, die schon in dem Film, der von ihr handelte, eine Figur der Vergangenheit war? Oder ist es zeitgemäß, weil es sich in der Hitze der MITTAGSWENDE tief in die Frage nach der Religion hineinbohrt? ___ siehe Seite 066

Bestimmt ist das Theater zeitgemäß, weil DER STURM hier wie Pop aussieht. Aber ist das Theater auch zeitgemäß, ___ siehe Seite 168 wenn es einen Müllerkommentar zu Müllers SHAKESPEARE-KOMMENTAR ANATOMIE TITUS macht? Oder ge- ___ siehe Seite 058 rade dann? Ist es zeitgemäß, wenn eine zarte junge Frau gegen den Bauch eines Riesen rennt, der behauptet ein Schwarzer zu sein, OTHELLO zu heißen und der hier »Schoko« genannt wird? Ist es zeitgemäß, wenn es ___ siehe Seite 048 sich einer DUNKEL LOCKENDEN WELT überlässt und sich dabei im Bossa Nova bewegt? Die Antwort lautet: Ja, ___ siehe Seite 112 klar ist es dann zeitgemäß. Wie sollte es anders sein? Alles Kinder ihrer Zeit, alles Kinder, die sich aus einem Geist der Gegenwart heraus irgendwo vergraben, verschanzt, hingeträumt, durchgedacht haben. Und es ist nicht so, dass Murakami oder Damien Hirst oder Jeff Koons heutiger wären, nicht Kate Moss, nicht Paris Hilton und auch nicht Heidi Klum. Die Zeitgenossenschaft des Theaters ist nicht die der Mode, das sollte nun allen klar sein, es ist die der skeptischen Fragen, des Tastens, manchmal sogar der Wut, des Spiels, des Sarkasmus, des Deliriums. Das sind doch alles Dinge, die man braucht. Also Schluss mit den Selbstzweifeln!

Die Zeitgenossenschaft des Theaters ist aber keine des Denkens, der Ideen, der neuen Dramaturgie. Wenn das Theater eines nicht ist, dann schlauer. Viel zu lange und viel zu oft will das Theater nun schon schlauer sein, als es ihm zukommt.

Man neigt dazu, das für typisch für eine Zeit zu halten, woran sich später einmal alle erinnern. Ich muss sagen, dass ich mich auch an das schlaueste Inszenierungskonzept von vor zwanzig Jahren nur mehr schattenhaft erinnere. Und ich habe den Verdacht, dass ich mich, wenn ich in zwanzig Jahren an die Münchner Kammerspiele der vergangenen Jahre denke, an die Stimme von Stefan Bissmeier, an die Haare von Brigitte Hobmeier, an

die Haltung von Hildegard Schmahl, an den armen Kaliban von Thomas Schmauser, an Auftritte von Katharina Schubert, an den Blick von Nina Kunzendorf, an das Lächeln von Julia Jentsch, an die Backen von Peter Brombacher, vielleicht auch noch ein wenig an **DIE BAKCHEN** von Jossi Wieler, sicher aber an die Müdigkeit ___ siehe Seite 108
von André Jung und an viele andere Schauspieler erinnern werde. Auch ein paar Bilder werde ich noch im Kopf haben, ein paar Erregungen, Ideen, vor allem aber Gesichter, Tonfälle, Bewegungen, Auftritte. Ich werde wahrscheinlich gern an diese Zeit zurückdenken. Und wahrscheinlich werde ich dann das Gefühl haben, dass das die 2000er Jahre gewesen sind. **Wir waren dabei.**

—

CHRIS DERCON: WE ARE NOT GOING TO THE DOGS.

—

Chris Dercon
wurde 1958 im belgischen Lier geboren. Nach Stationen in Belgien und New York, nach Ausstellungen in Paris und Rotterdam ist er seit 2003 Leiter im Münchner Haus der Kunst. Mit BUNNYHILL waren die Münchner Kammerspiele 2005 im Rahmen des Ausstellungsprojekts UTOPIA STATION bei ihm zu Gast.

Ich erinnere mich an die Münchner Kammerspiele als eine belgische und niederländische Enklave in der »truttigen« Maximilianstraße. Gibt es eigentlich irgendwelche flämischen oder holländischen Theatermacher, die in den letzten Jahren **nicht** hier waren, auf, neben oder vor der Bühne? Nein, gibt's nicht, und das haben wir Frank Baumbauer zu verdanken. Luk Perceval, Johan Simons und ihre Truppen faszinierten Kritiker und Publikum.

Ich selber nutze den guten Ruf der Kammerspiele, die neben Michael Krüger, Manfred Eichner, Alexander Kluge oder Edgar Reitz eine wichtige Münchner Kultursäule sind, als Alibi: nämlich um alle, die ich 2003 in Rotterdam zurückgelassen habe, davon zu überzeugen, dass heute in München vieles anders ist, als Lion Feuchtwanger es in seinem Roman(-Drama) *Erfolg* geschildert hat.

An die Kammerspiele, an Frank Baumbauer und seinen Nachfolger Johan Simons habe ich jetzt eine dringende Bitte – und zwar weil sich die Kammerspiele so brennend für die hiesigen sozialen Probleme interessieren. Die chinesische Astrologie – Zodiac – sagt mir, dass ich ein »Hund« bin: ehrgeizig, egoistisch, frech, gleichzeitig aber auch ehrlich und loyal. Trotzdem, ich hab mit Hunden nix am Hut. Schlimmer noch, man sagt mir sogar nach, ich bin ein Hundefeind.

Bekanntlich taucht in Lifestyle-Magazinen wie *Wallpaper* und *Monocle* das Haus der Kunst immer als das Ausstellungshaus auf, in dem »keine Hunde zugelassen« sind und setzt damit weltweit ein Zeichen. Warum tut es das? Tja, ich stehe hier und kann nicht anders. Übertrieben gesund aussehende Spaziergänger wollen direkt vom

Englischen Garten hinein ins Haus der Kunst und dort ihren Kunsthund oder ihre Hundekunst zeigen. Supi. Bloß leider nicht für die Kunstwerke. Ein Kurier vom Centre Georges Pompidou bekam fast eine Herzattacke, als ein bellender und »smakkender« Hund den Arsch einer »uitgemergelden« menschlichen Figur von Giacometti lecken wollte. Lawrence Weiner deklamierte mal » I have a case of deutsche Angst, is it yours or is it mine?«

Vielleicht liegt es an unserem strengen Hundeverbot, dass ich in der letzten Zeit so viel Ärger mit Hunden und ihren schnöseligen Besitzern hatte. Es ist gar nicht lange her, da wollte hinterm Haus ein Schäferhund mit mir spielen. Mein eigener Arsch ist zwar besser gepolstert als der von der Giacometti-Figur, aber trotzdem fand ich das feuchte Lecken – es war übrigens ein Hund, keine Hündin – zum Kotzen und habe mich gewehrt. Da ruft mir doch die blonde Besitzerin fröhlich nach: »So einen Hund können Sie sich nicht mal leisten!« Sie rief das selbstredend ungefragt.

Und vor kurzem ist meine Frau beim Joggen an der Isar von einem riesigen schwarzen Rottweiler ins Bein gebissen worden. Er sah ein bisschen aus wie die dänische Dogge in dem Film *Freak Orlando* von Ulrike Ottinger, die den Boten der Inquisition begleitet. Noch total unter Schock lief meine Frau einfach weiter, und das obwohl die wirklich glamouröse Besitzerin der zwei Rottweiler – denn nur eins dieser Viecher hatte entschieden zuzubeißen – ihr zurief: »So etwas macht er normalerweise nicht, ich hab gerade mit meinem Hund geredet!«
Wie bitte, dachte ich und rief bei der Redaktion des Heftes *Hallo Hund* an, mit einigen wirklich dringenden Fragen. Wie redet man mit einem Rottweiler? Und wenn Leute mit ihren Hunden sprechen, werden sie dann auch mit ihnen intim? Gibt es liebevollen Sex mit Rottweilern? Und wenn ja, was sagt man dabei zueinander, so von Mensch zu Tier und umgekehrt? Tut mir Leid, aber so was interessiert mich, weil ich gerade ein Buch schreibe über mein Leben in München. Es hat den Titel *Jakob, diesen Radfahrer kannst du jetzt beißen.* Ich schwöre bei meiner Mutter, ich habs genau mitbekommen, wie mir dieser Satz hinterher geschrieen wurde, weil ich mit meinem Fahrrad durch die Fußgängerzone gefahren bin. Eigen schuld dikke bult, sagt man in den Niederlanden.

In Johannesburg, damals während der Apartheid, hat man weiße Hunde trainiert, Schwarze zu beißen. Meine Bekannte Patti – sie ist Amerikanerin – hat mich mal gefragt, warum Hunde in Deutschland oft Karl oder Ludwig heißen; bei ihr in New York heißen die nämlich einfach King, Prince oder Princess, »just like that«. Muss ich jetzt auch noch erzählen, dass ich nicht derjenige bin, der im *Schumanns* ständig über diese Karls oder Ludwigs stolpert? Diese Art Stolpersteine sind hier zugelassen.

Klaus Bachler hat mir erzählt, dass im Wiener Burgtheater eine Dame immer zwei Plätze haben wollte: einen für sich und einen für ihren Hund. Sie war nicht nur stolze Hundebesitzerin, sondern auch generöse Förderin des Hauses. Als Bachler mit *Macbeth* an der Münchner Staatsoper anfing, war das Publikum zu Tränen gerührt, als endlich ein schwarzer Schäferhund – eine Anspielung auf Hitlers Lieblingshund »Blondi« und deutsche Geschichtsaufarbeitung? – auf einem blutigen Schlachtfeld erschien. Man fühlte sich, na ja, irgendwie angenehm behütet und beschützt. Wieder zu Hause. Und damit komme ich endlich auf die von mir so geliebten Kammerspiele zu sprechen. Wann werden sie endlich die großartige, einzigartige Münchner Tradition von Hund mit Herz auf die Bühne bringen? Es gibt zahllose Beispiele dafür, dass so ein Stück auch viele Besucher bringt, von Wuttke in Brechts *Der aufhaltsame Aufstieg des Arturo Ui,* der zum 350. Mal hechelnd an der

Rampe hängt (die Inszenierung von Heiner Müller tourt um die Welt als deutsches Kulturgut und deutsche Geschichtsaufarbeitung) bis *Going to the dogs,* damals in Amsterdam unter der Regie des Fluxuskünstlers Wim T. Schippers. Es gab keine menschlichen Darsteller, sondern nur tierische. Sie rannten rum, bellten und guckten Fernsehprogramme, in denen wiederum Hunde zu sehen waren. Wim behauptet noch immer, dass seine Hunde sein Skript erstaunlicherweise respektiert haben. Leider glaubte ihm das Publikum nicht. Liebe Dramaturgen der Münchner Kammerspiele, ich bin mir sicher, dass das Münchner Publikum *Going to the dogs* freundlicher aufnehmen würde. Fragen Sie Johan Simons! Er war damals in Amsterdam dabei und kennt sich mittlerweile gut in München aus.

Okay, wir haben also tatsächlich was mit Hunden. Wir haben uns nämlich gegenseitig versprochen: »We are NOT going to the dogs«.

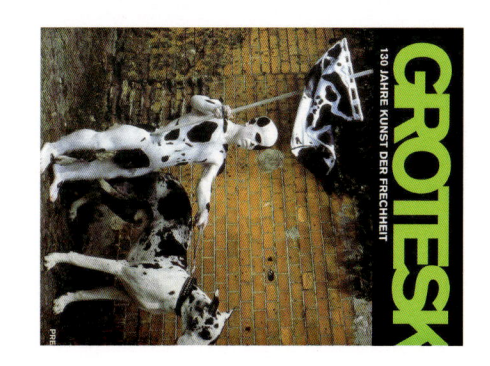

—
WAS IST EIN KLASSIKER? GESPRÄCH MIT LUK PERCEVAL.
—

In Stadttheatern haben die Klassiker noch immer Hochkonjunktur, und auch die Regisseure, die mit ihren Inszenierungen die texttreuen Wortkulissen zum Einsturz brachten, wenden sich immer wieder klassischen Texten zu. Luk Perceval hat 2003 die Münchner Kammerspiele nach Renovierung und Umbau mit Shakespeares OTHELLO ___ siehe Seite 048 in einer Bearbeitung von Feridun Zaimoglu und Günter Senkel wiedereröffnet.

Matthias Günther: **Was ist für dich ein Klassiker?**

Luk Perceval: Ein Klassiker gehört zum kollektiven Gedächtnis einer Theatergemeinde. Nach wie vor verbindet sich mit dem Begriff Klassiker ein bestimmtes Markenprofil. Ich habe an der Schaubühne die Erfahrung gemacht, dass man in Berlin sofort ein Publikum mobilisiert, wenn HAMLET gespielt wird. Hingegen wird das neue Zeitstück vor allem von Theaterspezialisten goutiert, die an zeitgenössischer Literatur interessiert sind.
Der Klassikerbegriff hat sich allerdings entwickelt. Es gibt einen auffälligen Bruch zwischen der Klassikerdefinition unterschiedlicher Generationen. Während meiner Schauspielschulzeit haben wir den ganzen Kanon der klassischen Theaterliteratur von Aischylos, Euripides bis Shakespeare, Brecht, Sartre, Pinter, Koltès gelesen

Luk Perceval wurde 1957 in Belgien geboren. Nach seiner Ausbildung als Schauspieler gründete und leitete er verschiedene Freie Theater in Belgien (Blauwe Maandag Compagnie; Het Toneelhuis). Im Jahr 1999 engagierte ihn Frank Baumbauer für das Deutsche Schauspielhaus in Hamburg für seine erste Produktion in Deutschland: Die Inszenierung SCHLACHTEN! wurde zum Berliner Theatertreffen eingeladen und von *Theater heute* zur Inszenierung des

_TEXTE, GESPRÄCHE

Jahres gewählt. Seine Inszenierung TRAUM IM HERBST
aus dem Jahre 2002 an den
Münchner Kammerspielen
wurde ebenfalls zum
Berliner Theatertreffen
eingeladen. Außerdem war
an den Kammerspielen
OTHELLO, LULU-LIVE,
TROILUS UND CRESSIDA
und KLEINER MANN – WAS
NUN? zu sehen. Seit der
Saison 2005/2006 ist Per-
ceval Hausregisseur an der
Schaubühne am Lehniner
Platz in Berlin. Seit 2008
leitet er den Studiengang
für Regie und Schauspiel
an der Akademie für
Darstellende Kunst
Baden-Württemberg.

und interpretiert. Aber ich saß damals, und ich spreche vom Ende der 70er Jahre, eigentlich mehr im Kino als im Theater.

Viele meiner Generation haben nach der Schauspielausbildung angefangen, am Stadttheater zu arbeiten und dann, frustriert von einem leergelaufenen Repräsentationsapparat, selber angefangen zu inszenieren. Da ist es öfter passiert, dass wir unsere eigenen Klassiker auch aus dem Kinorepertoire geholt haben. Wenn Johan Simons Kieslowskis DIE ZEHN GEBOTE inszeniert, ist das auch ein Klassiker. Oder wenn man *Die Katze auf dem heißen* ___ siehe Seite 086 *Blechdach* aufführt, denkt keiner mehr an Tennessee Williams Theaterstück, sondern an Richard Brooks Film mit Paul Newman und Elizabeth Taylor. Der Klassikerbegriff, der zunächst von einer geschriebenen Literatur ausgeht, hat sich unter anderem ergänzt mit dem, was Peter Greenaway die visuelle Literatur nennt. Meine Generation ist geprägt von Film und Fernsehen, eine nächste Generation kennt sich dazu noch mit Videospielen und anderen technischen Medien aus. Ich glaube, der Begriff Klassiker wird sich mehr und mehr ausdehnen.

MG: **Warum kehrst du – ein Regisseur der Moderne – immer wieder zu den Klassikern zurück?**

LP: Wenn ich einen Text von Shakespeare inszeniere, interessiert mich, danach zu suchen, was die Themen uns heute erzählen, welche Relevanz sie für uns haben. Shakespeares Texte sind 400 Jahre alt, in der Gesellschaft herrschten zu Shakespeares Zeiten eine andere Geschwindigkeit und andere Notwendigkeiten. Es gab vieles, was sie von der heutigen unterscheidet, aber eines scheint in diesen Stücken konstant und wiederholbar: Theater ist eine soziale Kunstform und im Zentrum steht der Mensch mit seinen ganz primären Sehnsüchten und Ängsten. Wenn es gelingt, für einen kurzen Moment mit einem Klassiker eine Katharsis zu entwickeln, ist das durchaus beglückend. Wenn man für einen Moment das Gefühl hat, eigentlich sind wir schon tausende von Jahren mit einer ähnlichen Problematik, mit ähnlichen Zweifeln, Ängsten und Sinnesfragen beschäftigt, und wir finden keine Antwort.

MG: **In deinen Inszenierungen wird der klassische Text immer bearbeitet. Ist es ein Fortschreiben? Ist es ein Neuschreiben? Ist es eine Montage? Warum ist das notwendig?**

LP: Nichts entwickelt sich so schnell wie Sprache. Wenn ich höre, wie Kids heutzutage reden und das mit meiner Jugendzeit vergleiche, die doch noch nicht so lange her ist, 30 Jahre, dann kann man schon von einer Globali-sierung der Sprache sprechen. Wir waren noch vorsichtig, wenn wir die ersten Texte aus *Beatles-* und *Rolling Stones*-Songs in unsere Alltagssprache adaptiert haben. Heutzutage beeinflusst jeder Raptext die Alltagsspra-che und hat eine größere Wirkung als Thomas Mann das hätte. Man kann das bedauern, aber nichts vermischt und verwandelt sich so schnell wie Sprache. Und auch das Theater verwandelt sich ständig über die Sprache und den Umgang mit ihr. Die Theatersprache des französischen Klassizismus bei Racine oder Corneille ist noch sehr lyrisch, weil sie auch lyrisch gedacht war, beinahe opernhaft rezitativ und deklamatorisch. Wenn man das heute einstufen müsste, wären es eigentlich Raptexte, die, genauso wie damals in der Molière-Zeit, laut gesprochen werden müssen, damit man die Masse, die unten steht und während der Vorstellung säuft und quatscht, überhaupt erreicht.

Heutzutage hat sich vieles verändert. Die Tabus haben sich gewandelt, die Fotografie hat wahnsinnig viele Ta-bus durchbrochen. Später der Film. Inzwischen auch das Fernsehen. Und dadurch haben sich auch die Tabus in der Sprache, die Form und das Vokabular verändert. Damit wir vermeiden, dass das Theater den gleichen Weg geht wie die Oper und nur noch eine Sache für Spezialisten wird, die die hohe Kunst des Reproduzierens von Spezialtönen genießen können, sollte Theater eine Kunst für Arme bleiben, in dem Sinne, dass Theater für jeden zugänglich sein sollte. Es ist immer eine Volkskultur gewesen und das sollte es meiner Meinung nach auch bleiben. Und damit es das bleibt, müssen wir danach suchen, wie wir die Leute heute am direktes-ten erreichen. Und dafür braucht man auch neue Übersetzungen alter Texte. Durch die Bildkultur haben wir gelernt, viel assoziativer zu denken. Eine Bildkultur, die zum Beispiel in Shakespeares Zeiten noch nicht so vorhanden war, wo durch das Wort noch viel mehr erklärt werden musste. Wir haben durch Film, Fernsehen und Computer einen ganz anderen Umgang mit Bildern erlernt. Im Fernsehen dauert der längste Schnitt zwei Sekunden. Das erzählt etwas über unseren Hunger nach mehr Information, mehr Bildinformation. Das bedeutet, unser Geist wird immer schneller in seiner Fähigkeit zu assimilieren und zu verstehen. Und dann sind Texte, die aus einer völlig anderen Zeit kommen, im Vergleich zu dieser Fähigkeit, die wir heute haben, viel zu breit und explizit. **Man kann auf der Bühne viel mehr auf die Poesie des Unausgesprochenen vertrauen. Ich habe bei Klassikern sehr oft das Bedürfnis, Text einzudampfen und auf das Verständnis des Publikums zu vertrauen. Auch weil ich daran glaube, dass Theater über den inneren Film funktioniert, nicht über die Erklärung.** Dieser innere Film ist nicht vergleichbar mit einem Film, der alles zeigt. Im Theater haben wir einen anderen, den geistigen Film, den wir uns anschauen. Und den geistigen Film stimuliert man meistens durch die Reduktion. Durch das Weglassen. Es ist wie ein Buch lesen, in dem man Buchstaben weglässt. Unser Geist ersetzt die Buchstaben, ohne dass wir das bewusst machen. So funktioniert für mich die Kunst. Durch die Reduktion, durch das Weglassen kreiert man selber eine andere Wirklichkeit.

MG: Ein Kritiker hat deine Form, deinen Theaterstil als »gesprochene Installation« beschrieben. Kannst Du mit dem Begriff etwas anfangen?

LP: Eines meiner Spiele ist, mich im Alltag auf Geräusche zu fokussieren, die ich überall höre. Und zu versuchen, meinen stream of consciousness, mein Denken für einen Moment zu bremsen und einfach in die Wirklichkeit zu gehen. Seit kurzem besitze ich einen iPod. Was mich daran reizt, ist die Tatsache, dass man dadurch ständig in einer artifiziellen Welt ist. Man hört zum Beispiel *Tristan und Isolde* und sitzt in der U-Bahn. Und sieht währenddessen nur verdrängte Köpfe, Gesichter, Leute, die eigentlich die Sehnsucht, die sie in sich tragen, überhaupt nicht leben können. Auf der anderen Seite hörst du eine Oper, in der diese Sehnsucht laut rausgeschrieen wird. Ich finde gerade diese Trennung von Bild und Ton wahnsinnig interessant. Für mich entsteht eher eine Nähe als eine Distanz. Es ist, als ob ich einen Film drehen würde, den Ton abschalte und Musik einspiele. Durch die Verfremdung mit Hilfe der Musik, wird das, was man wahrnimmt, besonders. Du siehst zum ersten Mal einen bestimmten Ausschnitt von einer Straße, weil ein Teil der Wirklichkeit durch Musik ersetzt wird. Die Wirklichkeit wird eigentlich präsenter. Du gehst intensiver rein, etwas irritiert dich. Du gibst dir mehr Mühe, zuzuschauen. Die Musik gibt mir die Möglichkeit, die Menschen noch mehr zu belauschen und inspiriert von der Musik, Geschichten zu vermuten und zu spüren. Wenn man von meinen Inszenierungen sagt, es seien »gesprochene Installationen«, dann ist es natürlich das, was ich auch auf der Bühne erzeugen möchte. Ich mag das Theater nicht mehr als Illustration eines Textes und auch nicht als Versuch, die Wirklichkeit zu kopieren. Da hat das Theater sowieso keine Chance mehr, seit es den Film gibt. Das Theater ist gezwungen, eine andere Ebene zu greifen, andere Erfahrungen zu ermöglichen. Es geht im Theater um einen Trip. Man könnte das auch eine Art von Meditation nennen. Man begibt sich in eine Welt, in der man, wenn es gut ist, für einige Stunden vergisst, wo man ist. Man vergisst die Zeit. Man vergisst den Raum. Man verschwindet in Gedanken. Für mich ist Theater eigentlich eine sehr geistliche Welt. Und da hilft es mir als Zuschauer, dass mich die geistliche Welt verführt, meinen eigenen Film, meinen eigenen Trip zu sehen.
Das ist es auch, was ich an Filmen von David Lynch mag. Ich kapiere die nie. Aber durch die Irritation, dass ich sie nie kapiere, gucke ich so intensiv zu, dass ich am Ende denke, ich will es noch einmal sehen. Und meistens sehe ich sie dann noch drei oder vier Mal. Bis es mir irgendwann gelingt, die Gedanken, den Geist, der darin

steckt, zu verstehen. Und vor allem meine eigene Logik zu entdecken. In diesem Sinne bin ich mehr und mehr auf der Suche nach einem Theater, das keinen Versuch mehr macht, Klassiker richtig zu inszenieren. Unter richtig verstehe ich, was Thomas Thieme immer historisiert genannt hat. Mit den Kostümen der Zeit und der Form der Zeit. Ich finde das totalen Schwachsinn. Das hat Shakespeare auch nicht gemacht, seine Stücke stecken voller Anachronismen. Wenn man heute Shakespeare so inszeniert, wie Shakespeare gearbeitet hat, dann gibt es eine Reihe Zuschauer, die behaupten, das ist kein Shakespeare mehr. Aber die Frage ist dann, was ist eigentlich Shakespeare? Kann jemand das erklären? Nein. Man kann höchstens sagen, Shakespeare war unter anderem Schauspieler, Regisseur, Autor, einer, der versucht hat, mit den Mitteln seiner Zeit sein Publikum so direkt wie möglich zu erreichen.

MG. **Erreichen die Stadttheater noch ihr Publikum? Haben diese traditionellen Theaterhäuser für dich eigentlich noch eine Zukunft als Stadttheater, oder wie stehst du zu ihnen?**

LP: Ich glaube, die Theater haben eine Zukunft, wenn die Gesellschaft sie sich noch leisten kann und will. Das ist ein Aspekt, eine Bedingung. Solche Theater leben durch die Energie, die da entwickelt wird. Die Energie kann nur stattfinden, wenn es auch ein Ensemble gibt. Wenn wir uns weiter in ein gesellschaftliches System verwandeln, das immer mehr globalisiert und immer mehr spart, dann werden die Ensembles verschwinden und dann glaube ich nicht, dass die Stadttheater eine große Zukunft haben. Schauen wir das Schillertheater in Berlin an. Schauplatz für Produktionen, die vielleicht die ganze Welt umreisen, und wo mal Truppe A und in der nächsten Woche Truppe B vorbeikommt. Aber diese Gastspielhäuser sind entseelt und keine Stadttheater mehr, weil sie nichts Spezifisches mehr für und mit der Stadt produzieren. Ich glaube, dass der Sinn des Theaters die Suche nach Sinn ist, aber das wir den Sinn nicht finden, und das eigentlich die Suche an sich der Sinn ist, und das diese Sinnsuche mit einem Ensemble passiert, mit einem Publikum, das sich ohne absolutistische Antwort in einen Raum setzt und bereit ist, bei jeder Vorstellung zu akzeptieren, dass es keine Antwort gibt, es gibt nur Verständnis. Wir können nur versuchen, einander zu verstehen. Das es so etwas gibt, ist eigentlich sehr wertvoll. Das schafft die Kirche nicht. Das schafft keine Philosophie. Das schafft keine politische Partei. Im Gegenteil. Da geht es nur um Polarisieren. Da geht es nur um Gut und Böse. Im Theater gibt es kein Gut und Böse. Das ist das Schöne an Theater, finde ich. Dass man sich eigentlich hinsetzt und sich bestenfalls jedes Mal bewusst wird, dass der Böse, *Richard III*, eigentlich ein Mensch ist, den man verstehen könnte, wie *Macbeth,* und dass man mit diesem Verständnis vielleicht eine Utopie schaffen könnte. Dieser Ort der Utopie, dieser Ort des Verständnisses, der ist nicht nur wichtig, sondern lebensnotwendig, weil es auch ein Ort der Sehnsucht ist. Es ist ein Ort, an dem wir unsere Sehnsucht kollektiv leben können. Klar kannst du sagen, das hast du auch im Fußballstadion. Da sage ich nein. Das sind vielleicht 60.000 Leute und alle singen, wenn ein Tor fällt, aber es gibt immer einen Verlierer. Es gibt immer eine Polarisierung. Du bist bei dem einen Verein oder beim anderen. Aber es gibt kein allgemeines, universelles menschliches Verständnis, das erzeugt wird. Und das ist etwas, was Theater macht. Und bestenfalls die Klassiker machen. Weshalb sie meiner Meinung nach auch Klassiker sind. Und warum es Stücke sind, die über Tausende von Jahren existieren. Weil sie irgendwann Funken schlagen. *Warten auf Godot* ist da ein Beispiel. Das ist ein Stück, das in Amerika als Sketch-Show entdeckt wurde. Das wurde berühmt als Lachnummer. Und ich glaube, 16 Jahre später hat Beckett dafür den Nobelpreis bekommen. Weil es etwas unglaublich auf den Punkt bringt. Ich finde, es ist das ultimative Mantra des Theaters. Er sagt: Godot kommt nicht. Trotzdem wollen wir es immer wieder sehen. Wollen es immer wieder wissen, dass er nicht kommt. Ich finde das unglaublich schön und ich bin überzeugt, dass diese Gemeinde oder diese Form von Sehnsucht nur im Theater möglich ist. Weil es live ist. Weil es Menschen sind auf der Bühne und Menschen im Zuschauerraum. Es ist kein Film, keine Technik. Du wirst nicht mit eindimensionalen Leibern konfrontiert, nein, es ist ein lebendiger Mensch und jeden Moment kann dieses Fatum, der Mensch, tot umfallen. Sowohl der, der zuschaut, als auch der, der auf der Bühne steht. Das Fatum und das Schicksal sind in dem Raum präsent und das macht den

Raum nicht nur wichtig, sondern auch notwendig. Ich wundere mich schon seit Ewigkeiten, dass es überhaupt noch Theater gibt. Und mehr und mehr bin ich davon überzeugt, wenn es keins mehr geben würde, wir würden es wieder gründen.

MICHAEL GRAESSNER: DAS PORTAL IST SCHULD.

Michael Graessner, geboren 1969, studierte zunächst Bühnenbild an der Hochschule der Künste in Berlin. Nach einem Ausflug zu Film- und Fernsehproduktionen arbeitet er als Bühnenbildner für Schauspiel und Oper u.a. in Berlin, München, Basel und Frankfurt. Er arbeitet eng mit dem Regisseur Peter Kastenmüller zusammen. Michael Graessner hat in München diverse Räume für BUNNYHILL 1+2 im Theater und im Stadtraum entworfen. Für das Projekt ILLEGAL hat er das Schauspielhaus als Projektraum ausgestattet. Es folgte das Stadtprojekt HAUPTSCHULE FREIHEIT.

2001, im ersten Jahr von Frank Baumbauers Intendanz an den Münchner Kammerspielen, erhielten Peter Kastenmüller und ich die Einladung, in München zu arbeiten. Im Neuen Haus – das historische Schauspielhaus war wegen Sanierung noch nicht eröffnet – sollten wir Wedekinds **MARQUIS VON KEITH** auf Minus 3, dem dritten ___ siehe Seite 027 Stockwerk unter der Erde, auf die Bühne bringen. Die Stockwerkziffern in diesem Haus verlaufen abfallend Richtung Erdmittelpunkt. Unmengen Erdreich und ein neu gebauter Theatermonolith lasteten auf unserer Probenzeit. Noch bevor das Konzeptionsgespräch weit oben im Glasspitz (5.OG) die ganze Chose eröffnete und die Produktion im Keller begann, saß ich eines Tages bei Herrn Baumbauer im gemütlichen Intendantenbüro, von der Höhe irgendwo dazwischen, zweiter Stock. Unterm Tisch lag Waldi im Körbchen, ein kräftiger Händedruck empfing mich und der leicht knarzende Holzstuhl mit der angenehm abgerundeten Armlehne ließ mich punktgenau eine Stunde nicht los. Von heute aus betrachtet war es eine unvergessliche Stunde, die ich dort saß und Herrn Baumbauer zuhörte.

Ich hatte mir vor diesem Termin Einiges rhetorisch zurechtgelegt. Damals drehte sich bei mir alles um die Überwindung des Portals. Immer wieder spürte ich in meinen Arbeiten das ausgeprägte Bedürfnis, das Bühnengeschehen aus dem gleichsam ständig umgrenzenden und schützenden Portal heraus gen Zuschauer zu bugsieren. Als müsste sich der gesamte Abend wie eine Blase durch das Portal herauswölben, dadurch dermaßen an Druck gewinnen, dass das unvermeidliche Platzen dieser Wölbung den gewünschten Moment hervorbringt, in dem das Lechzen der Zuschauer mit dem Bühnengeschehen verschmilzt. So ungefähr wollte ich es sagen. Ich dachte dabei stets an das berühmte Jugendstilportal der Münchner Kammerspiele.

Nichts dergleichen! Die ersten Minuten vergingen mit der gemeinsamen Bewunderung seines neuen Kombi-Gerätes TV und VHS Recorder in einem. Praktisch und gleich rechts von ihm auf dem Schreibtisch postiert, flankiert von den üblichen Mithörlautsprechern. Ich glaube die Geräte waren ausgeschaltet. Es entstand eine gemütliche, hochgradig sympathische Stimmung. Es begann dann Baumbauers berühmte Erzählung von seinem Theater, seinem Weg und seinen Vorhaben. Ich war geplättet. Ich fühlte mich wie der kleine Muck in einer großen Schatzkammer. Vielleicht war es besser so, dass ich in diesem Gespräch darauf verzichtet hatte, mit meiner Blasentheorie die Kammerspiele neu erfinden zu wollen.

__TEXTE, GESPRÄCHE

Die Arbeit begann. Drei Stockwerke unter der Erde. Es wurde eine mittlere Katastrophe. Das Neue Haus: Ein moderner, schmuckloser Bau, hochtechnologisch konzipiert, fünf Stockwerke nach oben und drei Stockwerke nach unten. Einst Dieter Dorns Parkplatz, nun auf kostbarem Grund Arbeitsflächen dicht bepackt und hübsch gestapelt. Man sagte, Wände könnten in Sekunden mit feuerhemmendem Gas geflutet werden, eine Glasspitze zielte hoch hinaus über umliegende Gebäude und mit der verbauten Bühnentechnik hätte so manche Kleinstadt ihr eigenes Stadttheater bestücken können. Alle Türen fielen wie U-Bootschotts ins Schloss und einmal in den Klauen des lichten Mauerwerks schien es kein Entrinnen mehr zu geben. Das muss jetzt alles ersteinmal entweiht werden, dachten wir – die Zellophanfolie muss runter, der Betrieb muss erst einmal Spuren hinterlassen. Doch das Haus war stärker.

Mein schönstes Bühnenbild von der tollsten Bühnentechnik zusammengesetzt, eine Drehscheibe so dünn wie eine Briefmarke und so schnell wie das Teufelsrad vom Oktoberfest, aber in einem Raum ohne jegliche Eignung für diese Idee. Andere Häuser hätten mir augenblicklich Schwachsinn, Berufsuntauglichkeit und Unverschämtheit attestiert, aber an den Kammerspielen fühlte man sich bei der Ehre gepackt. Hier krochen beleibte Bühnentechniker bäuchlings in Zwischenräume und hefteten kopfüber Reibräder von Motorrollern als Antrieb ins Gestänge. *Mission Impossible* ist dagegen ein Klacks. Hier wurde ich unterstützt, gefördert und bedient von der ersten Minute an. Irgendwie so, wie die guten alten Zeiten am Theater mal gewesen sein müssen. Alle zogen an einem Strang, wenn es darum ging, gemeinsam etwas auf die Bühne zu stellen. Der Garten war gut bestellt. Hochpoliert war unser Bühnenboden und die Erwartungen auf allen Seiten ebenso. Zu den Endproben war der schwarze Hochglanzboden voller Striemen und matt und als ein Schauspieler im roten Overall nach abgebrannter Zündschnur in eine TNT beschriftete Holzkiste sackte, dann ein Vögelchen von seinem Kopf startete, um mit farbgefülltem Ei im Schnabel Meter weiter punktgenau in eine Maler-Leinwand zu klatschen, da saß Frank Baumbauer hinter mir mit zusammengekniffenen Lippen – skeptisch. Ob das nicht ein bisschen viel und das mit dem TNT ein bisschen nah am 11. September sei, fragte er mich vorsichtig. Die Produktion verlief schwiiiierig. Irgendwie damals noch nicht jedermanns Sache. Das Neue Haus forderte seinen Preis. Unter Tage. Drei Stockwerke unter Null 2001.

Zeitsprung! Flash! BUM, BUM, BUM

2004 BUNNYHILL. Wir stehen alle mit Gläsern und braunen 0,5 l Flaschen in einem Magazin, einem Hinterbühnenraum der jüngst zu einer Bar umfunktioniert wurde. Christiane Schneider, Frank Baumbauer, Peter Kastenmüller und Björn Bicker prosten sich zu, während wenige Meter weiter Jugendliche vom Hasenbergl Breakdance machen und Cola saufen, kredenzt vom *Favorit*-Bar-Betreiber Lenny. Wir sind entspannt! Bei mir hat es genau drei Jahre gebraucht, sich sechs Stockwerke weiter oben wiederzutreffen. Ich bin froh! Es ist der Abend der Premiere EIN JUNGE, DER NICHT MEHMET HEISST. Wir haben im Neuen Haus den oberen Raum zum ersten Mal komplett für wochenlange Bespielbarkeit zur BUNNYHILL-Zentrale umgebaut. Die Erfahrung hatte mich gelehrt: Nur ein rotziger Umgang mit dem Neuen Haus bläst die zähen Geister raus. So klebten in meinem Bühnenbildentwurf Kronkorken als Sitzplatzandeutung und Zigarettenstummel waren Tischbeine. Lucio Auri, mein Berliner Bildhauerfreund, wurde in der Sommerpause für Wochen mit zentnerweise Sperrholz (wir hatten von Sperrmüll geredet und bekamen sorgsam lackiertes, auf Fundstücke getrimmtes, aber feuerpolizeilich gerechtes Holz), fünf Praktikanten aus dem Hasenbergl und Werkzeugmaschinen eingesperrt. Nach dem ersten Tag dampften die Kids mit mordsschweren, aber trotzdem instabilen, selbst gezimmerten Fitnessgeräten von dannen. Vorher lieferten sie sich noch erbitterte Duelle mit jeweils zwei Akkuschraubern

___ siehe Seite 076, 124

___ siehe Seite 077

___ siehe Seite 076, 124

im Anschlag. Schlussendlich bohrten der Bühnenmeister Richard Bobinger, Lucio und ich aus dem verbleibenden Hölzern einen Grundraum zwischen Favela und Bolzplatz. Das Portal war überwunden. Ein Laufsteg mitten hinein in die zu drei Seiten platzierten Zuschauer machte das deutlich. An diesem Premierenabend, der zugleich Staatsgründung und Auftakt für sieben Wochen Wahnsinn und Überforderung war, versuchte ich über die laute Musik hinweg meine Freude zu bekunden, wie gerne ich mit allen hier in München an unserer BUNNYHILL-Eröffnung gearbeitet habe und dass endlich die Wehen unserer ersten Produktion überwunden seien. Ich weiß nicht, ob Frank Baumbauer das gehört hat. ___ siehe Seite 076, 124

Die Öffnung des dritten Stocks im Neuen Haus für Barbetrieb bis nachts und Work-Shops um drei am Nachmittag bedeutete in meiner Arbeit viel. Wir alle begriffen das Bürokratenwörtchen Versammlungsstätte und die Überwindung mancher Hemmung und Hürde als neue Chance für eine pulsierende Zukunft neben Werkraum und Schauspielhaus. Frank Baumbauer machte das mit!
Ich erinnere mich an einen 16-Stunden-Sonntag, als morgens um neun die Half-Pipe in Einzelteilen in den Raum geräumt wurde, mittags Väter und Söhne vorsichtige Bögen mit Rollschuhen und Skateboards versuchten.

Nachmittags setzte dann vom Heavy Metal DJ begleitetes Freestyling an. Skateboards knallten permanent auf Böden, Decken, Wände. Und durch Telefonkette alarmiert, versammelte sich peu à peu die gesamte Skaterszene Münchens. Irgendwo fand sich dann noch ein Karton mit zwanzig Dosen Ravioli und eine Kochplatte. Und um 22 Uhr trudelte noch eine Speedpunk-Band aus Augsburg ein. Die fanden nur noch Platz im halbhohen Zwischenraum unter der Pipe.

Als sie losdonnerten, kam ein befreundeter Opernregisseur in den Raum und nach ein paar Bier frohlockte der, das sei der reinste Barockgarten hier! Ich begriff erst später, was er meinte. Der wahre Gärtner bleibt Frank Baumbauer. FRANK DU PUNK! Mutig, radikal, Nadel durch Backe, Karo an Hose, Ratte auf Schulter und Haare irgendwie, ein Leben lang am Rand eines Brunnens einer bundesdeutschen Fußgängerzone, zuschauend und tausend Freunde sammelnd. Frank Baumbauer kann zuschauen. Dann schreitet er ein. Gut so! Prost! Einer von wenigen Punks in München.

Mittlerweile sitze ich regelmäßig auf den knarzenden Holzstühlen in seinem Büro und freue mich fast diebisch wenn ich zusammen mit Peter Kastenmüller und Björn Bicker wieder mal Unmögliches vorschlage: Den Transrapid wollten wir im Namen der Kammerspiele eigenmächtig bauen und erste Spatenstiche für den Überseehafen am Stachus setzen. Wir gründen einfach eine neue Stadt: Münjing. Dann drückten wir zusammen die Bank im Rathaus, um die Überseecontainer am Stachus haushoch stapeln zu dürfen. Nebenbei eröffneten wir Praxen und Akademien. Er machte alles mit. Das Neue Haus platzte noch in den frühen Morgenstunden vor lauter Andrang aus allen Nähten.

Noch heute, wenn der Wind günstig steht, dreht sich langsam das BUNNYHILL-Windrad auf dem Dach der Kammerspiele. Die Projekte haben andere Namen bekommen. Ich schaue hoch zur Brücke zwischen Neuem Haus und altem Haus, wo mal wieder ein neuer Slogan hängt. Mittlerweile läuft da oben vieles ohne die BUNNYHILL-Macher. Eifersüchtig, aber stolz beobachte ich, wie das Haus rockt und singt, Künstler ein- und ausgehen, die wir vor Jahren zum ersten Mal dorthin eingeladen hatten. Mittlerweile haben wir Menschen auf allen Seiten des Kammerspielportals versammelt. Bei Stadtrundgängen oder Hinterbühnen-Stücken, in allen Formen spiegelt sich die unbedingte Hinwendung des Theaters zu all den Menschen, denen der tradierte Theaterabend und seine Rituale seltsam und öde vorkamen. Sicherlich sind das oft junge Zuschauer oder Zuschauer, denen ___ siehe Seite 076, 124

_248 __TEXTE, GESPRÄCHE

bisher Theater nichts bedeutete. Wenn es uns gelang, durch Projekte im Münchner Stadtraum Menschen zu begeistern, war der Schritt für sie hinein ins Haus geebnet.

Bei der Arbeit im Neuen Haus hatte ich als Bühnenbildner oft das Gefühl, es dreht sich letztlich nur um die Organisation von Zuschauern im Raum. Deren Bedürfnisse, ebenso wie die der Schauspieler und der Kartenabreißer, müssen erfüllt werden. Das ist eine neue Definition von Bühne, von Raum, von Theater. Als ich das begriff, war mir auch klar, warum mich das Portal und seine Trennung von Spiel und Arbeit, von Wahrnehmung und Genuss immer gestört hatte. Das Beeindrucken hinter dem Portal muss einem neuen Gebrauch zugeführt werden, reime ich mir heute zusammen. Das wäre also mein Satz zur Zukunft. Dass ich da hingekommen bin, ist letztlich Baumbauers Verdienst. Denn durch seinen Mut, seine Geduld, seine Strenge und sein Wohlwollen konnte ich all diese Erfahrungen mit Räumen, öffentlichen Plätzen, Wohnungen und Bühnen erst machen. Heute weiß ich wirklich, warum mich das Theaterportal stört.

— DAS HÄLT DICH AM LAUFEN. MIT DIESEN LEUTEN ZU GEHEN. GESPRÄCH MIT EBERHARD BOTHE. —

Eberhard Bothe, geboren 1942, kam 1963 mehr zufällig als gewollt zum Theater Bielefeld. Ausbildung in Technik bei den Ruhrfestspielen und an der Hamburger Staatsoper. Er wurde 1972 Technischer Direktor am Theater Bielefeld. Von dort wechselte er ans Hamburger Schauspielhaus, wo er mit den Intendanten

Ohne den besonderen Mut, das Geschick und den Erfindungsreichtum des Technischen Direktors kann ein Theaterprogramm wie das der Münchner Kammerspiele nicht realisiert werden. Den permanenten Spagat zwischen technischer, personeller wie finanzieller Machbarkeit und künstlerischer Vision kann man nur mit einem hohen Maß an Verhandlungsgeschick, Humor und gesundem Fatalismus bewältigen. Kombiniert mit einer leidenschaftlichen Liebe zum Theater hat Eberhard Bothe diese Eigenschaften zur allseits bewunderten Könnerschaft vereint. Mit dem Ende der Intendanz Baumbauer wechselt er in den Ruhestand. Vorher wollten die beiden Dramaturgen Matthias Günther und Björn Bicker aber noch von ihm wissen, wie man es eigentlich schafft, so lange so enthusiastisch bei der Sache zu bleiben.

Björn Bicker: **Herr Bothe, wie gehts weiter mit dem Theater?**

Frank Baumbauer und Tom Stromberg gearbeitet hat. 2003 folgte er Baumbauer an die Münchner Kammerspiele. Von Regisseuren und Bühnenbildnern wird er manchmal Theatergott genannt.

Eberhard Bothe: Das wissen wir doch. Wenn Johan Simons aus der Ferne signalisiert, er braucht für seine Zeit als Intendant eine Halle und er dafür eine hochqualitative Probebühne opfern will, dann bestätigt sich ein Gesetz: Theaterleute brauchen immer exakt das, was nicht da ist.

Matthias Günther: **Wie hält man das so lange aus?**

EB: Ich habe am Anfang meiner Laufbahn Situationen erlebt, da bin ich abends aus dem Haus gegangen und dachte, ich muss mich erschießen. Ich komme nie wieder. Wenn du dann merkst, dass du am nächsten Tag mit hängender Zunge wieder hinläufst, um rauszukriegen, was ist, wie geht das weiter, dann ist das schon was Besonderes. Es gibt Situationen am Theater, wo abends wirklich die Welt zusammenbricht. Die Erdachse ist verbogen. Dann kommt die Nacht in der Kantine, da wird alles besprochen, aber nichts gemacht, und am nächsten Tag um zehn Uhr läuft es plötzlich wie geschmiert. Rational kommst du da nicht mehr mit. Aber es geht trotzdem.

BB: **Ist das nicht ein enormer Verschleiß?**

EB: Die Frage ist immer, worauf der Fokus wirklich liegt. Der Theaterbetrieb ist eine Sache, die andere ist das Ensemble. Und so wie ich das jetzt hier in München kennengelernt habe, gerade zum Beispiel bei Andreas Kriegenburgs **PROZESS**, wo dieses völlig uneitle Ensemble alles mitmacht, keine zeitlichen Begrenzungen kennt. Das macht Spaß. Das ist im Musiktheater völlig anders. Da sagen die Chorsänger nach drei Stunden jetzt ist Ende. Dieses: Wozu Theater am Wochenende, da gehört doch der Papa der Familie. Das gab es am Hamburger Schauspielhaus auch nicht. Die Leute machen viel mit für ihr geliebtes Theater. Theaterleute sind überall gleich, stelle ich fest. Nur die jeweilige Stadt ist anders. Wie Peter Kastenmüller mal gesagt hat: München ist die Stadt, die Angst hat, Stadt zu sein. Hamburg war mehr Großstadt. ___ siehe Seite 196

BB: **Woran machen Sie das fest?**

EB: Hier gehe ich ins Theater über die Maximilianstraße und dort bin ich über die Junkies vorm Hauptbahnhof hinweggestiegen.

BB: **Wobei die jetzt auch weg sind in Hamburg. Mit Klassischer Musik vertrieben.**

EB: Als ich das erste Mal auf der Maximilianstraße war, kam mir eine Dame entgegen, die muss so um die 70 gewesen sein, spindeldürre Beinchen mit schwarzen Strümpfen, ein Miniröckchen an, unten so einen dicken Wulst aus Nerz dran, knallbunter Pullover, Tupfen drauf und eine Haube, auch mit Tupfen. Die zog einen Köter hinter sich her, der wog mehr als sie. So ein Tier habe ich noch nie gesehen. Auf der Hundeleine war Strass drauf. Da hab ich gedacht, die kommt doch gerade aus der Kostümabteilung der Kammerspiele. So ist die Umgebung. Und intern: Dieses Bild des grantelnden, robusten Bayern habe ich hier im Hause nicht erlebt. Muss ich ehrlich sagen. Die Leute haben viel Respekt. Das muss man einfach sagen: Die Techniker haben ein gutes Verhältnis zur Kunst. Das Theater ist eine Institution und der hat man zu dienen. Da wird nicht immer alles als Last empfunden. Wir sind Täter und nicht Opfer.

BB: **Mit der Öffnung des Hauses und dem sehr voll gepackten Spielplan ist den Mitarbeitern aber einiges abverlangt worden.**

EB: Als das Schauspielhaus wiedereröffnet wurde, war es vorher drei Jahre evakuiert. Mit völlig anderen strukturellen Bedingungen wie einem En-suite-Spielbetrieb usw. Baumbauers ganz große Anstrengung war es, den

Laden wieder auf Repertoire, also morgens Probe, abends Theater spielen, umzustellen. Das hat viel Einsatz gefordert.

BB: Welche Rolle spielt denn die Ästhetik, die man entwickelt, die künstlerische Qualität für die Abteilungen? Gibt es manchmal Identifikationsprobleme?

EB: Habe ich hier nie gespürt. Die Qualität der Kunst hat kaum Auswirkungen auf die Motivation des Einzelnen, zumindest nicht im Negativen. Unser Verhältnis zur Kunst ist gut – ich habe heute morgen zu Anja Rabes, der Bühnenbildnerin von Jossi Wieler, gesagt, Anja, wenn ich bei RECHNITZ die Schauspieler rampenparallel ste-___ siehe Seite 204 hen und ihren Text sagen sehe, frage ich mich, warum du eigentlich noch ein Bühnenbild hast? Dann sagt sie spontan, stell dir mal den Text ohne Bühnenbild vor. Also, damit kann ich eigentlich nichts anfangen, aber das kennzeichnet auf der anderen Seite auch das Verhältnis von uns zu den Künstlern. Dass man so miteinander reden kann. Man muss vorsichtig sein. Kann ja auch völlig falsch ankommen.

BB: Ganz am Anfang unserer Zeit in München hatte ich das Gefühl, die Kollegen haben sich kaum getraut zu kommentieren. Das hat sich mittlerweile entspannt. Es herrscht eine andere Offenheit.

EB: Ja, das stimmt, sicherlich auch gefördert durch die vielen Gastspiele. Unterm Strich wird das positiv gesehen – die Kollegen wissen, aha, da sind wir als Theater gefragt. Das hat auch mit Stolz zu tun. Das ist ja ein Erfolg, wenn man in andere Städte und Länder eingeladen wird. Und wir haben hier – ganz wichtig – ein tolles Verhältnis zu unserem Ensemble, das zeugt von gegenseitigem Respekt.
Auffällig an den Kammerspielen ist allerdings der enorme Aufwand für den verwaltungsgemäßen Vollzug. Ich habe einen solchen Output an Papieren noch nicht erlebt. Die vielgerühmte Liberalitas Bavariae ist diesbezüglich jedenfalls wenig spürbar. Dem Wesen nach ist die Kunst primär mal die Befreiung von Schemata und Routine. Das müssen wir für die Bühne erhalten, ja verteidigen. Aber das schaffen wir, weil wir die Einklemmungen durch Tarife und Budgets sachlich und offen miteinander im Vorfeld sorgfältig verhandeln. Und Steuerzahlers Geld streng im Auge behalten. Aber Vorgaben wie Mitarbeitergespräche, Führungsdialoge und dergleichen, Pflichtaufgaben durch Verwaltungsverfügungen, meist begleitet von irgendwelchen Arbeitsgruppen und mit vorgestanzten Texten formularmäßig zu bedienen, da komm ich nicht mit, das ist Sozialromantik für die Akten. Ich sage dann, Kinder, das mag ja für ein städtisches Eichamt durchaus notwendig, ja, hilfreich sein, aber am Theater quatschen die Leute den ganzen lieben langen Tag miteinander, gegeneinander, übereinander. Warum alles zu Papier bringen, jede Regung, jede menschliche Erfahrung in Regularien gießen – Marthaler hat in Hamburg unserer Korrespondenz mit Behörden und Feuerwehr zum Teil gar als Stoff für die Bühne verarbeitet. Die Leute waren einfach hingerissen von soviel Realsatire.

MG: Die Frage, womit Sie die meiste Energie verschwenden, erübrigt sich ja dann ... Was hat sich denn über die Jahre am meisten verändert im technischen Ablauf eines Theaters?

EB: Ehrlich gesagt, die Sehgewohnheiten unserer Besucher haben sich am meisten geändert. Deshalb sind Musicals so erfolgreich. Das ist Fernsehen in Großformat. Das können wir hier gar nicht. Diese Perfektion. Aber technisch? Das Umsetzen des Handkonterzuges auf einen hydraulisch betriebenen Zug entlastet die Leute. Bühnenarbeit bleibt Schwerstarbeit, aber diese Umstellung war ein Riesenfortschritt. Das ganze Digitale. Die Frage ist nur, in welche Abhängigkeit man sich dadurch begibt. Wenn sich heute ein Teil auf der Bühne nicht bewegt, kriegt der Kollege auf seinem Bildschirm Fehlercode 635, Resetten, Runterfahren, Rechner wieder hochfahren. Wenn sich bei ULRIKE MARIA STUART diese Scheißkiste (das Bühnenbild, Anm. der Redaktion) nicht mehr bewegt, dann ___ siehe Seite 150 steht die da. Früher hatte der Bühnenmeister die Möglichkeit, in die Hände zu klatschen und zu rufen: Kinder, legt euch in die Riemen, zieht diesen Scheißwagen nach hinten. Tunlichst leise. Das ist heute völlig anders. Und diese ganzen Videoprojektionen – da sind wir mittlerweile abgebrüht. Wenn einer kommt mit einer neuen Produktion, ist die erste Frage: Wieviel? 5 Beamer, 10 Beamer? Ein Schwein, das im Arsch auch noch einen Beamer hat, was wollt ihr? Aber das ist halt die Generation.

MG: Das hat doch Auswirkungen auf die Werkstätten. Auf den Malsaal zum Beispiel.

EB: Die Arbeit im Malsaal ist völlig anders geworden – das bildhafte Malen von Prospekten ist die Ausnahme. Da geht ein Beruf langsam aber sicher den Bach runter. Heute ist Oberfläche angesagt. Wände auf Mahagoni machen, oder Beton als Oberfläche und dergleichen. Das Malen selbst findet kaum noch statt. Das gleiche gilt für die Kostüme. Also, H&M-T-Shirt, und dann die T-Shirts fünfmal ändern und den Ärmel da raus und auf der anderen Seite wieder einsetzen. Dann kostet ein T-Shirt, das vorher 15 Euro gekostet hat, auf einmal 95 Euro. Auch da ist das traditionelle Theaterhandwerk nur noch eingeschränkt vorhanden. Aber vielleicht ist das der Trend. Ich weiß es nicht. Aber gerade deshalb legen wir Wert auf Ausbildung am Theater. Immer in der Hoffnung, dass auch die alten Erfahrungen weitergegeben werden.

MG: Ist es wichtig, dass das Stadttheater rausgeht aus dem Haus? Dass es sich in die Stadt öffnet?

EB: Diese Öffnung, wie wir das hier mit diesen multifunktionalen Veranstaltungen haben – Club, Theater, raus auf die Straße, rein in Wohnungen und was weiß ich noch alles – ich glaube, in großen Städten kannst du das machen, aber ob das in kleineren funktioniert, keine Ahnung. Ich komme von diesem Brett, das man Bühne nennt. Und nicht von diesem durchs Gelände ziehen. Da kriege ich Probleme. Nicht, weil ich das nicht will, oder weil ich dem nicht folgen kann, sondern, weil es richtig viel Kraft kostet. Das muss ich schon sagen.

BB: Sind Sie in Ihrer Laufbahn schon mal an einem Künstler gescheitert?

EB: Nö. Selbst an Johann Kresnik mit seinen 200 Ratten nicht. Die habe ich nachts bewachen lassen. Der Baumbauer hatte mir damals gesagt: Bothe, passen Sie mal auf, da kommt der Kresnik, der will Ratten auf der Bühne. Ich sag: Na, schauen wir mal. Dann kam der Herr von der Filmtierzentrale mit einer grünen Tüte, stellte die auf meinen Tisch, griff da rein und setzte mir eine Ratte vor die Nase. Ich saß wie versteinert da. Und dann hat er über dieses Tier erzählt, das auch ganz brav da saß, und dann wurde aus dieser Ratte ein Hamster, da habe ich gesagt, Mensch, wenn dir das so geht, geht das vielleicht den anderen auch so – na gut, im Hause mussten wir das schon kommunizieren. Die, die am lautesten geschrien haben am Anfang, haben nachher, nachdem wir einer Ratte aus Versehen das Füßchen eingeklemmt hatten, einen riesen Aufstand gemacht. Wie könnt ihr mit der Kreatur so umgehen! – Also, richtig gescheitert an einem Künstler, nein. Die haben ihre szenische Fantasie und wir können das umsetzen oder nicht. Wir sind eingeengt durch Tarife und durch Geld und so weiter. Aber für mich hat die Arbeit unterm Strich immer etwas Inspirierendes. Das hält dich am Laufen. Mit diesen Leuten zu gehen.

BB: Was muss man in Zukunft beherrschen, um mit den Möglichkeiten eines solchen Theaters gut zu jonglieren?

EB: Im Moment frage ich immer meinen Freund und Nachfolger Andreas Zechner: Andreas, hast du ein betriebswirtschaftliches Studium? Dein Fach beherrschst du, aber kannst du mit Zahlen umgehen? Das nimmt immer mehr Raum ein. Das ist ein extremer Legitimationszwang. Kinder, was macht ihr mit dem Geld? Und da muss ich sagen, das war unter Baumbauer immer eine klare Geschichte. Aber dieses wirtschaftliche Denken nimmt einen immer größeren Raum ein. Immer mehr wunderschöne Grafiken – ich hab hier irgendwo einen Ordner stehen: Risikomanagement. Das ist das Neueste. Ich werde das nie vergessen, als das Thema das erste Mal aufkam, sagte Baumbauer zum Geschäftsführenden Direktor Dr. Lederer: Ich mache den ganzen Tag nichts anderes als Risikomanagement. So ist die Arbeit am Theater. Aber das größte Risiko ist, dass der Stadtrat sagt, ihr kriegt kein Geld mehr. Alle anderen Risiken sind mehr oder weniger beherrschbar.

—

BARBARA EHNES: EINEN TEXT ÜBERFLIEGEN UND IM MATSCH LANDEN – WIE AUS EINEM RAUM EINE BÜHNE WIRD.

—

Barbara Ehnes gehört als Bühnenbildnerin seit dem Beginn der Intendanz von Frank Baumbauer 2001 als Beraterin zum künstlerischen Leitungsteam der Münchner Kammerspiele. In München hat sie mit den Regisseuren Lars-Ole Walburg, Jossi Wieler und Stefan Pucher zusammengearbeitet. Sie arbeitet an zahlreichen Theater- und Opernhäusern in Berlin, Wien, Zürich, Basel und Amsterdam.

»Man schaut also immer auf einen Text drauf, von oben oder von Ferne, Vogelperspektive etc. Immer in der Ferne. Man kann nie runter dahin, wo das Wort wohnt. Dann würde man es ja auch nicht mehr erkennen, sehen, lesen, wahrnehmen als Wort, sondern irgendwie als Ding, als Architektur, Natur. Das Wort lebt woanders. Man kann das Wort nicht besitzen, an sich nehmen, es weder wegtragen noch mitnehmen. Man kann es nur anschauen und sich das Bild einprägen, das man sich eben davon macht. Also klar: aus einem Wort entstehen viele Bilder.

Die dann wieder aufgeschrieben oder ausgesprochen werden als Wort. Oder als ein anderes Wort.« (Rolf Dieter Brinkmann)

Aber irgendwie will man immer dahin, wo das Wort wohnt. Wie durchdringe ich den Text? Wie kann ich durch Worte wandern, zwischen den Buchstaben durch, so dass mir Bilder dazu einfallen und vor allem: Räume. Räume für Texte. Räume für Menschen. Räume für gesprochene Worte. In welchen Räumen klingt der Text stimmig? Wie schaffe ich es, dass der Raum einen Widerstand bietet, wenn SchauspielerInnen ihre Worte sprechen? Entsteht eine neue Welt? Ist diese Welt wiedererkennbar als eine bestimmte Zeit? Als Heute? Weckt das Gesehene und Gehörte Erinnerungen und Assoziationen der ZuschauerInnen? Geht es darum, auf der Bühne Fragmente von bekannter Realität zu zeigen? Oder versucht der Raum den Text zu erklären? Wo ist der Rhythmus des Textes? Welche Motive sind inspirierend? Welche Atmosphäre entsteht? Wie bewegen sich die SchauspielerInnen? Und der Regisseur? Und die Kostüme? Und die Musik? Und das Video? Wer übernimmt eigentlich welche Rolle? Geht es um künstliche Räume? Geht es um Lebensräume? Oder doch nur um Spielräume?

Am Anfang unserer Zeit an den Münchner Kammerspielen war die Bühne noch eine Baustelle und wir in der Jutierhalle. Der Raum war stark und prägend – groß und hoch. Ein Ort, den ich studiere, von dem ich lerne. Er hatte eine eigene Geschichte, die nichts vom Theater wusste. Ein Raum wie ein Text, den man erst mal begreifen muss. Die Zuschauer schauen von oben und vorne auf die Bühne, umgeben vom gleichen Raum wie die SchauspielerInnen. Die Bühne ist immer ein Zitat mittendrin. Wo fängt die Bühne an? Die Grenzen werden fließend. Stege ausgehend von der Tribüne führen den Originalraum bei MACBETH in den gebauten Bühnenraum. Eine ___ siehe Seite 026
schöne Erinnerung an das zusammengeliehene Bühnenbild vom HEILIGEN KRIEG (Rainald Goetz): Das Podest ___ siehe Seite 047
aus Münchner Gehwegplatten und die Originalmöbel aus dem bayerischen Kirchenmöbelfundus.
Die Stimmung in der Aufführung wechselte zwischen Bierseligkeit und Heiligkeit – das Licht hat geholfen. In diese Zeit fällt meine erste Begegnung mit Max Keller, Stephan Mariani und ihrer großartigen Beleuchtermannschaft. Max Keller hat *das* Buch über Licht geschrieben. Dieses Buch begleitete (nicht nur) mein Bühnenbildstudium und es war sehr inspirierend, ihn dann persönlich kennen lernen zu dürfen. Zu erleben, wie hier mit großer Professionalität gearbeitet wird – der Respekt des ganzen Hauses vor Beleuchtungsproben war spürbar! Und durch die Beleuchtung wirkte die Jutierhalle dann plötzlich tatsächlich wie eine Kirche. Es war schön, mich mit den Kammerspielen zu verbinden. Menschen kennen zu lernen, die schon lange dort gearbeitet hatten und so eine große Leidenschaft für das Theater mitbrachten. **Dann plötzlich merkt man, dass man selbst zum Teil vom Ganzen geworden ist – ein Teil dieses komplexen Gebildes Münchner Kammerspiele. Das ist ein Haus, in dem ich mich aufgehoben fühle – selbst dann, sehr viel später, als ich ein halb fertig gebautes Bühnenbild nicht nutzen kann.** Manchmal hilft auch die Schokolade von Luci Hofmüller, der Herrengewandmeisterin im weißen Kittel, die im Hintergrund überall präsent ist und leidenschaftlich alle Produktionen diskutiert und unterstützt. Es war auch schön, AusstattungsassistentInnen auszusuchen, die zueinander und zum Haus passen und sie zu begleiten.

Weiter ging es damals im weißen, sterilen Neubau: Neues Haus. Neben der Baustelle auf der Bühne des Schauspielhauses. Es war verlockend, den Schlamm von dort in die neuen Räume zu holen. Ich las DANTONS TOD ___ siehe Seite 015
von Büchner. Und beim Überfliegen von Victor Hugos Beschreibungen der französischen Revolution blieb ich an der Beschreibung der unbefestigten Straßen, auf denen das Alltagsleben stattfand, hängen. So spielte das Stück in einer Schlammlandschaft – und das Neue Haus bekam Patina. Auch hier waren Zuschauer und SchauspielerInnen umgeben vom gleichen Raum, der sich durch Materialien und Licht umdeuten ließ. Die

_253   _TEXTE, GESPRÄCHE

Assoziationen: Gerichtssaal, Gefängnis, Landschaft. Dazu der fliederfarbene Wolkenstore – als Hintergrund bei Revuen und politischen Veranstaltungen zeiten- und kulturenübergreifend. Der Schlamm als mein Beitrag zur (szenischen) Sinnlichkeit bei der Beschäftigung mit dem sehr rationalen Text. Die Schlamm-Logistik brachte einige Probleme mit sich. Steine mussten aus dem Schlamm entfernt werden, Waschmaschinen gingen kaputt. Was blieb: Respekt vor den Kollegen der Technik und der Kostümabteilung! (Leider hat es **DANTONS TOD** dann ___ siehe Seite 015 doch nicht mehr auf die inzwischen renovierte Schauspielhausbühne geschafft.)

Der Schlamm im Schauspielhaus wäre eine Herausforderung gewesen. Die Guckkastenbühne der Münchner Kammerspiele hat einen Goldrahmen und der Zuschauerraum ist ein bisschen wie eine Höhle, gelb-grün-erdig. Und die Zuschauer sitzen eng aneinander und ziemlich zurückgelehnt. Keine Vogelperspektive mehr. Immer präsent: Die Tradition der Guckkastenbühne, aber auch die fulminante Geschichte der Münchner Kammerspiele. Dann, nach der Renovierung die doppelte Illusion: die wiederhergestellte Vorstellung von Jugendstil. Hier sitzen wir im Theater, in den Zuschauerreihen und schauen durch den goldenen Rahmen, das Portal, in eine andere, fremde Welt. Hier stellen sich die Fragen neu und anders: In welcher Welt leben die Menschen, die in den Stücken vorkommen? Lässt sich über ihren Zustand etwas herausfinden? Wie sind die Lebensverhältnisse? Wie ist das Verhältnis des Subjekts zum Raum? Was beschreibt den Zustand, in dem sie sich befinden? Ist der Zustand sichtbar im Raum, der sie umgibt? Gibt es Herausforderungen für sie? Müssen sie sich Ver-änderungen im Raum unterwerfen? **HAMLETS** Schreckensbilder werden über kleine Drehscheiben, die sich ___ siehe Seite 094 aus den Wänden herausdrehen, visualisiert. In **ANTIGONE** verengt sich der Raum, indem eine Wand langsam ___ siehe Seite 068 auf einer steilen Schräge vorfährt und dann umfällt. Aber die wohl wichtigste Frage, die sich immer stellt: Wie verbinde ich die Welt der Zuschauer mit der Welt der Schauspieler? Welche Zeichen brauchen wir, um das, was auf der Guckkastenbühne, hinter dem goldenen Portal, geschieht, lesbar zu machen auf der anderen Seite der Begrenzung – und im Heute. Mich interessieren Überraschungen für die Zuschauer – unerwartete Wendungen, die auch sie in einen anderen Zustand versetzen. Für diese Verwandlungen habe ich große Lust, die vielen Möglichkeiten, die mir die Guckkastenbühne technisch bietet, anzunehmen: Das gerade Gesehene wird transformiert – die Drehbühne zeigt mit einer Drehung bei **TRAUER MUSS ELEKTRA TRAGEN** das Innenleben der Halbkugel, des militärischen Doms als bürgerliches ___ siehe Seite 135 Interieur. Mit dem Schnürboden und der Unterbühne lassen sich bei **MASS FÜR MASS** immer neue Bilder ___ siehe Seite 207 kombinieren. Wände bewegen sich. Sie sind nicht mehr das, was sie schienen. In **DER STURM** schieben die ___ siehe Seite 168 Wände die Schauspieler zur Seite, drängen sich auf, spielen mit. Das System Prospero macht sich breit. Die Wände blättern die Geschichte weiter. Und ein Rhythmus stellt sich ein – die Dynamik eines Stücks, die von allen Seiten beeinflusst wird. Auch mit Hilfe der Werkstätten, der Technik, der Requisite und der Inspizienten, die jede Herausforderung annehmen und realisieren. Mit dem technischen Direktor Eberhard Bothe, der mit Leidenschaft alle Konzepte unterstützt. Ihn werde ich sehr vermissen – so viele Produktionen haben wir ge-meinsam auf die Bühne gebracht. Immer wieder gab es harte Kämpfe um Realisierbarkeit, Geld, Aufbauzeiten. Großer gegenseitiger Respekt – ich sieze ihn, er duzt mich seit AssistentInnnenzeiten – und er rechnet damit, dass wir alle in der zweiten Tür in seinem Büro wieder reinkommen, wenn wir aus der ersten rausgeflogen sind. Angesichts dieser allerbesten Bedingungen: Warum nicht zaubern?

Zumal alle Bedingungen dafür geschaffen sind an diesem Haus, den Münchner Kammerspielen: vor allem ein Intendant, der im Hintergrund immer präsent ist – alle Sensoren Richtung Bühne aufgestellt. Das ist für eine Bühnenbildnerin sehr beruhigend. Das bedeutet aber auch: so viele künstlerische Verbindungen, die von Frank Baumbauer geschaffen und unterstützt wurden. So viele Bewerbungsgespräche mit zukünftigen AssistentIn-nen, die wir gemeinsam geführt haben, die immer wieder eines zeigten: seine gute Menschenkenntnis. Soviel Gespür für Sichtbares und Verborgenes.

Und wie es jetzt weitergeht? Beim Sinkflug über Texte, bei der Sehnsucht nach Räumen, die den (goldenen) Rahmen (immer wieder) sprengen. Überraschen mit unbekannten Perspektiven. Vielleicht ein anderes timing – längere oder kürzere Probenzeiten – vielleicht auch ganz lang an etwas dranbleiben. Themen immer wieder aufgreifen und bearbeiten. Kontinuitäten, Prozesse – bloß keine Routine. Vogelperspektiven.
und: DANKE!

»utopie ist das bedürfnis, immer wieder anzufangen und zu suchen. wir haben als künstler das privileg, an sachen zu bauen, die sonst nirgendwo irgendeinen sinn haben. es ist ein spiel mit phantasie, dessen schönheit erst einmal das privileg dieses spiels ist, das privileg, das wir einen beruf haben, mit dem man utopien aufbauen kann. wer hat diese chance sonst schon.« christoph marthaler in der zeitung nr.4, schauspielhaus zürich, in einem gespräch über »das goldene zeitalter« – »was wir getan hätten, wenn ...«

TOBIAS YVES ZINTEL.
IM JAHR 2039.

Werner Herzog antwortete Doug Aitken auf die Frage: »What's your feeling about theater?« »I loath theater. I loath it. Theater is dead. It's lived off its own substance for two hundred years at least. Forget about it.«

Tobias Yves Zintel, geboren 1975, hat an der Akademie der Bildenden Künste in München studiert. Er dreht Filme und lebt seit 2008 als freier Künstler in Berlin. An den Münchner Kammerspielen hat er für BUNNYHILL 1+2 und DOING IDENTITY – BASTARD MÜNCHEN eigene Performances entwickelt. Mit *Tourette TV* war er jahrelang ein fester Bestandteil der Münchner Club- und Musikszene. Bei der Inszenierung DIE FAMILIE SCHROFFENSTEIN von Roger Vontobel im Schauspielhaus hat

Auf einer Vernissage in der Pinakothek der Moderne: »Also Sie machen Theater?« »Nein, ich mache meine Kunst dort.« »Am Theater?« »Ja.« »Aber ist das dann nicht Theater?« »Wir sind hier in der Pinakothek der Moderne, sind sie jetzt ein Kunstwerk?« »Hahaha. Wissen Sie, ich finde Theater seltsam. So, als würde man die Höhlenbilder von Lascaux immer wieder übermalen oder immer wieder neu malen, anstatt sie so zu lassen wie sie sind.« »Warum?« »Ich war einmal auf einer Stadtratssitzung um Fördergelder für ein neues Projekt zu beantragen. Da waren verschiedene Leute aus der Münchner Kultur, auch Chris Dercon zum Beispiel. Der Intendant von den Kammerspielen, der Herr Baumann ebenso.« »Baumbauer heißt der.« »Ah, gut. Baumbauer war auch da. Es wurde diskutiert. Eine Frau fragte Herrn Baumbauer weshalb man in seinem Theater keine

_TEXTE, GESPRÄCHE

_256 __TEXTE, GESPRÄCHE

er als Videokünstler mit-
gearbeitet.

historischen Inszenierungen sehen könne und welchen Mehrwert Neuinterpretationen hätten.« »Und?« »Er hat nicht geantwortet, er überging die Frage einfach.« »Das ist charmant.« »Nein, das ist unverschämt. Das war eine Frage, die man stellen darf, die man sogar stellen muss.« »Warum?« »Ich erkenne Shakespeare nicht wieder, wenn ich ins Theater gehe, und Goethe! Ich will *Götz von Berlichingen* nicht als Aldi Filialleiter in Frankfurt/Oder sehen.« »Und wie erklären Sie einem italophilen Caravaggio-Liebhaber die Moderne? Oder gar die Postmoderne? Ganz zu schweigen von heute?« »Das ist ganz was anderes!« »Ja? Ich glaube nicht, schauen sie sich doch mal die Bibel an, das ist auch ein Text, aber da steht nicht drin, dass der Papst so aussehen muss, wie er aussieht und trotzdem sieht er so aus. Wenn das mal keine Interpretation ist. Mir wäre ein Papst, der im Gazastreifen wohnt und keinen Strom hat, auch lieber.« Leider hat er Strom, und er singt gerne Freejazz-Interpretationen der Bibel:

»Es muss so etwas wie eine Ökologie des Menschen im recht verstandenen Sinn geben. Es ist nicht überholte Metaphysik, wenn die Kirche von der Natur des Menschen als Mann und Frau redet und das Achten dieser Schöpfungsordnung einfordert.« Meint Ratzinger.

Die katholische Kirche ist die einzige Firma mit einer Leiche im Logo. Allein schon aus diesem Grund sollte die Kirche so bleiben wie sie ist. Obwohl dieses Logo schon die erste Interpretation ist. Es gibt nichts wesentliches – – – und – – – Ursprung ist mir egal, ich assoziiere mich nicht mit einem Einzeller. »Wir wollen den Krieg verherrlichen – diese einzige Hygiene der Welt –, den Militarismus, den Patriotismus, die Vernichtungstat der Anarchisten, die schönen Ideen, für die man stirbt, und die Verachtung des Weibes.« Das ist mindestens so verkürzt wie Ratzinger, nur hat das Marinetti geschrieben und der interessierte sich nicht für Metaphysik. Interessiert das Theater sich für Metaphysik?

Wenn man den DEKALOG von Kieslowski nicht kennt, bitte kurz hier nachlesen, sonst versteht man noch weniger, wovon ich rede: http://www.nationmaster.com/encyclopedia/Dekalog oder »deutsch« http://www.dieterwunderlich.de/Kieslowski_dekalog.htm

Bei den <mark>BRANDHERDEN</mark> im Februar 2005 wurde das Publikum durch verschiedene Stationen im Theater gelotst. Bei __ siehe Seite 089, 120, 192
einer Station bin ich hängen geblieben. Die polnische TV Serie <mark>DIE ZEHN GEBOTE</mark> von Kieslowski/Piesiewicz __ siehe Seite 086
inszeniert und entdramatisiert von Johan Simons wurden in Auszügen gespielt. Und das erste Mal in meinem Leben sah ich ein Theaterstück, das über das Theater weit hinausging. Das Erzählen wurde outgesourced, nicht mehr der Protagonist auf der Bühne erzählte uns, dass ihm a) b) c) d) e) passiert wäre und dass er aus Gründen 1.2.1.3 und aufgrund von Verhältnissen 2.3.4.5 so und so gehandelt hätte – nein, man sieht einen Schauspieler, der zum Bild wird. Man sieht einem Caravaggio-Bild beim Leben zu, ohne dass sich der Protagonist bewegen würde. Nein, die Umwelt bewegt sich, nicht der Erlebende berichtet uns Beobachtenden, was er in der Handlung beobachtet und erfährt, nein, seine Mitspieler, vielleicht auch Protagonisten aus anderen Episoden des Dekalog, erzählen seine Geschichte, sein Erleben, erleben für ihn, sind seine Stellvertreter – – – wie bei Jesus! Aber noch viel besser. Da reflektiert ein Wissenschaftler auf der Bühne über seine Wissenschaftsgläubigkeit, über die Welt als allpoetisches System, das regulierbar, steuerbar, berechenbar und instruierbar ist – und erfährt, dass sein Sohn trotz einer präzisen Berechnung sein Leben lässt und spricht kein einziges Wort dabei.

Wunderbar auch, dass ich keinerlei Erinnerung an die Schauspieler habe. Bei diesem Theatersystem spielte es auch für mich keine Rolle, was die Schauspieler da treiben, das System war entscheidend, die Art und Weise wie die Schauspieler interagierten, hierarchiefrei – das war fast schon kommunistisch – nur viel besser.

Dieses Jahr war Frank Baumbauer in Abu Dabi, er traf sich mit einem jungen Scheich um mit ihm über ein Stück zu verhandeln. Das Stück wurde 2008 von Gene Polish geschrieben und trägt den Titel THE LIFE AND STRANGE SURPRIZING ADVENTURES OF FOUR CLONES AND THEIR MASTERS, OF ABU DABI AND ALL AROUND THE WORLD. Das Stück spielt 2039, also in naher Zukunft, es handelt von vier wohlhabenden Männern, die ihr Geld noch vor der Finanzkrise sinnvoll angelegt haben. Sie ließen sich klonen, vor 31 Jahren, 2008, in einem Klonlabor auf Island. Jeder Protagonist kommt in verschiedenen Interviews, kurzen selbstverfassten Biografien und Filmessays zu Wort. Auf der Bühne werden sowohl die Klon-Väter als auch die Klon-Söhne stehen.
Der Supra-Post-Dramatiker Gene Polish zeichnete 2008 den Lebensweg der Klone und ihrer Vorlagen vor. Das Stück entwirft eine Zukunftsvision sowohl vom Zusammenleben der Klone mit ihren Vorlagen, als auch vom Umgang der Klone untereinander »Die Klone sind sich jederzeit bewusst, dass sie Klone sind – – – und sie kennen ihre Vorlagen, wachsen mit ihnen auf«, erklärt Gene Polish dem *Playboy* im September 2009.
Aber Frank Baumbauer war nicht nur in Abu Dabi, nein, er hat auch Kapstadt, Beijing und Bergen besucht, die Wohnorte der restlichen drei Klon-Väter. In Abu Dabi schließlich konnte er die vier Männer an einen Tisch mit Gene Polish bringen. Gemeinsam konnten sie die Männer für das Projekt begeistern. Sie werden in den folgenden 31 Jahren die Entwicklung ihrer Ich-Söhne dokumentieren und diese auf das »Stück« vorbereiten in dem sowohl – – –

Im Jahr 2039 sind die 2008 generierten Klone jeweils 31 Jahre alt – genau in dem Alter ließen sich ihre Klon-Väter duplizieren. In München wird ab 2039 jedes Jahr THE LIFE AND STRANGE SURPRIZING ADVENTURES OF FOUR CLONES AND THEIR MASTERS, OF ABU DABI AND ALL AROUND THE WORLD einmal aufgeführt. Die Aufführungen enden, wenn der letzte Klonvater gestorben ist und beginnen von neuem, wenn die zweite Generation der Klone wiederum 30 Jahre alt geworden ist.

Also noch mal zum Verständnis: Der Scheich und die anderen Typen sind in 30 Jahren zwischen 60 und 70 Jahre alt und stehen mit ihren 30 Jahre jüngeren Klonen auf der Bühne. Dann gibt es einen cut up von Gene Polishs fiktionaler Narration und dem, was wirklich in den 30 Jahren passiert ist (Videotagebücher, Notizen, Foto »Bin ich der oder bin ich ich?« und werden die Klon-Väter nicht denken »Ich bin mehr ich als er er ist«.)
Der nächste Aspekt ist, wie sich das Theater entwickeln wird – – – »es ist ja der Ort der Unmittelbarkeit«, der Ort, an dem ich Menschen/Schauspieler ohne Special Effects (die jenseits der physikalischen Machbarkeit liegen und ohne opto-chirurgische Eingriffe am Körper) auf der Bühne turnen sehe. Interessant wirds aber doch dann, wenn diese Menschen, die da auf der Bühne stehen in ihrer Tiefenstruktur lebende Special Effects sind. Warte nur, in 20-30 Jahren sind die Nachmittagsshows voll von Spice-süchtigen Klonen auf der Suche nach Mama. Denn Mama, die haben wir dann abgeschafft und Marinetti hat zum ersten Mal Recht und der Papst lebt ohne Sünde. Denn wir schmeißen das Rippchen da hin, wo es hingehört: »spare ribs – nevermore«. Die Frau wird aussterben, sie wird als Wirt nicht mehr gebraucht. Das Problem der Reproduktion wird durch den metallisierten Mann (in unserem Fall die Gentechnik) gelöst, jenseits aller Sexualität, ganz bei sich, ganz bei Gott wird der Mann (der Mensch) dann in Eching im Ikea-Shop leben, unter sich, mit sich und der Kommunismus ist da.

»Legt Feuer an die Regale der Bibliotheken, ... Leitet den Lauf der Kanäle um, um die Museen zu überschwemmen! ... Ergreift die Spitzhacken, die Äxte und die Hämmer und reißt nieder, reißt ohne Erbarmen die ehrwürdigen Städte nieder!«

Das ist dann Vergangenheit, denn wir brauchen eh keine Bildung mehr.
Per aspera ad astra
Best

Die Redaktion dieses Buches bat **Hortensia Völckers**, die Leiterin der Kulturstiftung des Bundes, einen Text zu schreiben über die Notwendigkeit und Zukunft der Stadttheater. Die Antwort haben die Münchner Kammerspiele, und mit ihnen viele andere Stadttheater, selbst gegeben, dachte sie sich wohl, als sie uns, statt eines Textes, eine Collage aus vielen bunten BUNNIES schickte. Zu jedem BUNNY gehört ein Stadttheater, das in den letzten Jahren ein sogenanntes Stadtprojekt mit Unterstützung des FONDS HEIMSPIEL der Kulturstiftung des Bundes realisiert hat. Bei diesen Projekten geht es um die lebendige, konkrete und künstlerische Verbindung der Theater mit ihrer Stadt und deren Bewohnern. Anlass und Folie für die Einrichtung dieses Fonds war das Projekt BUNNYHILL an den Münchner Kammerspielen.

puppentheater magdeburg
theater an der parkaue berlin
stadttheater hildesheim
staatsschauspiel dresden
staatstheater nürnberg
musiktheater im revier gelsenkirchen
nationaltheater mannheim
theater magdeburg
theater oberhausen
städttheater konstanz
schauspiel frankfurt
münchner kammerspiele
westfälische kammerspiele paderborn
schauspielhaus bochum
niedersächsisches staatstheater hannover

_TEXTE, GESPRÄCHE

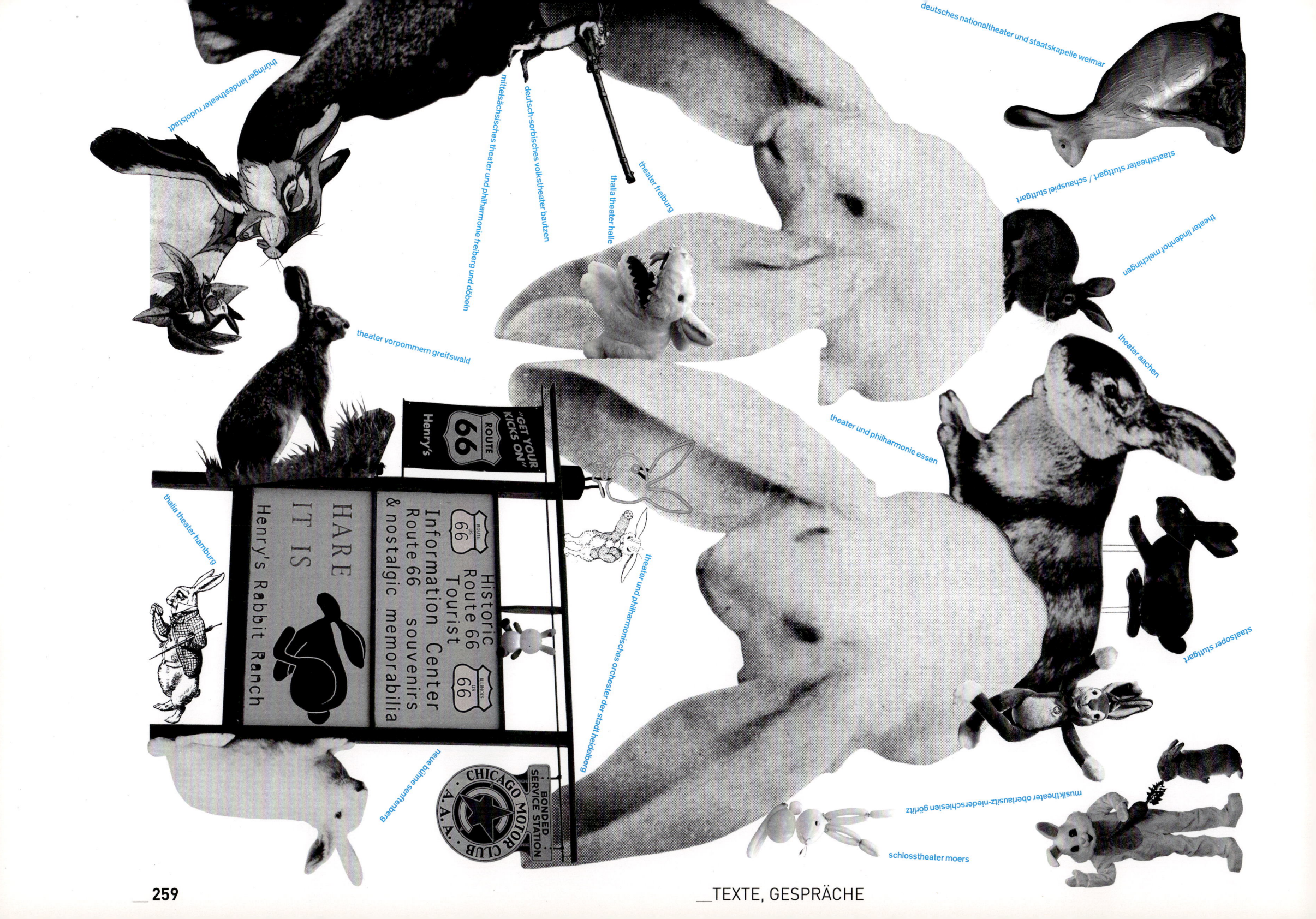

_TEXTE, GESPRÄCHE

JOSSI WIELER: KUNST ALS REISE.
—

Jossi Wieler,
geboren 1951 in Kreuzlingen/Schweiz, ist Theater- und Opernregisseur. An den Münchner Kammerspielen hat er beharrlich im Archiv bürgerlicher Gefühls- und Albtraumwelten geforscht. Als Neuinszenierungen waren von ihm ALKESTIS von Euripides, MITTAGSWENDE von Paul Claudel, DAS FEST DES LAMMS von Leonora Carrington, DIE BAKCHEN von Euripides, ÖDIPUS AUF KOLONOS von Sophokles, ULRIKE MARIA STUART und RECHNITZ (DER WÜRGEENGEL) von Elfriede Jelinek zu sehen.

Nicht mit jedem Partner geht man 20 Jahre lang auf immer wieder neue Reisen. Man muss sich schon ziemlich gut verstehen, um die Lust am Gemeinsam-Reisen nicht zu verlieren. Es könnte ja auch passieren, dass man sich über die Jahre zunehmend gegenseitig langweilt, weil man auf die Entdeckungslust des anderen schon längst nicht mehr neugierig ist. Und: Je älter man wird, desto schwerer das Reisegepäck – die lange gemeinsame Geschichte hat ihr eigenes Gewicht.

Wundersamerweise wurde aber das Gepäck auf meiner über 20 Jahre dauernden Theaterreise zusammen mit Frank Baumbauer immer leichter. Hat man früher mehrere mit Ängsten und Unsicherheiten gefüllte Koffer geschleppt, so war während der letzten Jahre »light travelling« angesagt. Nicht, dass die Reiseziele näher rückten oder leichter erreichbar waren – im Gegenteil: Die antiken Gefilde von Euripides bleiben immer schwer zugänglich, und auch die Jelinekschen Textgebirge erklimmt man nicht in einer Tagestour, genauso wenig wie man das ferne Sehnsuchts-China von Claudel oder den verrückten Planeten einer Leonora Carrington gleich vor der eigenen Haustür findet.

Leicht wurden die Reisen zu all diesen entlegenden Zielen, weil wir mit den Jahren im Umgang miteinander gelassener wurden. Das Wissen darum, dass auch ein Absturz aus schwindelnder Höhe aufgefangen würde, hat einen auf noch höhere Gipfel getrieben und dass man auch jenseits vertrauter Grenzen geschützt ist, sie erst recht überschreiten lassen. Das Geheimnis hinter diesen jahrelang so unbeschwerten, gemeinsamen Reisen sind also ein tiefes, gegenseitiges Vertrauen und der Respekt vor dem Können des Anderen.

Angeblich kann man etwas erzählen, wenn man eine Reise tut. Auf Frank Baumbauers Theaterreisen ging es nie darum, was man erzählen kann – denn, dass man es wahrscheinlich kann, war die Vorraussetzung für die gemeinsame Reise, sondern was man erzählen will. So wurde die Stücksuche jedes Mal zur Schatzsuche; zu einer Schatzsuche in einem weiten literarischen Feld, wo unter zahllosen Texten das eine besondere, für einen selber bestimmte Stück gesucht, schließlich gefunden und dann auch geborgen wurde.

Theater als archäologische Expedition – das hat uns auf unseren Reisen immer begeistert, nicht aber Museumsbesuche zu ausgestellten toten Exponaten. Wir haben versucht, die alten Textstoffe aus den Schichten der Geschichte ans Licht der Gegenwart zu holen und ihre Haltbarkeit unter heutigen Gegebenheiten zu prüfen. Wie hat uns die Entdeckung inspiriert, Alkestis' Opfertod in eine großbürgerliche Villa von heute zu verorten und ihn in einem ebensolchen Familienzusammenhang deuten zu können. Wie nah kam uns durch diese Lesart die ferne mythologische Figur eines Herakles. Wir haben dadurch nicht nur Erhellendes über Abgründe großbürgerlicher Familien in unserer Gesellschaft, sondern auch über mögliche analoge Strukturen in der griechischen Kultur vor 2.500 Jahren erfahren.

Andere Reisen führten uns in die spookigen Sprachregionen der Gegenwart, dorthin, wo wir hinter spielerisch gebauten Wortfassaden unheimliche Echoräume vermuteten. Was kam wirklich zum Vorschein, wenn wir mit dem richtigen Dramaturgenwerkzeug und schauspielerischem Sprachfeingefühl eine solche Fassade abklopften? Sie bröckelte, und hinter dem zum Himmel wachsenden Sprachtrümmerhaufen hörten wir, wie entferntes Sprechen aus verschütteten Erinnerungsräumen hallte. – Verführt an solche Katastrophenorte deutscher Sprache und Geschichte hat uns immer wieder Elfriede Jelinek, zuletzt nach RECHNITZ mit ihren ___ siehe Seite 204
anachronistisch antiken Boten. Diese Reisen gehören für uns zu den wichtigsten und glücklichsten, weil sie, mehr als alle anderen, unser gemeinsames Gedächtnis wach halten.

Unbeschwert zusammen zu reisen, ist eine Kunst. Von Basel, über Hamburg nach München ist sie uns in jedem neuen der vielen Jahre feiner gelungen. Nicht nur mir, sondern allen wunderbaren Künstlern und Mitarbeitern, die während dieser Zeit irgendwann mitgereist sind, hat Frank Baumbauer die Freiheit ermöglicht, gemeinsam neues Theater zu entdecken. Ein Theater, das sich in seinen Inhalten und in seiner Form kritisch, aber nie zynisch der Wahrheit in der Kunst verpflichtet fühlt – ein zutiefst menschliches Theater. Die Reise dahin bleibt meine künstlerische Heimat.

DAS POLITISCHE IST DIE BEGEGNUNG. GESPRÄCH MIT BARBARA MUNDEL.

»In welcher Zukunft leben wir?« Mit dieser Frage ist Barbara Mundel in Freiburg als Intendantin des Theaters gestartet. Zuvor hat sie das Luzerner Theater geleitet und war zwei Spielzeiten lang Chefdramaturgin an den Münchner Kammerspielen. Im Breisgau ist sie verantwortlich für Oper, Schauspiel und Tanz. Und was sie versucht, ist ein offenes, streitbares Modell von Stadttheater. Das Theater und seine Mitarbeiter mischen sich ein ins Stadtgeschehen, das Haus stellt politische Fragen und scheut sich nicht, diese auch deutlich kund zu tun. Auf den Bühnen sind neben Schauspielern, Sängern und Tänzern regelmäßig auch Wissenschaftler, Jugendliche, Obdachlose oder andere Laien zu sehen. Björn Bicker hat sich mit ihr darüber unterhalten, in welcher Zukunft das Stadttheater bereits lebt.

Björn Bicker: **Wird das Stadttheater überhaupt gebraucht? Hat das, was in den Theatern veranstaltet wird, eine Relevanz für die Menschen?**

Barbara Mundel, geboren in Hildesheim, arbeitet seit 1988 als Dramaturgin und Regisseurin, zunächst am Theater Basel. Sie war Gastprofessorin am Institut für Angewandte Theaterwissenschaften in Gießen. Es folgten eigene Musiktheaterinszenierungen an der Oper Frankfurt, bei den Salzburger Festspielen. Sie war Mitglied im Leitungsteam der Volksbühne,

_262 _TEXTE, GESPRÄCHE

Berlin, ab 1999 Direktorin des Theaters in Luzern. Von 2004 bis 2006 war sie Chefdramaturgin an den Münchner Kammerspielen – seitdem ist sie Intendantin am Theater Freiburg.

Barbara Mundel: Das ist sicherlich die zentrale aller zentralen Fragen. Ich würde unsere Arbeit als einen Prozess beschreiben, bei dem es darum geht, genau diese Relevanz zu umkreisen. Es gab neulich einen sehr schönen Leserbrief von einem Anwalt für Arbeitsrecht in der Badischen Zeitung, den schönsten Leserbrief, den ich jemals gekriegt habe, er hat geschrieben, er habe das Gefühl, dass unser Theater in Freiburg auf dem Weg ist, zu einem Mittelpunkt für das zu werden, was man eine Zivilgesellschaft nennt. Ich würde das selber nicht so pathetisch formulieren können, aber ich denke schon, dass es das ist, worum wir kämpfen. Vorrangig geht es dabei um das Verhältnis von Peripherie und Zentrum. Das haben die Kammerspiele auch bearbeitet. Das Theater liegt im Zentrum und ist eine uneinnehmbare Bastion für die Hälfte der Gesellschaft.

BB: **In Freiburg auch?**

BM: Ja. Die Kluft zwischen Theatermachern und der Bevölkerung, seien es nun Migranten oder nicht, ist enorm. Entweder ist es Gleichgültigkeit, oder, im allerschlimmsten Fall, sind es seltsame Vorurteile. Das empfinde ich nicht als Freiburg-spezifisch. Gleichzeitig ist das Theater aber eigentlich ein Ort, an dem Menschen zusammenfinden können, auf eine sehr besondere Art. Es braucht in der Stadt einen Ort, an dem so etwas geschehen kann. Wir wissen aber noch nicht so genau, wohin das Stadttheater sich entwickelt.

BB: **Was hat das Stadttheater anzubieten, was den Leuten nutzen könnte?**

BM: Wir können den unterschiedlichsten Menschen im wörtlichen Sinne eine Stimme geben. Wir können ihre Geschichten, ihre Fragen, ihre Themen verhandeln, in einer Sprache und Form, an der sie partizipieren können. Und das nicht über die Komödie oder über die pure Affirmation. Zum Beispiel haben wir ein Projekt mit Obdachlosen gemacht, die in einer Bettleroper der Chor waren und als Musiker mitgearbeitet haben. Plötzlich trauen sich Menschen dieses Haus zu betreten, die vorher im Traum nicht daran gedacht hätten.

BB: **Weil sie mitmachen.**

BM: Und weil sie das Gefühl haben, das Theater beschäftigt sich mit ihnen, mit ihren Fragestellungen. Das ist zwar die einfachste und direkteste Form, aber irgendetwas funktioniert daran. Ansonsten gelingt uns der Transfer der Geschichten, die wir im Theater erzählen, doch kaum noch. Die Interpretation der Interpretation der Interpretation ist für weite Teile der Bevölkerung überhaupt nicht mehr nachvollziehbar. Wie inszeniert man den fünfzehnten *Faust*? Das ist doch gar kein Thema mehr!

BB: **Also muss das Theater seine Formen verändern?**

BM: Wenn wir sagen, Deutschland ist eine Migrationsgesellschaft, was heißt das denn? Was Karin Beier in Köln getan hat, nämlich ein multiethnisches Ensemble zu bilden, das leuchtet mir ein. Nur damit ist es nicht getan. Welche Geschichten erzählt man dann? Und wie erzählt man sie? Und für wen? Und wie kommt man an die Menschen ran? Ich glaube der andere Weg ist eben die Partizipation. Ich will rauskriegen, was für eine Rolle von Theater in der Stadt sich die Leute eigentlich vorstellen können. Gleichzeitig soll das auch ein Prozess nach innen sein. Ich will meine 350 Mitarbeiter fragen, womit sie sich identifizieren können und wollen. Wie müssen Arbeitsprozesse aussehen, damit das, was wir an Geschichten erzählen, nicht etwas völlig anderes ist, als das, was wir in unserer täglichen Arbeit erleben. Diesen Prozess muss man nach außen sichtbar machen. Das schwebt mir für die Zukunft vor. Man muss die Theater in ihrer unglaublichen Vertikalität reformieren. Oben werden irgendwelche Dinge ausgedacht und unten kommt fast nichts an – das kann nicht sein, das muss man in Frage stellen. Das ist mein nächstes großes Projekt.

BB: **Das Projekt »Enthierarchisierung«?**

BM: Das Theater muss wirklich ein demokratischer, öffentlicher Ort werden. Das muss man auch intern im Betrieb nachvollziehen. Es darf nicht immer nur darüber geredet werden. Oder sich hinter Klischees versteckt werden. Klar, im Theater passiert alles live, aber das ist doch meistens Lichtjahre entfernt von den Zuschauern.

BB: **Also auch der Abschied vom klassischen Kanon?**

BM: Nein. Es ist wahnsinnig wichtig, auch die alten Geschichten zu erzählen. Die Frage ist nur, wie erzählst du eine *Orestie*. Wer erzählt sie, unter welchem Blickwinkel? Es braucht eine Anbindung an das Leben – wenn wir das hinkriegen, habe ich gar nichts dagegen, mich mit *Faust* zu beschäftigen.

BB: **Was wäre der Grund dafür?**

BM: Wenn ich mir die Frage beantworten kann, wen das interessieren könnte außer mich selbst als Macher. Diese Frage haben wir uns am Theater lange nicht gestellt. Erst haben wir uns gegen das bürgerliche Publikum gewandt. Und jetzt? Ohne affirmativ zu sein kann ich aber doch die Frage stellen, ob das, was wir senden wollen, auch ankommt. Das ist in einer Stadt wie Freiburg, die kein rein großstädtisches Zielpublikum hat, noch viel wichtiger als anderswo.

BB: **Es geht um politisches Theater. Worin besteht das Politische, wenn man in dieser Weise über Theater nachdenkt?**

BM: Das Politische ist die Begegnung verschiedener Menschen, die ohne Theater nie stattgefunden hätte. Bei einem Theaterprojekt, das wir gemacht haben, sind Roma und Nicht-Roma aufeinander getroffen. Da sind plötzlich utopische Momente entstanden auf der Bühne, aber auch jenseits davon. Es geht um diese Kluft zwischen Peripherie und Zentrum, die es aufzuheben gilt. Aber wichtig ist: Wir sind kein Sozialamt. Es geht immer um einen Kunstvorgang. In diesem Prozess entstehen vielleicht utopische Momente der Begegnung, die nicht ideologisch besetzt sind.

BB: **Das hat eher etwas mit dem Schaffen von neuer Lebensrealität zu tun. Man verlässt diesen heiligen Kunstsektor und plötzlich wird es Leben.**

BM: Und kriegt dadurch eine andere Verbindlichkeit. Wenn Menschen miteinander einen Ausdruck finden für das, was sie sagen möchten, und das Theater eine Plattform dafür ist, dann bewegt mich das zutiefst.

BB: **Das läuft aber doch tatsächlich auf die Abschaffung der ganzen Virtuosität der Spezialisten hinaus?**

BM: Nein. Wenn es zu einer Begegnung zwischen einer Spitzensängerin und einem türkischen Jugendlichen kommt, finde ich das großartig. Da profitieren beide von ihrem jeweiligen Spezialistentum.

BB: **Was muss ein Schauspieler können, um diesem Modell von Theater gerecht zu werden, oder besser: Was muss er nicht können?**

BM: Die notwendige Typologie des Schauspielers finde ich im Moment sehr schwer zu beschreiben. Die Arbeit an diesen partizipativen Projekten ist noch nicht angekommen in der Schauspielerausbildung. Das hat viel mit Eigenverantwortlichkeit zu tun. Dass du keinen Papa mehr hast, der dir sagt, was du zu tun hast, oder du dauernd versuchst, deine Seele nach außen zu stülpen. Der Ausbildungsbereich von Schauspielern ist wie eine

Sumpfpflanzenausbildung. Die wissen überhaupt nicht, was eigentlich los ist. Wofür bilden die aus? Die Theater verschwinden doch in ihrer jetzigen Form aus dem Bewusstsein der Bevölkerung. Da braucht man nicht über kulturfeindliche Politiker zu schimpfen. Die Theater haben sich einfach selbst abgeschafft. Durch mangelnde Relevanz dessen, was sie tun. Das fängt natürlich bei der Ausbildung an.

BB: **Wenn die Partizipationsprojekte immer mehr werden, wenn man nicht mehr weiß, ob das Sozialarbeit oder Kunst ist, wie nennt man dann das, was wir tun?**

BM: Das ist Theater. Wie in der Antike, da haben auch die Bürger den Chor gebildet. Die ganze Stadt war auf den Beinen. Es gab Wettbewerbe. Es hatte etwas mit dem Leben der Leute zu tun. Volkstheater ist ein guter Begriff, vielleicht in einem etwas anderen Sinne, als man das vor 30 bis 40 Jahren verstanden hat.

BB: **Und wie schafft man es, das Theater im Sinne einer Enthierarchisierung selbst zu reformieren?**

BM: Das Freiburger Theater stand immer unter einem enormen finanziellen Druck. Dann gab es diese Gutachter, über die ich mich fürchterlich aufgeregt habe, ich bin fast depressiv geworden, weil deren Ergebnisse mir überhaupt nicht weiterhelfen. Ein ganz konservatives Gutachten haben die uns vorgelegt: Ein bisschen sparen hier, ein bisschen sparen da, den Leuten ein bisschen was wegnehmen, aber wenn du das gemacht hast, dann kommt der nächste Druck von außen und du stehst wieder da. Am Ende haben wir uns mit der Stadt auf eine Zielvereinbarung geeinigt, was ungefähr die Hälfte des Gutachterergebnisses ausgemacht hat. Aber dann ist für fünf Jahre Ruhe. Das ist eine Situation, die ich überhaupt noch nie hatte, dass das Theater diese fünf Jahre nutzen kann, weil es endlich mal nicht mit dem Rücken zur Wand steht. Jetzt müsste man so eine Art Leitbildprozess in Gang setzen, in den man wirklich über zwei Jahre alle Mitarbeiter einbindet und versucht, neue Arbeitsstrukturen zu schaffen; Teambildungsmaßnahmen einleitet, um weg zu kommen von diesen eingefahrenen Strukturen, die uns lähmen. Man kommt dann auch zu neuen Arbeitsplatzbeschreibungen – dabei geht es nicht ums Sparen. Aber vielleicht brauchen wir keinen Inspizienten mehr – sondern Produktionsleiter. Vielleicht sind auch nicht alle Abteilungsleiter nötig. Wie kann man Mitarbeiter anders an Kommunikation, an Entscheidungen partizipieren lassen? Wie kommen wir zu mehr Selbstverantwortung? Wie können wir, gerade für die kleinen Spielstätten, andere Teams bilden, in denen auch das technische Personal ganz anders in künstlerische Prozesse eingebunden ist? Wie das genau geht, weiß ich noch nicht. Aber das ist es, was ich wichtig fände, um auch eine andere Glaubwürdigkeit zu erstreiten für die ach so emanzipatorischen Geschichten, die man erzählt.

BB: **Theater wie das Freiburger oder die Kammerspiele sind aber von ihrer Struktur her Bollwerke einer sich selbst bespiegelnden bürgerlichen Schicht. Diese Bollwerke muss es scheinbar geben – als Ausgrenzungsinstrument.**

BM: Diese Funktion haben Theater?

BB: **Das befördern wir auf jeden Fall durch das, was wir machen – die sogenannte Hochkultur. Das unterscheidet uns und unsere Zuschauer von den anderen, die nicht ins Theater gehen, weil ihnen entweder die Bildung oder ein anderer Zugang fehlt. Die, die das Theater finanzieren, werden alles dafür tun, dass das auch so bleibt. Dafür kriegen wir Geld. Wir funktionieren auch als Institution des Ausschlusses. Wir helfen mit, gesellschaftliche Machtverhältnisse zu stabilisieren. Auch wenn uns das nicht gefällt.**

BM: Dafür kriegen wir das Geld?

BB: **Ich fürchte ja.**

BM: Aber dann müssen wir uns die Frage stellen, wie wir ein Theater für die ganze Gesellschaft machen können. Unter diesem Gesichtspunkt finde ich auch dieses ganze Gerede von Regietheater und Ermüdung ziemlich lächerlich und eigentlich komplett vorbei an den wirklich relevanten Fragen.

BB: Kann man denn von anderen Kunstrichtungen lernen, indem man sie einbezieht?

BM: Theater sollten so eine Art Nervenknotenpunkt der Gesellschaft sein. Vernetzung ist das Stichwort. Wir bieten Experimentierfelder. Nicht im Sinne von Cross-Over. Wenn sich das ergibt, super. Aber das finde ich inzwischen so selbstverständlich, dass ich gar nicht mehr darüber nachdenke.

BB: Räume öffnen. Bedingungen schaffen. Kommunikation ermöglichen.

BM: Kommunikation ist das Thema.

BB: Dass man einen politischen Aktivisten mit einem Regisseur und ein paar Menschen von der Straße verbinden kann und dabei dann etwas entsteht.

BM: Diese Vorgänge finde ich im Moment das Aufregendste. Das Theater ist ein Ort dazwischen, der immer wieder eine Fläche bietet, auf der sich die unterschiedlichsten Menschen austoben können. Das zu beobachten und zu fragen: Wo treibt uns das eigentlich hin? Stellt das die Kunst in Frage? Muss man das als Bedrohung empfinden? Ist das nur ein Strohfeuer? Eine modische Attitüde? Oder ist das wirklich die Suche nach einem Theater, das diese Gesellschaft meint? Diese Prozesse der Begegnung sind immer sehr mühsam und schwierig und man bräuchte eigentlich Unterstützung von Sozialämtern, wir bräuchten Streetworker, wir bräuchten manchmal ganz andere Ressourcen, als die, die uns zur Verfügung stehen.

BB: Aber ist nicht auch da das Modell Stadt zukunftsweisend? Man könnte diese Zusammenarbeit doch herstellen?

BM: Das empfinde ich in der Tat als Zukunftsprojekt. Und trotzdem muss sich das Theater als Kunstraum behaupten, als dieser seltsame Ort dazwischen, dieser öffentliche Ort, der nicht komplett besetzt ist vom Staat, von Erziehung. Wie ist denn der Bildungsauftrag des Theaters eigentlich zu verstehen? Ist das der Raum, der Begegnung realisiert, die in der Straßenbahn so gar nicht möglich wäre?

BB: Und die Themen? Welche Inhalte werden uns in Zukunft beschäftigen?

BM: Für uns in Freiburg sind die großen Themen: Welche Formen des Zusammenlebens außer Familie kann es geben? Wie können sich Alte und Junge ein gemeinsames Leben vorstellen? Dann: Können wir uns eine Alternative zum Kapitalismus denken?

BB: Könnt ihr?

BM: Was mich zum Beispiel elektrisiert, ist die Vision vom bedingungslosen Grundeinkommen – ich würde das gerne mal ausprobieren. Das andere große Thema ist die Vision vom neuen Menschen. Was für ein neues Menschenbild entsteht eigentlich durch Neuro- und Biowissenschaften? Damit hängt die Frage nach Religion und Werten zusammen. Wie organisieren wir in Zukunft die globalisierte Welt? Aber diese Themen hängen alle miteinander zusammen. Das macht es so kompliziert und auch so aufregend.

_TEXTE, GESPRÄCHE

WOLFGANG HÖBEL: LOB DER STURHEIT ODER DER SCHNAUZBART DES PROPHETEN.

—

Wolfgang Höbel
wurde 1962 in Kaufbeuren geboren. Nach seinem Studium in München arbeitet er als Musik- und Theaterkritiker für diverse Zeitungen und Magazine, u.a. für die *Süddeutsche Zeitung* und *Tempo*. Beim *Spiegel* war er bis 2005 als Kulturressortleiter tätig, heute arbeitet er dort als Autor.

Äußerlichkeiten werden ja leicht unterschätzt. Deshalb wird jetzt, wo sie von den Kammerspielen Abschied nehmen, viel über die inneren Werte der Theater-Ermöglicher um Frank Baumbauer geschwärmt werden, ganz bestimmt zu Recht. Über die Weisheit und Weitsicht des Kammerspiele-Leitungsteams in erst eher dürren und dann sehr reichen Jahren; über das Gespür, mit dem es die Frauen und Männer in der Dramaturgie verstanden haben, interessante Regiebegabungen, tolle Stoffe und grandiose Darstellungsvirtuosen zusammenzubringen.

Die politische und künstlerische Konsequenz, mit der da manchmal aussichtslose und am Ende oft doch glorreiche Schlachten geschlagen wurden, ist im Nachhinein natürlich imponierend. Bei der Arbeit aber verlangt sie vor allem diplomatisches Geschick. Ein Talent zum Kraulen von Zuschauer-, Politiker- und Mitarbeiterseelen, das sich vermutlich vom Kraulen jener Hunde, die der Theatersteuermann Baumbauer gern mit sich spazieren führt, gar nicht so sehr unterscheidet. Was den Job in den Kammerspielen so besonders (und besonders schwierig) machte, war ja nicht bloß jener Spagat zwischen Kunst und Kasse, von dem alle Theaterchefs gern reden; sondern es war der Auftrag, eine aufregende, widersprüchliche, lebendige Theaterästhetik in einem Haus zu etablieren, dessen Publikum sich zuvor in einer sehr musealen Theatergemütlichkeit wohlig eingerichtet hatte.

Dazu aber bedurfte es einer gewitzten Sturheit, für die es möglicherweise kein schöneres Symbol gibt als die Bartpracht des von Bord gehenden Lotsen Frank Baumbauer.

»Welch ein Schnauzbart! Wie kann man bloß so was tragen?« Dieser intellektuell etwas untertourige Gedanke war, soweit ich mich erinnere, mein erster und dringlichster, als ich zum ersten Mal diesem Mann gegenüberstand. Das war ums Jahr 1984 herum in München, wo Frank Baumbauer das Bayerische Staatsschauspiel leitete. *Der Spiegel* hatte ihn zu Dienstbeginn eine »bescheidene Haus-Lösung« genannt. Aber entgegen dieser schlaumeierischen Einschätzung erwarb er sich schnell den Ruf eines tapferen Rebellen.

Ich hätte also den frechen Mut bestaunen können, mit dem der von den machthabenden CSU-Schranzen eingesetzte Theaterchef Baumbauer in jener Zeit ausgerechnet die drei von der CSU fanatisch angehassten Künstler Werner Schroeter, Herbert Achternbusch und Gerhart Polt ans Staatstheater holte. Stattdessen rätselte ich über seinen Schnauzer. **Hatte der Mann nicht kapiert, dass wir in den achtziger Jahren lebten, in einer Zeit der zum obersten intellektuellen Unterscheidungsprinzip verklärten Oberflächlichkeit? Einer Zeit, in der Haarschnitte und Kleider darüber entschieden, ob man Punker oder Popper, Spießer oder Schlaffi war, ein cooler Hund oder ein blöder Langweiler? Und war der Schnauzbart damals nicht das sicherste Erkennungsmerkmal aller geisttötenden Nervensägen, von Günter Grass über Jürgen Möllemann bis Tom Selleck, der in einer amerikanischen Fernsehserie den Detektiv Magnum spielte?**

Toleranz, gerade in Modefragen, stand damals keineswegs hoch im Kurs. »Nix jeden Scheiß verstehen, nix Diskussion« forderte zum Beispiel der Romanheld Raspe in dem von mir damals über die Maßen geliebten Rainald-Goetz-Buch *Irre*. Deshalb: Schnauzer waren das Hinterletzte.

In den Jahren, die folgten, wuchs der Respekt vor Frank Baumbauer naturgemäß ins Riesenhafte. Nicht nur, weil er sich als großer, mächtiger, ausgekochter Theaterdirektor erwies, sondern wegen seiner lässigen Kämpferqualitäten. Nur ausnahmsweise gab er Einblick in die Zerrissenheit seiner zarten Seele, als er einmal laut davon träumte, eine wichtige Salzburger Direktionskollegin zu erwürgen (was eine Zeitungsreporterin belauschte). Nur sehr selten aber verschafft der Mann seinen Gefühlen Luft, obwohl doch gilt: Wer tolle Kunst machen will, muss auch mal toben dürfen.

Es ist ein unter manchen Kritikern grassierender Irrglaube, dass der Theaterintendant an und für sich ein »Ohnmachtskopf« (G. Stadelmaier) sei, nur weil er stets Kompromisse machen muss, öfter mal unter seinen Ansprüchen bleibt und sich pausenlos plagt mit eitlen Schauspielern oder aufsässigen Abonnenten, mit aufgeblasenen Dramaturgen oder besserwisserischen Politikern.

Frank Baumbauer ist, das hat er in den vergangenen 25 Jahren bewiesen, genau das Gegenteil: ein Stur- und Machtkopf. Sein Schnauzbart, den er mit Beharrlichkeit trägt, strahlt einen gewissen Hang zum Hallodritum aus und zugleich einen bedingten Willen zur Seriosität. Dieser Bart steht für ein starkes Selbstbewusstsein und die Sehnsucht nach einer fast schon anachronistischen Eleganz.

Mit der Beharrlichkeit hat es Frank Baumbauer sehr. Einigermaßen schamvoll erinnere ich mich daran, wie wir vor vielen Jahren einmal im Foyer des Hamburger Schauspielhauses zusammenstanden, in dem er damals der gefeierte Hausherr war. Ich schimpfte vorlaut, auch ich fände ja vieles durchaus toll, was an seinem Haus zu sehen sei, aber ein bestimmter Regisseur, der sei nun überhaupt nicht mein Fall, ein spröder Eierkopf, fader Schauspieler-Herumschieber und unsinnlicher, ausgemachter Langweiler. Baumbauer zog die Augenbrauen hoch, striegelte mit der rechten Hand seinen unvergleichlichen Schnauzbart und sagte: Das tue ihm jetzt furchtbar leid, dass ich das nicht kapierte, aber gerade dieser Regisseur sei für ihn der absolut intelligenteste, aufregendste und sinnlichste im ganzen Programm seines Theaters und überhaupt weit und breit auf Deutschlands Bühnen. Wir gingen dann sehr schnell unserer Wege.

Höchstwahrscheinlich hat sich Frank Baumbauer mit solchen Einschätzungen in anderen Fällen brutal geirrt. Ich kann aber nur von diesem einen Fall erzählen. In dem dauerte es ungefähr fünf Jahre, bis nicht bloß ich es begriff,

_TEXTE, GESPRÄCHE

sondern auch die meisten deutschen Kritiker: Dieser damals von mir so angegiftete Regisseur war wirklich ein ausgemacht genialer, leider von Ignoranten wie mir lange schmählich verkannter Kerl. Und Baumbauer, der Sturschädel, hatte ihn so lange immer wieder antreten lassen, bis es auch der Letzte schnallte. »Wer klug ist, darf sich nicht hetzen lassen«, lautet eine Baumbauer-Weisheit über den Intendantenjob.

Mit eben dieser Konsequenz und Coolness hat die Kammerspiele-Mannschaft in München nun Künstler wie Luk Perceval und Schorsch Kamerun und sogar den doch sehr seltsamen PeterLicht durchgesetzt. Man muss nicht alle Arbeiten dieser Helden lieben, um die meist klug argumentierende Entschiedenheit anzuerkennen, die das Team hinter diesen Erfolgen auszeichnete. Selbst da wo die Arbeit der Kammerspielbesatzung mir schwer den Nerv raubte, hat es sich gelohnt, sich irritieren und auf die Palme bringen zu lassen – denn genau das schafft gutes Theater wie alle große Kunst: Im besten Fall lehrt es den Zuschauer die Bereitschaft, die eigenen Begriffe von Ästhetik, Moral und Mode jederzeit neu zu ordnen.

Salvador Dalí behauptete übrigens mal: Ohne Bart sei ein Mann nicht richtig angezogen. Hatte der Kerl am Ende Recht?

— WIR MÜSSEN VERTIEFUNGS- WELTMEISTER SEIN. GESPRÄCH MIT ULRICH KHUON. —

Ulrich Khuon, geboren 1951 in Stuttgart. Er ist Dramaturg und Intendant. Seit 1980 leitet er nacheinander die Theater in Konstanz, Hannover und das Thalia Theater Hamburg. Ab Herbst 2009 ist er Intendant des Deutschen

Einer der erfolgreichsten Theaterleiter der letzten Jahre ist ohne Zweifel Ulrich Khuon. Sein Weg hat ihn von Konstanz über Hannover ans Hamburger *Thalia Theater* geführt. Dort ist er mit seinem Team, das für ein modernes, zeitgenössisches Regietheater steht, innerhalb von sieben Jahren zwei Mal zum Theater des Jahres gekürt worden. Im Sommer 2009 wechselt er als Intendant ans *Deutsche Theater* in Berlin. Mit dem *Thalia Theater* standen die Kammerspiele die letzten Jahre vor allem durch Gastspiele in regem Austausch. Aber auch Regisseure wie Andreas Kriegenburg oder Stephan Kimmig haben die Arbeit an beiden Theatern maßgeblich geprägt. Björn Bicker hat sich mit Ulrich Khuon in Hamburg darüber unterhalten, wie man das Stadttheater eigentlich in die Zukunft überführt.

Theaters in Berlin. Seit 1999 gehört er der Deutschen Akademie der Darstellenden Künste und dem Vorstand der Intendantengruppe im Deutschen Bühnenverein an. Seit 2002 steht er dem Ausschuss für künstlerische Fragen im Deutschen Bühnenverein vor. Von 2002 bis 2005 war er Generalsekretär der Europäischen Theater Konvention (ETC).

Björn Bicker: **Bei Ihnen hat die Zukunft schon angefangen. Sie bereiten sich auf Ihre Intendanz am Deutschen Theater in Berlin vor. Wird alles anders?**

Ulrich Khuon: Ich versuche natürlich weiter zu lernen und vermutlich macht man immer wieder das Eine besser, das Andere schlechter, aber wie ich ein Theater leite, das hat sich überhaupt nicht verändert über die Jahre. Wenn man länger als Intendant arbeitet, wird man manchmal ungeduldiger oder harscher oder auch gereizter. Es ist schon sehr anstrengend in so einer öffentlichen Beobachtung zu stehen – als Person, aber auch als Theater. Und wenn ein Theater positiv bewertet wird – das ist ja Frank Baumbauer viel früher passiert als mir; er war in Basel schon »leading team« und dann natürlich am Schauspielhaus hier in Hamburg und jetzt an den Kammerspielen wieder – wenn man also so im Fokus steht, ist das schon extrem anstrengend.

BB: **Was werden Sie nach der prägenden Zeit in Hamburg in Berlin anders machen? Können Sie das beschreiben? Gibt es Lehren, die Sie ziehen? Was muss sich ändern am Stadttheaterbetrieb?**

UK: Wesentlich scheint mir die Balance zwischen Autoren, Ensemble und Regie – das hört sich ein bisschen simpel an, aber sie muss immer wieder erkämpft werden. Und ich bleibe dabei, dass ich die These nicht unterschreibe, Schauspieler würden nur geknebelt von den Regisseuren. Schauspieler können führungslos sehr schlecht sein, sie brauchen starke Partner, und sie brauchen starke Texte, die auch der Gegenwart zugewandt sein sollten und dem Ort, an dem sie arbeiten. Das ist Schauspielertheater, wie ich es mir vorstelle. Es geht um Verbindlichkeit. Das schiebt sich wieder stärker nach vorne. Durch den schnellen, virtuellen aber auch vagen Zugriff auf alles, wird die verbindliche Kommunikation wieder wichtiger. Das heißt, ich brauche nicht nur auf der Bühne, sondern auch im Leben eine stärkere Verbindlichkeit. Man kann sich einer Fülle an Informationen aussetzen, man kann alles lesen, an allem teilnehmen und alles wichtig finden, aber gerade deswegen braucht es ein paar Entscheidungen, auf die man sich verbindlich bezieht. Momente, in denen man Farbe bekennt, in denen man sich direkt begegnet. Das nimmt zu, auch innerhalb unserer Arbeit. In München und an anderen Theatern auch. Ich will einen bestimmten Stadttheaterbegriff wieder ernster nehmen. Und eben nicht nur dieses allgemeine, vage Gerede über Theater für die Stadt, sondern fragen, was es wirklich heißt, sich auf einen städtischen Kontext einzulassen. Das müssen nicht nur Projekte sein, die sich auf Stadtteile beziehen. Es können auch bekannte Stücke sein – natürlich sind *Buddenbrooks* oder *Das Fest* auf der Bühne in Hamburg sehr gut aufgehoben. Gleichzeitig ist es eine Gefahr, wenn sich das Bürgertum nur mit sich selbst beschäftigt. Was passiert mit den Rändern? Welche Art von Ausgrenzung findet statt – welche Stadtteile und welche Probleme werden ignoriert und wie kann man zu einer neuen, gemeinsamen Wahrnehmung kommen? Das müssen wir in Berlin neu erwerben. Genauso wie Sie in München. Im Grunde habe ich da keine Konzepte. Aber was wichtig sein wird, damit alles auf einem guten Fundament steht: Ich bemühe mich, junge Regisseure abzuholen, schon an der Regieschule, und Schauspielschulen zu beobachten, also nicht nur auf das Fertige gucken. Es ist kein Zufall, dass meine Dramaturgen oder enge Mitarbeiter von mir nicht Intendanten geworden sind, sondern Leiter von Schauspiel-Akademien, Michael Börgerding in Hamburg, Hartmut Wickert in Zürich – bei Frank Baumbauer ist das ja sehr ähnlich, Marion Tiedtke in Frankfurt, Marion Hirte in Berlin – das ist vielleicht ein pädagogisches Interesse, das sich durchsetzt. Aber auch ein Interesse, nicht selbstbezüglich in seiner Mitfünfziger-Schleife zu verharren, sondern zu wissen, man muss junge Kräfte kennenlernen, um etwas über die Welt sagen zu können.

BB: **Die Identität der Theater ist mittlerweile austauschbar, überall dieselben Namen und Stoffe. Wie geht's denn weiter mit den Ensembles?**

UK: Mir hat vor kurzem ein bekannter Schauspieler gesagt, nachdem er eingesprungen war bei uns, er würde eigentlich immer gern spielen, aber er findet die langen Proben ein bisschen überflüssig oder überhaupt das Probieren. Ich glaube, das hat verschiedene Gründe. Gewollte Schauspieler, gute Schauspieler, die viele Optionen haben, denken natürlich immer, sie verpassen etwas, wenn sie an einem Theater fest sind und da mal eine große, mal eine mittlere Rolle spielen. Ich glaube schon, dass wir zu viele Stars züchten – die ganze Gesellschaft geht in die Richtung. Das ist im Fußball so, das ist im Kino so und wer die Nebenrolle spielt, ist nicht wichtig. Und im Theater ist das auch eine Tendenz. Im Gegensatz dazu meine ich, dass die gemeinsamen Wege wichtig sind. Ich möchte schon daran festhalten, dass Ensemblebildung die wesentliche Aufgabe ist. Ich weiß auch, dass das nicht unendlich geht, dass wir unsere Ensembles auch immer wieder verändern müssen. Die Schauspieler wollen auch mal andere Bezugsräume als das bekannte Team kennen lernen, das leuchtet mir ein. Sie verharren teilweise lieber im sozialen Kontext der Stadt als im sozialen Kontext der Gruppe oder sind einfach neugierig auf andere Anregungen. Deshalb gehen auch einige Schauspieler aus Hamburg nicht mit nach Berlin. Aber wichtig ist, um ein Ensemble zu bilden, wie nachvollziehbar die Kriterien über den Weg sind, den man gemeinsam gehen will. Das war natürlich in den 1970er Jahren viel einfacher, als man sagte, das alte patriarchalische Theater muss weg, und mit ihm der Intendant, der über alles bestimmt und der einen nervt mit seiner scheinbaren Allmacht. Was davon geblieben ist: Wir entscheiden demokratischer auch über die Inhalte, es gibt eine starke Involviertheit vieler in vieles – und natürlich gibt es dabei auch ein Scheitern, weil man sich zu Tode diskutiert und weil Kunst auch von Entscheidungen lebt, die man nicht immer demokratisieren kann. All diese Widersprüche sind aber spürbar im Theater, Gott sei Dank. Diese großen Mitverantwortungsenergien, die erkämpft wurden, die sich in den Köpfen der Schauspieler eingenistet haben, sind nach wie vor vorhanden. In den 1970er Jahren gab es natürlich auch ein Gesellschaftsmodell gegen das man sich stellen wollte und man hat neben den Strukturen auch eine Form von Kapitalismus attackiert, die wir erlebten. Im Moment geht es uns da auch wieder ähnlich; nur dass man keine Alternative hat jenseits der sozialen Marktwirtschaft oder einer sozial geprägten Demokratie. Insofern ist unser Anliegen viel schwerer zu beschreiben. Ich würde eher sagen, dass wir Vertiefungsweltmeister sein müssten. Dass das Theater eigentlich am Verstehen arbeitet. Und das heißt auch gegen das Missverstehen. Aber es sind keine gesellschaftspolitischen Modelle, die wir entwickeln. Auch deswegen ist mir das Theater, das in einer Stadt wirksam ist, sehr nah, weil ich denke, da kann man sich auch wirklich einmischen, sich mehr oder weniger direkt mit der Wahrnehmung der Stadt beschäftigen. Die Verengung öffentlicher Räume durch privatwirtschaftliche Interessen ist ein Schwachpunkt, den wir an unseren Städten erleben. Da ist die Kultur – die Theater, Museen, Literaturhäuser – der Motor, der das umpflügt. Da gibt es viele konkrete und wirksame Wege. Die Münchner Kammerspiele haben das mit ihren Projekten vorbildlich geleistet.

BB: Theater soll Unterhaltung, Kunstraum, Ort für Diskurs und Kirche sein, wie kriegt man das denn unter einen Hut?

UK: Die Vielfalt der Bestrebungen auszuhalten ist auch eine Aufgabe. Eigentlich geht es mir mit dem Theater wie mit dem Kino, ich gehe ebenso gerne in *The Dark Knight* wie in *Burn after reading* von den Cohen Brüdern, *Lornas Schweigen* oder *Jerichow* von Christian Petzold. Da könnte man einwenden, was ist denn das für ein Durcheinander? Das eine ist ein dunkler, effektsicherer Reißer, das andere eine Groteske und das dritte und vierte sind stille konzentrierte Geschichten, in denen ich etwas über unsere Verlorenheit in dieser Welt erfahre. Sie würden vielleicht fragen, was verbindet all diese Filme, und ist dieser Wunsch nach deren Einheit ein Problem? Es ist vielmehr entscheidend, dass wir so genau wie möglich mit dem jeweiligen Partner in der konkreten Arbeit herauskriegen: Was wollen wir über die Welt erzählen? Im Grunde geht es uns um die Kombination der Künstler und Stoffe, die wir zusammen bringen. Neue Kombinationen suchen, so entsteht Zukunft.

BB: Neuerdings gibt es Anfragen aus der Politik: Was leistet Ihr Theater für ein migrantisches Publikum? Wie beteiligt ihr euch an Integration und Multikulturalität? Berechtigte Fragen in Städten wie München, Hamburg, Berlin?

UK: Wenn die Politik so etwas abfragt, dann reagiert sie auf Veränderungen, die wir ja selbst mitkriegen. Wenn auch sehr spät. Auch bei diesem Thema geht es um Überforderung in der Begegnung. Unser Alltag verschließt uns manchmal gegenüber Veränderungen. Wenn man von morgens bis abends damit beschäftigt ist, wie man 40 Schauspieler und 300.000 Zuschauer jährlich für die richtigen neuen und alten Stücke begeistert, vergisst man schnell, dass die Stoffe hauptsächlich aus unserem eigenen Kulturkreis kommen und diesen nur sehr zaghaft überschreiten. Es ist kein Zufall, dass entscheidende Anstöße von Kinder- und Jugendtheatern ausgehen, weil diese die Erfahrung von Multikulturalität in den Schulen sehr direkt erfahren und bearbeiten. Aber auch in ethnisch sehr durchmischten Städten wie Berlin gibt es am HAU oder jetzt im Ballhaus Naunynstraße wichtige Entwicklungen. Insgesamt waren die Theater in Deutschland diesbezüglich zu wenig sensibel und neugierig. Wir haben mit Nuran David Calis einige Projekte angegangen, aber da muss noch mehr geschehen. Natürlich kann eine Haltung der Offenheit nicht alle gesellschaftlich relevanten Themen gleichzeitig erfassen. Trotzdem muss man sagen, was das Thema Migrationsgesellschaft, Integration und Multikulturalität betrifft, da sind wir keine Vorreiter. Die ethnische Durchmischung und auch damit zusammenhängende Religionsfragen werden von uns zwar immer wieder thematisiert, aber nicht tief genug; das heißt, diese Aufgabe haben wir noch vor uns.

BB: **Selbstkritisch betrachtet sind die Stadttheater die letzten Bollwerke der reinen deutschen Monokultur. Wenige Menschen mit Migrationshintergrund kommen ins Theater, weder als Zuschauer noch als Künstler.**

UK: Das sollte man verändern; aber ich würde es nicht so skeptisch sehen. Früher ging es darum, die Arbeiter ins Theater zu bringen. Da war es im Grunde so, dass gerade die Intellektuellen gerne über die Arbeiter gesprochen haben und natürlich auch Angebote entwickelten, die kein Arbeiter je verstanden hat. Das war vor 30 Jahren. Da haben wir Stadtteilbespielung gemacht, aber die Leute sind viel lieber ins Stadttheater gekommen, als in ihrem Stadtteilhaus eine Aufführung zu sehen. Klar. Weil sie etwas Besonderes vom Theater erwartet haben. Das hat sicher mit Ritualen zu tun, aber gleichzeitig auch mit dem Signal: Dieses Theater ist auch für diese Menschen zuständig. Für die Migrationsproblematik habe ich kein Modell, außer, dass ich sage, wir haben ein Thema vielleicht etwas spät erfasst. Man muss die Sensibilität erhöhen, aber ohne wild um sich zu schlagen und lauter Fehlschläge zu produzieren. Nach dem Motto, Hauptsache der Autor hat eine türkische Biographie.

BB: **Die Frauenbewegung hat über das sogenannte »gender mainstreaming«, was zur Einführung von Quoten und anderen Regularien geführt hat, in Politik und Kultur eine Menge erreicht. Wäre das auch beim Thema Integration ein Modell für Theater und seine Ausbildungsinstitute?**

UK: In den letzten Jahren hat sich das erstmals verändert und es werden mehr Frauen Intendanzen anvertraut, so dass sich so etwas wie Gleichberechtigung durchsetzt. Das stelle ich auch in Findungskommissionen fest.

BB: **Es ist im Bewusstsein angekommen.**

UK: Langsam; deshalb sind regulierende Maßnahmen wie etwa eine Quote auch ein richtiges Konstrukt, um solche Entwicklungen nicht so ganz dem freien Spiel der Kräfte zu überlassen. Ob man künstlerische Interessen und Prozesse so lenken kann, da bin ich unsicher.

BB: **Wird es denn diese großen Theater, von denen wir sprechen, in 30 oder 40 Jahren überhaupt noch geben?**

UK: Vielleicht habe ich keine Fantasie für etwas anderes, aber ich glaube, dass es sie geben wird. Ich finde uns gar nicht so groß. Wir sind 300 Leute am Thalia Theater, das ist eher klein und beweglich. Und man muss sich weiterentwickeln. Was für den Menschen gilt, gilt natürlich auch für so ein Haus. Also, was ist Identität? Ich suche etwas, ich lerne etwas dazu, ich begegne jemandem. So verändern sich Identitäten. Weil sich gesellschaftlich etwas verändert, kommen neue Impulse, andere Künstler. Diese Offenheit gilt auch im Kontakt mit anderen Künsten. Vielleicht sind wir manchmal zu langsam, aber da sind wir unseren Zuschauern ähnlich. Es ist doch interessant, dass all die Belgier und Holländer, deren Modelle wir bewundern, bei uns fast noch fruchtbarer werden als bei sich zu Hause. Sie genießen diese Geschütztheit an unseren Theatern. Luk Perceval, Johan Simons, Alize Zandwijk, Ivo van Hove und so weiter. Diese Strukturen, die natürlich immer, da hat Luhmann Recht, an ihrer Selbsterhaltung arbeiten, können ja auch von uns beeinflusst werden. Da haben Intendanten zusammen mit ihren Leitungsteams eine wichtige Aufgabe: Nicht nur etwas verteidigen, indem man es einfach stur wiederholt, sondern aufnahmefähig bleiben für andere Themen und neue, spielerische Formen. Und immer wieder dafür sorgen, dass Strukturen dienen und nicht herrschen.

ELFRIEDE JELINEK: KEINE FRAGE.

Elfriede Jelinek ist Autorin zahlreicher Romane und Theaterstücke. Sie lebt in München und Wien. 2004 erhielt sie für ihr Werk den Literaturnobelpreis. An den Münchner Kammerspielen waren ihre Stücke IN DEN ALPEN, WOLKEN. HEIM., ULRIKE MARIA STUART und RECHNITZ (DER WÜRGE-ENGEL) zu sehen.

Die öffentliche Rede geht von Hand zu Hand. Der Schauspieler, die Schauspielerin bleiben auf ihren Raum beschränkt. Ihre Rede ist den Schauspielerpersonen vorgegeben und kommt aus ihnen immer wieder heraus. Sie befinden sich auf einer abseits gelegenen kleinen Fläche, auf der sie den Zuschauern vorgelegt werden wie ein Stück Essen, am liebsten saftiges Fleisch!, mit der Vorlegegabel, oder doch: Vorlagegabel? Das Essen besteht ja fast nur aus Vorlagen. Aber auch sie, diese Fläche, diese Arbeitsplatte, wird ihrerseits wieder den Schauspielern vorgelegt, und sie werden dann hineingelegt. Sie werden eigentlich reingelegt, denn es ist nichts Besonderes, was sie machen sollen, so sehr sie sich das wünschen mögen. Für die Beilage müssen sie auch noch selber sorgen.

Was mich immer interessiert hat, war dieses öffentliche Sprechen, auf dessen Rücken die individuelle Rede ausgetragen wird. Sie wird von der Verlautbarung des Öffentlichen sozusagen huckepack getragen. Die Schauspieler, die Schauspielerinnen sind ja nie allein, nicht einmal miteinander, zu mehreren, auf der Isolierschicht aufgetragen, auf der isolierten Schicht einer Bühne, sie führen dieses öffentliche Sprechen immer mit sich, wie einen Rucksack mit Reiseproviant, nur sind sie nicht frei, ihn auszusuchen, sie müssen nehmen, was sie kriegen, und ich, die Autorin, schreibt es ihnen ein, stopft es ihnen ins Gepäck. Die Autorin ist ja auch nie Privatperson (das ist sie auch, aber in meinem Fall gibt es mich gar nicht, nur als mein Sprechen bin ich erhältlich, und wenn ich nicht spreche, werde ich von mir selber weggeworfen wie ein Spielzeug von einem Kind, das daran grade nicht interessiert ist. Ich interessiere mich für mich selbst nicht), auch sie hat dieses verlautbarte Sprechen aufgesogen (ich zum Beispiel habe kein andres), denn sie ist, was sie liest, und so ist jenes Sprechen, das sie an ihre Geschöpfe, die Schauspieler, weitergibt, ein mit Öffentlichkeit Durchsetztes, das sich selbst durchsetzt oder auch nicht, es ist mit Öffentlichkeit förmlich durchtränkt, obwohl diese Autorin die Öffentlichkeit scheut. Ihr Sprechen ist umso tiefer in sie hineingesunken, hat sich in sie eingeschnitten wie ein alter, zu eng gewordener Ehering.

Es fällt ein Licht aus der Autorin, das kein Scheinwerferlicht ist, der Scheinwerfer ist vielmehr auf ihre Sprech-Hosenträger dort vorn, dort unten gerichtet, die schlapp und leer von ihr herabbaumeln, bis sich die Schauspieler kraftvoll die Hosen anziehen und schnalzend vor Energie die Träger straffen und sich selbst auch gleich mit.

Die Schauspielerinnen, die Schauspieler tragen sich und werden allerdings auch aufgetragen von einer (ich), die selber nichts ist und sich aus der Öffentlichkeit zuviel auf ihre Platte gehäuft hat. Sie ist nicht sehr hell auf der Platte, leider, aber irgendwie muß es reichen, auch wenn sie sich zuviel aufgetan hat, als daß sie es aufessen könnte. Es ist immer zuviel, und es ist immer zuwenig. Der Hunger bleibt ständig, egal, wieviel man gefressen hat. Die Wesen auf der Bühne müssen nicht aufgegessen werden. Man kann ihnen das Öffentliche, das, in Ermangelung privater Erfahrungen, auf ihre Leiber geschrieben wurde und sich bald, in Form von Gewichtszunahme, an ihren Körpern abzeichnen könnte (hoffentlich nicht! Am privaten Schauspielerkörper sollte davor und danach, vor und nach dem Dienst am Kunden, nichts mehr zu sehen sein, keine Spur), was den Körpern zu schaffen macht, bis sich jemand dann wieder an ihren Körpern zu schaffen macht und sie hierhin und dorthin schiebt, nicht einfach so herunterreißen, vom Leibe zerren, denn es ist ja da und kann nicht verleugnet werden – alles öffentliche Rede!, alles bereits veröffentlicht!, gespeist aus andren öffentlichen Reden, die der Autorin als einziges zu Gebote stehen, und wie oft ist sie in Versuchung, ein Gebot daraus zu zimmern, was für ihre ProtagonistInnen freilich zu einem bloßen Angebot (manchmal: Sonderangebot) zusammenschrumpft. Der Regisseur sagt: Was hast du anzubieten? Zum Schauspieler. Aber was der oder die anzubieten hat, das ist etwas, das ursprünglich schon nicht privat war, sondern mit Öffentlichkeit durchsetzt, mit Zitaten, Zeitungs-Banalitäten, Volksweisheiten, Sprichwörtern, etc. , und das jetzt immer noch öffentlicher wird, je »privater« die Zuschauer ins Theater gehen, um ihre vermeintliche Freizeit zu füllen.

Wird dadurch das öffentliche Sprechen, mit dem die Schauspieler getränkt sind wie Putzlappen, wird das also jetzt wieder privat auf der Bühne, weil ein bestimmter Mensch es sagt? Der Irrtum besteht darin, daß diese Privatheit suggeriert wird, indem eine Bühnenperson sie ausspricht, obwohl nichts Privates ist an dem, was da geredet wird. Was gesagt werden kann, ist immer unsagbar, ja, meinetwegen auch unsagbar trivial oder dumm.

Wird das prinzipiell Unsagbare (das alle sagen, denn die Öffentlichkeit sagt, was alle sagen, umso mehr, als sie sich bemüht, etwas von sich zu geben, was andre nicht zu geben haben, es ist aber trotzdem nur ein Exkrement oder Kotze, das, was von sich gegeben wird, nachdem es eingenommen worden ist, sonst kommt eh nur Galle hoch) plötzlich sagbar, nur weil es eben: gesagt wird? Erklimmen diese Leute die Bühne, weil sie dort ein Gestell, ein Gefängnisinneres, ein Baum, ein Tisch samt Stühlen erwartet, und zwar nur sie, die aber so anders sprechen als alle anderen, ich meine: sprechen wie alle anderen auch, nur eben: anders. Paradox, aber wahr. Dieses »anders sprechen« ist nicht dadurch anders, daß es anders gesprochen wird, weil ja ohnehin kein Mensch so redet wie im »wirklichen Leben« (und bei mir schon gar nicht, denn ich strebe nicht einmal Dialoge an, die sich anhören könnten wie aus dem wirklichen

_TEXTE, GESPRÄCHE

Leben, das ich, wie gesagt, zum Glück gar nicht kenne und dessen Bekanntschaft ich auch nicht zu machen wünsche, Leben, merk dir das endlich und laß mich in Ruh! Schleich dich, aber so, daß ich dich wirklich nicht höre, sonst schreibe ich dich noch auf, sonst schreibe ich dich noch ab, obwohl ich dich doch längst schon abgeschrieben habe! Schließlich will ich sowenig Steuer für dich zahlen wie möglich. Leben, ich setze dich von mir ab, und dann merke ich, daß du dich schon längst von mir abgesetzt hast. Immer kommt mir einer zuvor, in diesem Fall eben das Leben, und da hab ich geglaubt, es kommt nicht an mir vorbei. Es muß mit zwei Rädern auf den Gehsteig gefahren sein, sonst wäre es nicht an mir vorbeigekommen!). Keiner im wirklichen Leben redet wie im wirklichen Leben. Keiner weiß das, also die meisten wissen es nicht. Ich dagegen lasse ganz bewußt erkennen, daß in meiner Rede kein wirkliches Leben vorkommt, indem ich die Milch, nein, nicht die der frommen Denkart, auch nicht die schwarze Milch der Frühe, eher irgendeine plötzlich hochprozentig gewordene Flüssigkeit, aus dem öffentlichen Sprechen herausdestilliere (na ja, berauschend ist das nicht, es ist nicht gebrannt, es ist kein Rauschmittel, es ist halt nur Milch, gesund, bekömmlich, außer Sie haben eine Allergie dagegen, ohne jeden Taschenspielertrick aus einem Euter gezogen, das einem Tier gehört, welches seinerseits gezogen, gezüchtet worden ist. Ich züchtige jetzt andre damit, denn Milch ist ein fades Produkt, das sich mit fremdem Geschmack – Marmelade? – allerdings ein wenig verfeinern läßt) und dann zuerst den Schauspielern hinschmeiße und, wenn die das gefressen haben, danach der Öffentlichkeit, die es ursprünglich ja gesagt hat und daher kennen müßte, aber jetzt, nachdem ich mit ihm fertig bin, nicht mehr wiedererkennen kann. Weil ein Tier es vorher gefressen hat, aber wieder hergeben mußte, das also ist aus dem guten Medienfutter geworden, es war so gesund, nein, bekömmlich war es nicht, aber gesund, und jetzt das!, das erkennt man ja gar nicht wieder!

Lassen Sie es bitte liegen, ich habe Ihnen doch gesagt, es ist nicht sehr bekömmlich, woher also Ihre Gier?, Sie vertragen es nicht, das wissen Sie doch schon vorher, obwohl Sie es jeden Tag am Frühstückstisch oder im Netz lesen. Die Öffentlichkeiten schreien einander an, und diese Öffentlichkeit wird auf eine Bühne geschüttet, damit die Zuschauer überwältigt werden, aber dieses Überwältigen ist ein Überschüttetwerden, nein, ein Übermächtigen, denn Mächtigere als ich (also ich bin eh ohnmächtig, ich bin meist gar nicht da) haben es als mein Sprachfutter in mich eingefüllt, als ich eben grade ohnmächtig war, und ich muß mich jetzt in Personen einfühlen, denen ich das auf den Leib kleistern kann. Und in den Leibern von Schauspielern breitet sich das nun aus wie Wärme, wie Kälte, wie Nahrung, denn sie weisen, auf meine Anweisung hin, das ist mir wichtig!, viel ist das ja nicht, sie weisen also die Wirklichkeit nicht zurück, und zwar am allerwenigsten deshalb, weil ich die Aktualität, die die Wirklichkeit täglich speist (was ich das Öffentliche nenne), scheuen würde, sondern weil sie sich schon selbst als leichtverderblich, als flüchtig wie Äther (das Gegenteil des Ewigwerdens von Kunst, und ich will das genau so!) erweist, und indem sich das Wirkliche als verderbliche Ware erweist, erweise ich ihm die Gnade, zu einem eigenen Wesen zu werden, in sich selbst hineinzurinnen und dann natürlich wieder heraus, ich habe einmal geschrieben, daß ein Stöpsel herausgezogen werden muß, damit das alles abrinnen kann. Mehr ist es nicht: das Abrinnen von etwas, das allen gehört, das öffentlich ist und das auch weiß. Das Sein von Lebewesen darf sich in dem darstellen (in Darstellern darstellen), was alle wissen, keinesfalls nur die Autorin (ich) alleine. Ich bin eine öffentliche Ausgabe, die sich aus Zeitungsausgaben und andrem speist, aus allem, was öffentlich zugänglich ist. Ich bin völlig unzugänglich, indem ich für alles zugänglich bin und für alle, die es wollen. Mein Denken hat leider seinen Einsatz verpaßt, und jetzt muß ich, weil es immer noch nicht einsetzt (und jeder seiner Einsätze wäre willkürlich, denn es geht ja um nichts, es geht um das, worum es allen geht, nur erkennen es nicht alle), zur Willkür greifen und auswählen, was mein Wille ohnehin will. Es gibt nichts Neues unter der Sonne und im Schatten auch nicht. So versuchen die Schauspieler denn auch dauernd, ihre eigene Existenz in die Waagschale der Bühne zu werfen, weil ich ihnen zuwenig Futter gegeben habe und sie jetzt keine Milch geben können. Aber das muß immer scheitern. Bitte beachten Sie den Wegweiser: Hier gehts zur Wirklichkeit, das sagen alle, ich sage auch nichts andres, und indem ich nichts andres sage als das, was alle sagen, kann ich die Wirklichkeit auf meine Art auch wieder zurückweisen und an die Schauspielerinnen und Schauspieler verweisen, die die Wirklichkeit austragen sollen, nach ein, zwei Monaten Tragezeit, die armen Tiere. Die Wirklichkeit weiter verweisen, denn einen bloßen Verweis würde sie nicht spüren, und auf die Strafbank würde sie sich nie setzen, obwohl wir mit ihr schon gestraft genug sind. Die kriegen keinen Platzverweis, »meine« Schauspieler. Aber nur während sie dort tätig sind. Während sie tätig sind, gelten für sie genau dieselben Regeln, die auch in der Öffentlichkeit gelten. Ich lasse sie nicht im Regen stehen, aber neue Regeln habe ich nicht für sie. Sie sind, was alle sind. Sie sind alle. Die machen mich noch alle! Wie die Wirklichkeit. So kommt alles zur Deckung und Übereinstimmung. **Keine Frage.**

—
SUBVENTIONEN! GESPRÄCH MIT SCHORSCH KAMERUN.
—

Schorsch Kamerun, 1963 in Timmendorfer Strand geboren, ist Sänger, Autor, Theaterregisseur und Clubbetreiber. Er lebt seit den frühen 1980er Jahren in Hamburg, mittlerweile auch in München. Er ist Gründungsmitglied und bis heute Sänger der *Goldenen Zitronen.* Außerdem betreibt er zusammen mit Rocko Schamoni und Wolf Richter den *Golden Pudel Club* in Hamburg. Er inszeniert u.a. an Theatern in Hannover, Zürich und Berlin. An den Münchner Kammerspielen war MACHT UND REBEL, DOWN UNDERSTANDING

Schorsch Kamerun ist Sänger der Punkband *Die goldenen Zitronen.* Während der Intendanz von Frank Baumbauer in Hamburg, führte ihn sein Weg aus dem von ihm betriebenen *Golden Pudel Club* auf die Bühne des Hamburger Schauspielhauses, wo er seine ersten Theaterarbeiten gemacht hat. Seitdem gilt er als Vorzeigegrenzgänger zwischen Hoch- und Subkultur. An den Münchner Kammerspielen hat Schorsch Kamerun zwei Theaterabende inszeniert und das Festival NINFO / NO INFO kuratiert. Der Dramaturg Malte Jelden sprach mit ihm über Punk, ___ siehe Seite 200
Kultur und was davon übrig bleibt.

**Malte Jelden: In jeder Kritik über eine Inszenierung von Schorsch Kamerun, auch wenn du PETER PAN für Kinder ___ siehe Seite 202
inszenierst, steht drin, dass du der Sänger der Band *Die Goldenen Zitronen* bist.**

Schorsch Kamerun: Das bin ich ja auch.

MJ: Aber dadurch wird immer dieses Punklabel mit aufgeklebt. Es steht nie drin, der Punker Schorsch Kamerun macht aber gar kein Punktheater.

__TEXTE, GESPRÄCHE

__TEXTE, GESPRÄCHE

und das Festival NINFO /
NO INFO zu sehen.

SK: Das stimmt. Mich wundert dabei, dass man glaubt, dass jemand, der aus einer bestimmten Auffälligkeit kommt, dann erwartbar auch genau das abliefert. Das halte ich für unintelligent. Mich interessiert gerade an den Leuten, die schon etwas künstlerisch anderes gemacht haben, was sie dann mit einem ungewohnten Genre anfangen, z.B. im Theater. Ich glaube, dass man in allen Künsten zuhause sein kann, wenn man einen Ansatz findet und eine Haltung hat. Auf mich trifft das insofern zu, weil ich immer über Antihandwerk oder über Minimalismus an die Dinge herangehe. Damit kann ich sagen: Klar kann ich Maler sein, unbedingt ein Opernregisseur sein. Genauso kann ich mal einen Film versuchen. Mich ärgert, dass in diesen Kunstschulen oftmals gelehrt wird, über Handwerk werde man zum Künstler. Das halte ich für Blödsinn. Ich glaube, dass eine Ausbildung überhaupt nicht schaden kann, ich würde auch gerne sehr gut Geige spielen können. Aber man sollte nicht glauben, dass man lernen kann, Künstler zu sein. Das ist idiotisch. Die Künstler, die ich bewundere, haben meistens einen nicht ganz geraden Lebenslauf. Das hat viel mit Reibung an starken Autoritäten zu tun und dem Umgang damit. Man steht immer der Überwindung gegenüber. In der Subkultur genauso wie in der Hochkultur.

MJ: Deine erste Theaterinszenierung hast du vor gut zehn Jahren realisiert.

SK: Das war im letzten Jahr von Frank Baumbauer in Hamburg. Aber vorher gab es, gemeinsam mit Rocko Schamoni, schon eine Bühnenmusik – für *Sportstück* von Elfriede Jelinek und noch davor wurde ein Text, den ich für *Die Goldenen Zitronen* geschrieben hatte in einem Christoph Marthaler-Stück verwendet. Die damalige Schauspielhaus-Dramaturgin Stefanie Carp holte mich ans Theater.

MJ: In welchem Marthaler-Stück?

SK: Ich bilde mir ein, in *Spezialisten*. Passt ja auch. Im Grunde ist das eines der Themen, die mich tatsächlich immer weiter beschäftigten. Welche Spezialisierung braucht man und mit welchem Sinn?

MJ: Was war deine spezielle Sozialisation als Theaterzuschauer?

SK: Am Hamburger Schauspielhaus damals die Stücke von Rainald Goetz. Zum Beispiel fand ich *Krieg* ganz großartig. Und noch viel früher gab es auch ein richtig gutes Stück, in der Zadek-Zeit: *Andi*. Ein Wahnsinn. Da haben die *Einstürzenden Neubauten* in Zwischenmusiken live gespielt. Die waren so übertrieben laut, dass das im Theaterraum wirklich als provokante Geste funktioniert hat. Also rein als eine Art von Störung. Ende der Achtziger wurde das aber allgemein noch ganz anders diskutiert: Pop als Dissidenz.

MJ: Wie gehst du denn selber, als Musiker, mit deinen ureigensten Mitteln auf dem Theater um?

SK: Ich glaube, ich habe verstanden, dass heute kaum eine Form als Gegen-Mittel zu benutzen ist. Das wurde ja lange Zeit so begriffen. Beispiel Videoeinsätze. Man verwendete Video nicht, um unbedingt etwas »anders« machen zu wollen. Das hat eine scheidende Generation von Theaterleuten falsch beurteilt, dass die Jüngeren sie mit diesen Mittel ablösen wollen. Meine Generation, also die 35- bis 45-jährigen, hat das Video als etwas völlig Normales benutzt und nicht als radikales Zeichen, weil wir einfach viel stärker mit Video aufgewachsen sind. Eine direkte Sozialisation von und mit Popkultur. Eine Art von aggressiver, ästhetischer Nachfolge sollte das also gar nicht sein. Obwohl ich glaube, dass ein Generationswechsel eigentlich immer einen Angriff braucht, um das Vorherige zu ersetzen. Das hat im Theater aber schon lange nicht mehr stattgefunden.

MJ: Und was könnte der Angriff sein? Die partizipativen, demokratischen Elemente? Sowohl in der Bildenden Kunst als auch im Theater?

SK: Es gibt doch eine große Sehnsucht nach Authentizität. Das ist das Zauberwort. Christoph Schlingensief ist jemand, der in seinem Aktionismus die Bühne sehr oft aufgelöst hat, das entspringt so einem Wunsch. Dass man die Gegebenheiten umdeutet oder verlässt. Gerade wir, die wir aus anderen Strukturen kommen, aus alternativen Bewegungen. Wir haben auf der Bühne »das kannst auch du« zur Kunst erhoben , als bewusst eingesetzten Dilettantismus. So bekämpft man Eingefahrenheit und erhält natürlich eine andere Authentizität. Das Theater sucht auch nach einer bestimmten Straßenechtheit und glaubt sie manchmal über krasse Filmstoffe, oder auch über Realitätsimitation kopieren zu können. Das ist meiner Meinung nach ein Irrglaube. Da sollte man besser gleich Laien, als die gewünschten Schrecken der Normalität, mitnehmen auf die Bühne. Oder den Profi, der in seiner Professionalität freiwillig hängen bleibt. Und das muss man auch deutlich erkennen, damit Authentizität und Nachgespieltes irgendwann verwischen.

MJ: Diedrich Diederichsen beschreibt das Partizipative in der Kunst eher negativ. Er hat wohl eine große Sehnsucht danach, dass Kunst wieder mehr Kunst wird. Glaubst du, dass das passiert, es so ein »roll back« gibt?

SK: Ich finde, das kann man nicht so einfach fassen. Da gibt es ja immer irrsinnig viele Sachen zu bedenken, wenn man Kunst macht. Das Theater bietet jeweils Hierarchien an. Wie gehe ich damit um? Thematisiere ich das gleich mit? Werfe ich das in meine Umsetzung mit rein? Wird das dann sichtbar? Beispiel: Wir behaupten, wir haben einen kollektiven Entstehungsprozess. Wie schaffe ich es, dass man das auch wirklich klar sieht auf der Bühne. Ganz kompliziert. Ich finde, beim »Kunst machen« gibt es dann eben jeweils kein Rezept, auf das man sich verlassen kann. Reduktion, Collage, Werktreue? Ich würde nie sagen, es gibt nur den einen Weg, vielmehr immer wieder Schmerz, Zweifel, Ängste oder Freude, Leidenschaft, Gemeinschaft. Das alles einfließen- bzw. wegzulassen, dass sind riesige Verhandlungen, die ganze Zeit. Ich traue nie dem Künstler, der sagt, ich bin jetzt sicher und habe eine wiederholbare Methode entwickelt. Weil er dann einen Selbstwert erreicht hat, der anscheinend nicht mehr so richtig zu erschüttern ist und das ist für mich ein toter Kreativer. Ein angekommener ist ein beerdigter Künstler, das ist meine Überzeugung.

MJ: Was hast du denn in den zehn Jahren im Stadttheater gefunden, dass du in dieser Institution immer noch weiter arbeitest?

SK: Tatsächlich habe ich hier diesen luxuriös abgesicherten Raum für Kunst. Und den verteidige ich auch offensiv. Ich glaube trotzdem an eine Verschränkung mit anderem, dass man auch das weiterleben kann, was man Subkultur nennt oder autonome Kultur. Es kommt immer darauf an, wo es Sinn macht. Ich spiele ja auch weiterhin bei den *Goldenen Zitronen,* betreibe noch mit Anderen den *Golden Pudel Club.* Wir treten mit der Band auch weiterhin in autonomen Jugendzentren auf, das heißt aber im Umkehrschluss nicht zwingend, dass ich Theater nur in der freien Szene machen muss. Veröffentlichung im popkulturellen Bereich funktioniert eben ganz anders als im Theater, weil Pop heute leider extrem ökonomisiert ist. Die große Plattenfirma verhält sich zum Independentlabel ganz anders als das Stadttheater zur freien Szene.

MJ: Inwiefern?

SK: Theater muss mit Subventionen unterstützt werden, sonst schafft es nicht alles, was es bedeutet. Theater muss ein Kunstluxus sein, weil es eine gewisse Zeit braucht, um sich zu entwickeln. Es benötigt Schauspieler, die ihr Auskommen haben müssen, es finanziert diese großartigen Werkstätten, das kostet alles viel Geld. Du kannst dich als Popmusiker heute hinsetzen und morgen eine Platte ins Netz stellen. Das ist einfach ein Unterschied zum Theater. Ich bin aber sowieso dafür, dass noch viel mehr Anderes subventioniert wird. Dass man popkulturelle Versuche, wenn sie unabhängig sein wollen von Großkonzernen, auch unterstützt. Ein Popmusiker hat ja sonst, wenn er sich nicht völlig der Ökonomie ausliefert, kaum Schaffensgrundlagen.

MJ: Innerhalb dieses subventionierten Rahmens Stadttheater hast du gerade in München ein Festivalprogramm (NINFO / NO INFO) kuratiert, in dem viele popkulturelle »Acts« auftauchen, die genau so auch in Musikclubs ___ siehe Seite 200 **in der Stadt hätten stattfinden können. Wie stehen wir jetzt mit unseren Subventionen jemandem wie dem *Atomic Café* oder der *Registratur* (zwei Münchner Clubs, Anmerkung der Redaktion) gegenüber?**

SK: Die Clubszene finanziert sich ja auch nicht rein über Ticketeinnahmen, sondern wiederum über viele Sponsoren, Getränkedeals etc. Das sind andere Kooperationen, die man dann ablesen kann an Logoüberschwemmungen auf Plakaten, Aschenbechern und Flyern.

MJ: Aber ist das nicht merkwürdig, dass wir einer Band wie *Gustav* sowohl ihre Gage garantieren können, als auch die Eintrittspreise so niedrig halten, wie es kein privater Veranstalter in der Stadt könnte?

SK: Nein, das ist natürlich nicht merkwürdig, das ist genau der Vorteil. Wenn wir schon so gut bezahlen können wie sonst nur ein Club das könnte, wenn er groß *Smirnoff* auf dem Plakat drauf haben muss, dann haben wir in dem Fall einen, aus meiner Sicht, ideellen Vorteil.

MJ: Die Band hat einen Vorteil, das Theater, die Besucher, ...?

SK: Man muss natürlich aufpassen, dass man den Clubs damit nicht schadet.

MJ: Das meine ich.

SK: Der Club – die Popkultur hat irgendwann ihre Prinzipien stark aufgeweicht. Natürlich auch durch Leute, die das vorangetrieben haben. Zum Beispiel die Einführung der CD. Auf der *Popkom* damals in Köln, da war ich dabei. Da stellten sich die Chefs der vier größten Plattenfirmen hin, um zu erklären: »Ja, so eine CD kostet im Grunde genommen 50 Pfennig in der Anfertigung, aber wir werden das trotzdem für 35 Mark verkaufen, weil wir der Meinung sind, dass Musik einen Wert hat und das soll so viel kosten wie ein gutes Abendessen«. Dadurch stimmte das nicht mehr auf einmal. Vinylplatten plus Coverartwork hatten bis dahin einen solchen Gegenwert, aber nicht dieser Plastikscheiß. Dann versuchten die unabhängigen Labels irgendwann genau so cooles Marketing zu machen wie die Großen. Und die Musikmanager, oft verhinderte Musiker aus allen Sparten, wollten plötzlich auch Kunst machen und haben angefangen, meist überflüssige Remixe zu produzieren. Ich bin da als Musiker eben altmodisch und möchte meine Autonomie nicht aufgeben.

MJ: Dann beschreibst du es durchaus positiv, wenn das Theater als eine Oase zum Durchatmen benutzt wird, in der man sich bestimmte Dinge leisten kann.

SK: Das Theater ist eben ein Arbeitsumfeld, was von sich behaupten kann, dass es noch weitgehend ohne Einflussnahme von Ökonomie auskommt. Obwohl auch da Kulturmanager aufrücken und diese künstlerische Unabhängigkeit gefährden. Das halte ich für sehr gefährlich, wenn sich die großen Kulturinstitutionen in Konkurrenz stellen zu der Kultur, die von der freien Wirtschaft bezahlt wird. Siehe Privatfernsehen. Da muss man eben klar sagen: »Ok, Leute, entweder ihr guckt *arte,* und vielleicht gucken das auch nicht so viele, oder eben nicht.« Ich sag jetzt mal was uncooles: Ich bin für die GEZ. Es muss Formate geben dürfen, die keine bestimmte Einschaltquote garantieren. Also auch ich möchte erreichen, dass Zuschauer in unsere Veranstaltungen kommen.

Du kannst nicht Kunst ohne Publikum machen. Aber es braucht trotzdem eine Ausgangssituation, in der man nicht vordergründig daran denken muss, wie viele Leute kommen, wenn ich mein nächstes Projekt starte. Die Aufgabe der subventionierten Kunst ist es, dieses freie Probieren zu gewährleisten. Es geht aber auch immer ohne Unterstützung, wenn es sein muss. Punx not dead!

JOCHEN NOCH: PRODUCT PLACEMENT? WENN THEATER VORREITER DER GESELLSCHAFT SEIN SOLLEN, BRAUCHEN SIE NEUES PERSONAL UND JEMANDEN, DER ES AUSBILDET.

Jochen Noch, geboren 1956 in Leipzig, 1983 bis 1988 war er am Neuen Theater in Halle/Saale bei Peter

Freitagmorgen, neun Uhr. In einem Studio der Otto-Falckenberg-Schule in München sitzen drei Prüfer. Zwei Stockwerke weiter unten warten rund 50 Bewerber auf ihre Chance. In diesem Raum sitzen sehr viel Hoffnung und an einem guten Tag auch eine Handvoll Talente.

Gleich vorab sei gesagt, dass Vorprüfungen an Schauspielschulen im Grunde unfair sind. Und zwar für alle Beteiligten. Rund 500 junge Menschen sprechen jährlich an der Otto-Falckenberg-Schule für ihren Traumberuf

_TEXTE, GESPRÄCHE

Sodann engagiert, 1988 bis 2001 gehörte er dem Ensemble des Schauspiels Leipzig an. Seit 2001 ist er Ensemblemitglied der Münchner Kammerspiele. In seiner Zeit am Schauspiel Leipzig war er Dozent für Schauspiel an der Hochschule für Musik und Theater Leipzig und seit 2002 Lehrkraft im Fach Rollenstudium an der Otto-Falckenberg-Schule. Seit Herbst 2007 ist Jochen Noch Direktor der Otto-Falcken-berg-Schule in München. Nach einigen Jahren im Ausweichquartier in der Dachauer Straße hat die Schule im Herbst 2007 ihr neues Gebäude in der Stollbergstraße und die renovierten Räume in der Hildegardstraße bezogen und ist somit auch räumlich wieder eng an die Münchner Kammerspiele angebunden.

vor. Sie müssen dafür vier Rollen vorbereiten, von denen sie zwei zeigen werden. Manchmal auch eine mehr oder weniger. Eine Prüfungskommission schaut sich pro Tag im Schnitt 20 Bewerber an. Um dem Bewerberansturm gerecht zu werden, widmet man jedem Einzelnen circa 15 Minuten Aufmerksamkeit. Manchmal gerne, manchmal aber auch nur aus Höflichkeit. Dieses Procedere ist ermüdend für die Einen, aufregend für die Anderen und oft enttäuschend für beide Seiten. Natürlich werden dabei subjektive Entscheidungen getroffen und ohne Fortunas Beistand hat es noch kaum einer geschafft. Talent kann sich an einem schlechten Tag hinter zu viel Aufregung oder Selbstzweifeln verschanzen. Es bleibt dann leider unerkannt.

Am heutigen Freitag öffnet sich nun die Tür zum ersten Mal: »Guten Morgen, Herr Owusu-Abeyie. Habe ich das so richtig ausgesprochen?« Der Bewerber, ein hübscher junger Mann mit dunkler Hautfarbe, der locker und selbstsicher den Raum betreten hat, schüttelt grinsend den Kopf. Der Name komme, wie sein Vater, aus Ghana und werde so ausgesprochen: ...!

An diesem Tag werden die Prüfer auch noch auf Frau Vasfiye, Frau Belgütai aus E'erdengbaolige und Herrn Cvetkovic treffen. Es ist eine Entwicklung, die sich erst seit wenigen Jahren beobachten lässt. Immer öfter mischen sich unter die Bildungsbürgerkinder, die gerne einmal die Julia oder den Hamlet spielen wollen, solche, die auf diese Rollen nicht auf den ersten Blick passen, da sie ihre ganz eigenen Geschichten mitbringen; junge Erwachsene mit Migrationshintergrund, zum Teil aus sozial benachteiligten Familien, Flüchtlinge. Menschen, die schon auffallen würden, wenn sie als Zuschauer ins Theater gingen. Was wäre, wenn sie auf der Bühne stünden? Der Autorregisseur René Pollesch sagt: »Wenn wir ‚Mensch' sagen, entsteht in den meisten Köpfen das Bild eines weißen heterosexuellen Mannes.« Subventionierte Theater sind Kulturinstitutionen, die sich auch heute noch an einen bürgerlichen Zuschauer wenden und über die im Feuilleton verhandelt wird. Ohne Zweifel haben Themen wie Migration und soziale Missstände ihren Weg in die Stadttheater längst gefunden. Allein die Sichtweise wie man sich diesen Themen nähert ist eine von oben nach unten. Theatermacher wie Dramaturgen, Regisseure und Bühnenbildner sind zwar längst nicht mehr alle männlich und heterosexuell, aber doch immer noch weiß. Auch die anderen deutschen Institutionen mit Bildungsauftrag, denen zuweilen nachgesagt wird, sie seien schneller im Erkennen gesellschaftlicher Entwicklungen, hinken in diesem Punkt hinterher. Zwar gibt es in Film und Fernsehen inzwischen Künstler aus allen Sparten der Gesellschaft. Doch das Gefühl bleibt, dass der türkische Kommissar die Quote bedient. Künstler wie Fatih Akin oder Feridun Zaimoglu sind zwar in den höheren Sphären der Kunst angekommen, aber tragen sie nicht den Stempel »Migrant mit Prädikat«?

Was hier beschrieben wird, ist nicht die Schuld der Kulturstätten, sondern ein Abbild der Gesellschaft. Integration ist am angenehmsten, wenn sie von oben nach unten geschieht. Es ist eine alte imperialistische Tradition des Westens. Von oben gesehen heißt das: Unsere Vorstellung von Moral verpflichtet uns zur guten Tat, integrative Arbeit zu leisten. Von unten, aus Sicht des zu Integrierenden, heißt das: Diese Arbeit annehmen. Wenn der Integrierte dann selbst aktiv wird und sich selbstverständlich in der Gesellschaft bewegt, beginnt die wahre Toleranz. Engagement und Gutmenschentum reichen dann nicht mehr aus, wenn man selbst einmal zurückstecken muss oder erkennen, dass man nicht der Bessere ist.

Ein Exempel hierfür bietet der Vergleich von Theaterpädagogik an Schulen und Theatern und die Zusammensetzung von Schauspielschulklassen sowie Theaterensembles. Erstere ist von den meisten Schulen und Theatern nicht mehr wegzudenken. Die integrativen Erfolge, die dabei erzielt werden, sind bemerkenswert. Der Stellenwert von Projektarbeit an Schulen, Stadttheatern und in sozialen Einrichtungen sowie den zahlreichen Theaterjugendclubs steigt und ermöglicht auch Kindern und Jugendlichen aus bildungsfernen Elternhäusern eine Teilhabe an kultureller Bildung. Diese Erfolge schreiben sich in den Aufnahmeanträgen von jungen Leuten wie Herrn Owusu-Abeyie nieder. Er hat zwei Jahre *Backstage* besucht, den Jugendclub des Hamburger Schauspielhauses. Seine Schulklasse, in der 65 Prozent aus bildungsfernen Elternhäusern stammen – der Anteil von Jugendlichen mit Migrationshintergrund ist ähnlich hoch – hat an einem integrativen Tanzprojekt teilgenommen. Theaterspielen wurde zu seinem besten Fach und er hat sich regelmäßig öffentliche Generalproben des Thalia Theaters und des Hamburger Schauspielhauses angesehen. Seine Integration hat offensichtlich funktioniert. Das er jetzt hier ohne Scheu vor den drei Prüfern der Vorprüfungskommission steht, ist nur folgerichtig.

Es ergibt sich nun folgende Situation: Herr Owusu-Abeyie hat nicht nur Freude am Spielen, er hat auch Talent und eine ansprechende Idee von Theater. Er wird in die zweite Runde eingeladen. Im Kopf des einen oder anderen Prüfers machen sich am späten Nachmittag politisch halb korrekte Gedanken breit. Als möglicher zukünftiger Ausbilder wird das Verantwortungsgefühl wach und es stellt sich die Frage, welche Chancen der junge halb-ghanaische Mann nach seiner Ausbildung an der Schauspielschule auf dem Arbeitsmarkt haben wird. Wird man ihn damit konfrontieren müssen oder liegt das in seiner eigenen Verantwortung? Natürlich ist Herr Owusu-Abeyie erwachsen und hat den dringenden Wunsch, Schauspieler zu werden. Er wird also behandelt und beurteilt wie alle seine Mitstreiter auch. Letztlich wird es kein Gespräch geben, das seine Entscheidung negativ beeinflussen könnte.

Allerdings sind die Gedanken der Prüfer durchaus realitätsnah. Während es im Einwandererland Amerika möglich ist, dass in Besetzungsfragen für eine einzige Rolle zwischen Denzel Washington und Daniel Craig entschieden wird, ist so etwas in Deutschland noch nicht denkbar. Möglich, dass dies in 20 Jahren anders ist. Der Münchner Kunst- und Kulturpädagoge Wolfgang Zacharias merkte auf einer Tagung der Freiburger Katholischen Akademie Ende Januar 2009 an: »Es ist nicht unsere Aufgabe, das Publikum von morgen in die Einrichtungen von heute zu treiben. Die Einrichtungen müssen sich entwickeln und auf das künftige Publikum einstellen. Sie dürfen nicht einfach nur Bestehendes fortschreiben.« Er fordert die Integration von unten. Betrachtet man den Schauspielschulabsolventen als Produkt unserer Gesellschaft, so sollten auch die Stadttheater in ihren Ensembles die Vielfalt der Gesellschaft wiedergeben und ihre Produktpalette erweitern. Der Zuschauer als Konsument hat dann nicht mehr die Wahl zu entscheiden. Er ist vielmehr zur Konfrontation gezwungen. Das Theater würde dann seiner Vorreiterrolle in Sachen politischer und sozialer Bildung gerecht, besonders dort, wo es sich mit Zeitgenossenschaft und Avantgarde zu schmücken liebt.

Das alles ist natürlich leichter gesagt als getan. Nicht zu unrecht könnten die Theater sagen, in ihren Regalen wäre Platz für Vielfalt, es herrsche nur Mangel an qualifizierten Produkten. Um diesem Henne-Ei-Problem aus dem Weg zu gehen, ist es jetzt die Aufgabe der drei Prüfer, die Türen zu öffnen und Herrn Owusu-Abeyie bei seinem nächsten Besuch zu bitten, ob er nicht ein paar seiner Freunde fragen könne, sich im nächsten Jahr zu bewerben.

WOLFGANG ZINGGL / WOCHENKLAUSUR: VON DER SINNHAFTIGKEIT DER ALTEN KATEGORIEN ODER: WAS ES ZU GEWINNEN GIBT.
—

Wolfgang Zinggl, 1954 geboren, ist Künstler, Journalist und Politiker. Er hat Bildende Kunst, Psychologie und Ethnologie studiert. Seit 1993 leitet er die Gruppe *WochenKlausur,* die international künstlerische Projekte zur Verbesserung des menschlichen Zusammenlebens entwickelt. Seit 2004 ist er für die österreichischen GRÜNEN Abgeordneter im Nationalrat und dort als Kultur- und Minderheitensprecher tätig. www.wochenklausur.at

Vielleicht haben wir uns zu viel erwartet. Als ich von Björn Bicker 2003 eingeladen wurde, in der Direktion über unsere Künstlergruppe *WochenKlausur* zu referieren, hatte ich das Gefühl, der von uns praktizierte Kunstbegriff stößt auf großes Interesse. Die *WochenKlausur* entwickelt seit 1993 konkrete Vorschläge zur Verringerung gesellschaftspolitischer Defizite und setzt diese Vorschläge so gut und nachhaltig es geht um. Künstlerische Gestaltung wird dabei nicht mehr als formaler Akt, sondern als Eingriff in unsere Gesellschaft gesehen.

Zugegeben, wir kommen aus der Bildenden Kunst. Deshalb sind die meisten der bislang 26 umgesetzten Projekte auf Einladung von traditionellen Kunstinstitutionen in Zürich, Berlin, Venedig, Fukuoka, Stockholm, Den Haag, Limerick, Chicago, u.a. zustande gekommen. Wir meinen aber, dass die alten Kategorien Theater, Musik oder Bildermachen langsam obsolet werden und nur noch als Echo vergangener Notwendigkeiten ihren Bestand bewahren.

Auch unser erstes Projekt kam auf Einladung der Wiener Secession, eines Kunsttempels also, zustande. In nur elf Wochen konnten wir damals die medizinische Versorgung der Obdachlosen in Wien sicherstellen. Seither, also seit 15 Jahren, betreut ein mobiler Ärztebus monatlich rund 600 PatientInnen – ohne Krankenschein und ohne Kosten für die Betroffenen. Um das zu erreichen, musste zunächst über Sponsoring ein Großraumkastenwagen angeschafft werden. Der wurde dann von der *WochenKlausur* zur fahrenden Ordination umgebaut und zuletzt konnte mit geschickter Strategie die langfristige Bezahlung der ÄrztInnen im Bus organisiert werden. Um all das mit einem Team von neun Leuten zu schaffen, braucht es eine Konzentration der Energien und kreative Tricks, kurzum künstlerische Leistung.

Zehn Jahre danach sind wir von den renommierten Kammerspielen eingeladen worden. Auch an diesem Haus wurde offenbar über die Sinnhaftigkeit der alten Kategorien nachgedacht. Also haben wir vorgesungen und sollten danach tatsächlich ein Projekt für München vorschlagen. Eines, das auch die theatralischen Möglichkeiten und Traditionen berücksichtigt. Wir haben vier Skizzen eingereicht. Leider wurden alle verworfen. Nein. Sie wurden aus budgetären Gründen verschoben. Und jetzt, vom Haus nach einem Text zu vergebenen Chancen und Wünschen gefragt, liefern wir alle vier Vorschläge noch einmal. Verbunden mit zwei Rätselfragen.

Abendkurse in Sachen »sozial«

Wer ist eher ein Sozialfall? Eine allein erziehende Hilfeempfängerin oder der schwer verdienende Steuerflüchtling? Wer ist mehr sozial verwahrlost und sollte in die Gesellschaft integriert werden? Der Obdachlose oder der Millionenerbe, dessen Geld auf der Bank arbeitet und weiter vererbt wird? Wer ist eher Sozialschmarotzer? Der Langzeitarbeitslose oder ein Devisenspekulant, der den Bankrott Tausender durch Leichtsinn und Verantwortungslosigkeit herbeiführt? Und wer ist sozial gefährdeter? MigrantInnen, die kaum aus ihren »Ghettos« finden oder Mitglieder der höheren Gesellschaft, die sich nur unter ihresgleichen bewegen?

Sozialarbeit kümmert sich um Arme, Kranke, Behinderte, Obdachlose. Also um »sozial schwache« Randgruppen. Der Begriff »sozial« wird dabei aber nicht ganz richtig verwendet. Der Duden versteht darunter nämlich » ... das Gemeinwohl betreffend, der Allgemeinheit nutzend«. Sozial schwach sind also jene Menschen, die wenig sozial sind, die das Gemeinwohl nicht interessiert. Und das sind oft genug auch Menschen, denen es materiell an nichts mangelt. Bräuchten sie nicht eher eine soziale Nachhilfe?

Unser Projektvorschlag sollte »Gewinner« ansprechen. Unabhängig von Spenden und Charity-Veranstaltungen zeigen sie oft wenig Verständnis für Lebenssituationen, in denen täglich um ein Mindestmaß an Würde gekämpft werden muss. Die sozial »Starken« sollten die Welt der Spendenempfänger kennen lernen. Zehn Tandems bestehend aus je einem Schauspieler und einem sozial »Schwachen« sollten einen Einführungskurs in »Lebenskunde« geben, ähnlich wie an Volkshochschulen: einmal wöchentlich, in Räumen des Theaters, aufgenommen aber in das reguläre Theaterprogramm und verkauft wie Theatervorstellungen.

-- Wie lebt man als Alleinverdienerin mit Kindern nach einer Kündigung? Wie ergeht es den Kindern in der Schule, welche Strategien müssen entwickelt werden, um zu überleben, wie reagiert die Umwelt?

-- Welche Sicht auf die Welt hat ein Jugendlicher, der aus der Bahn des gesellschaftlich anerkannten Lebens geworfen wurde? Wie kam er in diese Lage, was bedeutet für ihn die liberale Forderung nach Eigenverantwortung und was das Wort asozial? Wie groß sind die Chancen auf ein neues, anerkanntes Leben?

-- Wie soll eine mittellose Studentin die gleichen Studienleistungen erbringen, wie ihre Kollegin, die, von den Eltern unterstützt, jeden Komfort genießt und nicht arbeiten muss? Wo soll sie wohnen, ohne ihr verdientes Geld gleich wieder weitergegeben zu haben?

Zu Fragen wie diesen sollten Betroffene mit SchauspielerInnen und der *WochenKlausur* Kurse ausarbeiten. Die SchauspielerInnen wären von den Betroffenen in ihren Alltag eingeführt worden und hätten dann eine Verbindung zu den Kursteilnehmenden hergestellt.

Inszenierte Diskussionen

Diskussionen mit geladenen Gästen haben den Nachteil, dass das interessierte Publikum schon vor Beginn in etwa weiß, wer welche Meinung vertreten wird, weil die Gäste ja wegen ihrer allseits bekannten Ansichten eingeladen worden waren. Und sie müssen ihrem Ruf gerecht werden. Die Aufmerksamkeit richtet sich daher weniger auf den inhaltlichen Diskurs als vielmehr auf einen rhetorischen Konkurrenzkampf der Meinungsgladiatoren. Widersprüche und Ungereimtheiten in den Argumenten bleiben häufig ungelöst, unhinterfragt oder werden gar nicht wahrgenommen. Im Vordergrund steht die Show.

Weil aber Diskussionen zu öffentlichen Themen ein wichtiger Faktor im Zuge der demokratischen Meinungsbildung sind, haben wir eine inszenierte Diskussion vorgeschlagen. Statements, Argumente und Meinungen zu einem bestimmten Thema, zum Beispiel zur Frage »Mehr privat oder Staat?« (der Vorschlag stammt aus 2004!), sollten systematisch gesammelt und zu einer dramaturgischen Kette geordnet werden. Dazu hätten die Medien durchforstet und die einschlägige Literatur studiert werden müssen, ein Drehbuch mit ausgearbeiteten Argumenten in kausaler, leicht nachvollziehbarer Abfolge wäre zu verfassen gewesen und zuletzt hätte die virtuelle aber stringent nachvollziehbare Diskussion als Schauspiel umgesetzt werden müssen.

Four Souls

Im Zentrum der Stadt steht ein Häuschen aus Europaletten, das auf Grund seiner formalen Erscheinung Aufmerksamkeit auf sich zieht. In diesem Häuschen tagen Gruppen von je vier gut situierten Menschen, die mit beiden Beinen fest im Leben stehen: Kaufleute, AnwältInnen, MedizinerInnen, ManagerInnen u.ä. Jeden Tag vier andere. Diese Gruppen beraten über Strategien zur Verbesserung der Lebensqualität von ganz bestimmten Menschen, denen das Schicksal nicht hold war. Die Gutsituierten werden von der *WochenKlausur* angeworben. Gemeinsam mit SchauspielerInnen des Theaters sucht die *WochenKlausur* auch diejenigen aus, für die Verbesserungsvorschläge erarbeitet werden sollen. Da ist vielleicht ein Alleinverdiener mit Familie nach einer Kündigung. Ein Mädchen, das aus der Bahn geworfen wurde oder ein Drogensüchtiger, der aussteigen will und keinen Halt findet. Wie kommen sie wieder zu einem anerkannten, eigenverantwortlichen Leben?

Die vier in der Hütte übernehmen eine Art Patenschaft. Für nicht mehr als zwei Fälle pro Gruppe. Es geht dabei nicht unbedingt um Finanzierungen. Es geht um das Suchen von Auswegen aus hoffnungslosen Verhältnissen. Die »Helfenden« erkennen, dass es verdammt schwer sein kann, aus einem Schlamassel wieder herauszukommen. Und die SchauspielerInnen übernehmen im Häuschen die Funktion der Anwälte. Ohne Pathos stellen sie die Situation der Betroffenen dar.

Werkstattkammerspiel

Meist werden Bühnendekorationen und Ausstattungsteile temporärer Ausstellungen wie Wände oder Vitrinen nach Ablauf der Veranstaltungen entsorgt. Lagern ist zu teuer. Was aber für Theater oder Kunsthallen Abfall ist, kann für soziale Institutionen nützliches Ausgangsmaterial zur Herstellung von Einrichtungen sein.

Unser Vorschlag war, dieses Material im Sinne des Up-cyclings einem neuen Gebrauch zuzuführen. Studierende der Fachrichtung Produktdesign sollten daraus neue Gegenstände gestalten und zwar in Kooperation mit Sozialeinrichtungen. Nach einem genauen Bedürfnisplan sollten den Studierenden entsprechende Semesteraufgaben gestellt werden. Die setzen dann ihre Ideen um und bauen die erforderlichen Möbel oder Bauelemente (Stufen, Wände etc.) für die sozialen Einrichtungen.

Nun zu den beiden Rätselfragen. Die erste bezieht sich auf das favorisierte Projekt der *WochenKlausur*. Welchen Vorschlag hätte die Gruppe am liebsten in München gemacht? Dazu ein Hinweis: Es wurde 2005, also ein Jahr später, auf Einladung des Smart Museum in Chicago verwirklicht. Neun kulturelle Institutionen stellen dort seither ihr ausgedientes Material zur Verfügung. Eine neu gegründete Non-Profit-Organisation mit dem Namen *material-exchange* schickt das Material zu den Departments für Design und Möbelbau am Illinois Institute of Technology, am Harrington College of Design, am School of the Art Institute of Chicago und an die Street Level Youth Media. Und dort wird es in entsprechenden Semesteraufgaben verarbeitet. Die Studierenden entwerfen und bauen, was für soziale Einrichtungen benötigt wird. Mit dem großen Vorteil, dass ihnen keine Materialkosten entstehen.

Die Antwort auf die zweite Frage ist weit schwieriger und kann zudem nur von den Kammerspielen als richtig oder falsch beurteilt werden: Warum wurde schlussendlich keines der vorgeschlagenen Szenarien in Auftrag gegeben?

Zu gewinnen gibt es **nichts**.

FORSCHUNGSBERICHT VON KULTURMASSNAHMEN: DIE ZUKUNFT DES THEATERS AUS DER PERSPEKTIVE IHRER AKTEURE.

Vor dem Hintergrund des anstehenden Intendantenwechsels hat die Gruppe *Kulturmaßnahmen* das Ensemble der Münchner Kammerspiele zum Gegenstand einer sozialwissenschaftlichen Untersuchung gemacht. Wie wird die derzeitige Situation wahrgenommen und welche Zukunftsperspektiven leiten sich daraus ab? Ein erster Forschungsbericht.

Kulturmaßnahmen
ist eine 1997 gegründete

__TEXTE, GESPRÄCHE

TEXTE, GESPRÄCHE

Gruppe, die interdisziplinäre Veranstaltungen und Aktionen durchführt, wie z.B. die *Show des Scheiterns*. Arbeitsschwerpunkt ist die Beobachtung und Inszenierung zwischenmenschlicher Kommunikation. Gelegentlich arbeiten sie mit kulturellen oder gesellschaftlichen Institutionen, insbesondere mit Theatern zusammen. (u.a. Münchner Kammerspiele, Kampnagel Hamburg, Maxim Gorki-Theater, Berlin). An den Kammerspielen waren sie im Rahmen von BUNNYHILL, BRANDHERDE u.a. Anlässen mehrfach zu Gast. *Kulturmaßnahmen* sind Boris Jöns, Sebastian Orlac und Thorsten Schwarz.

Zur Fokusgruppe: Die Teilnahme an der Befragung erfolgte freiwillig und anonym. Die nachfolgenden Ergebnisse beziehen sich auf 100 % der eingereichten Fragebögen. Das Geschlechterverhältnis der befragten Schauspieler ist nahezu ausgeglichen. Mit knapp 55 % ergibt sich ein leichtes Übergewicht der auskunftswilligen Männer. (siehe Abb. I) In der Altersstruktur lassen sich drei Kerngruppen unterteilen. Zunächst die breite Gruppe der 40 bis 60jährigen (45,5 %) gefolgt von der etwas kleineren Gruppe der unter 40jährigen (36,4 %) und schließlich die deutlich kleinere Gruppe der über 60jährigen (18,2 %).

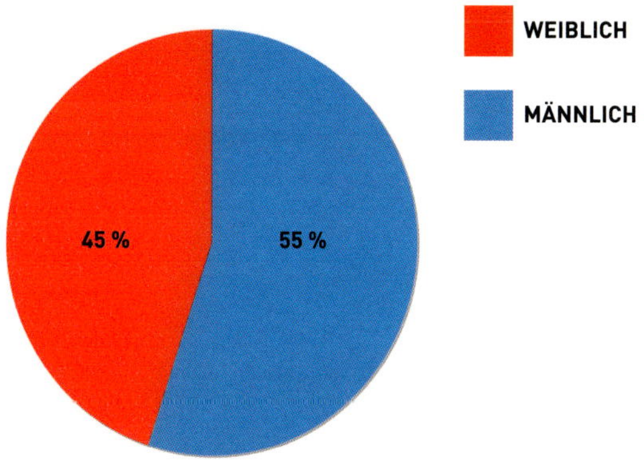

WEIBLICH
MÄNNLICH

45 %   55 %

ABB. I: GESCHLECHTERVERTEILUNG (MÄNNLICH / WEIBLICH)

Zunächst interessierte das Forscherteam die grundsätzliche Einschätzung der eigenen Rolle im Hierarchiegefälle des Theaters. Kommentiert werden sollte beistehendes Zitat. Niemand der Befragten (0 %) konnte dem Zitat vorbehaltlos zustimmen. 28 % drückten ihre deutliche Ablehnung aus, in dem sie die Option »Stimmt nicht, aber ...« ankreuzten. Üppiger hingegen fielen die Zusätze bei der Wertung »Stimmt, aber ...« aus. Immerhin 72 % der Befragten stimmten dem Zitat grundsätzlich zu, sahen sich aber genötigt einschränkend anzumerken, dass es ohne ihre eigene künstlerische Leistung und Autonomie nicht gehe. Die Autorität eines Spielleiters wird also nur unter Vorbehalt akzeptiert.

»Bedenke, dass du nur Schauspieler bist in einem Stücke, das der Spielleiter bestimmt.«

(Epiktet, um 50 n. Chr.)

Bei der zweiten Frage galt es konkret die Arbeitsweise des Intendanten anhand einer vorgegebenen oder einer eigenen Zeichnung zu charakterisieren. Aus den vorgegeben Schemata (A bis E in Abb. II) entschieden sich 36,4 % aller Befragten für das »Center of Axis«-Modell (E)1, welches gleichsam autoritär und vernetzend angelegt ist.

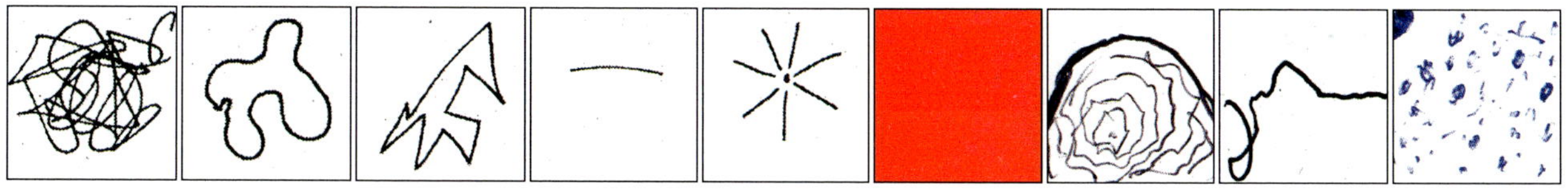

A: 0 %   B: 0 %   C: 9.1 %   D: 27.3 %   E: 36.4 %   F: 9.1 %   G: 9.1 %   H: 9.1 %   I: 9.1 %

ABB. II: ARBEITSSTIL ASSOZIATIV

Die weitaus größere Gruppe fand sich jedoch nicht in den vorgegebenen Zeichnungen wieder und entschied sich für ein eigene grafische Umsetzung (F bis I). Ein klarer Hinweis auf den ausgeprägten Meinungs- und Gestaltungswillen des Ensembles.

Im nächsten Schritt war die Bildung von Wortpaarungen aus vorgegebenen Begriffen gefragt. Das Ensemble der Münchner Kammerspiele sah der Zukunft im Grundtenor positiv entgegen. Häufigste Nennung: »Zukunft – großartig« (12,5 %), gefolgt von »Theater – großartig« (10,7 %) und der berufsspezifischen Aussage «Ich – Held« (8,9 %). Es zeichnet sich aber auch ein breiter Sockel aus den Begriffsclustern »Ich/Theater/Publikum – müde/muss ja« ab, was womöglich dem Befragungszeitraum (Mitte der Spielzeit) geschuldet ist. Einer der am seltensten gewählten Begriffe war hingegen das eher vulgär-provokante »Arschloch«. Lediglich 1,8 % der Befragten verknüpften den Ausdruck mit der Auswahlvariante »Ich« – bei stets gleichzeitiger Auswahl von »Intendant«.

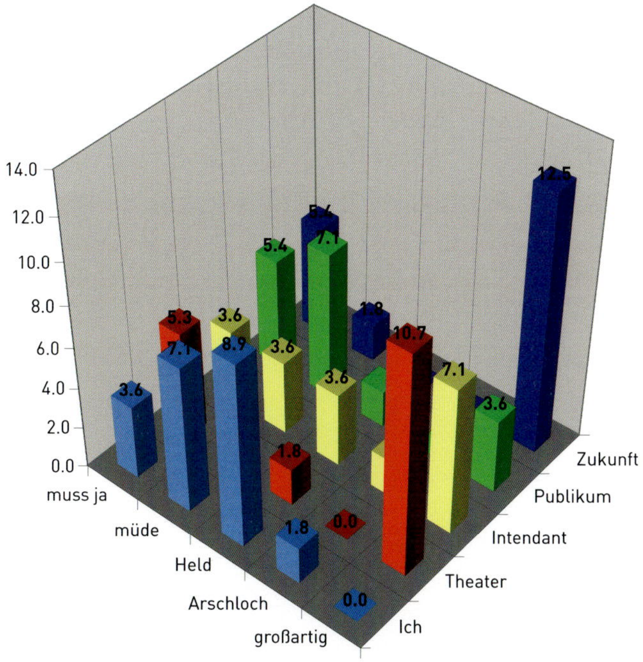

ABB. III: WORTPAARUNGEN

Anhand eines Lageplans wurden von den Teilnehmern die häufigsten, wichtigsten und letzten Begegnungen mit dem Intendanten lokalisiert. Entsprechend dem »Center of Axis« – Modell (vgl. Abb. II) fanden die häufigsten und wichtigsten Begegnungen nicht etwa zwischen Tür und Angel, sondern im Büro des Intendanten statt. Es zeichnen sich allerdings erste Ablösungsprozesse ab: Die letzten Begegnungen ereigneten sich in einer eher breiten Streuung an anderen Orten (Kantine, Garderobe, Bühne), ohne dass sie von den Befragten als »wichtig« eingestuft wurden.

● HÄUFIGSTE BEGEGNUNGEN

● WICHTIGSTE BEGEGNUNGEN

● LETZTE BEGEGNUNGEN

01 MONTAGEHALLE
02 BÜHNE
03 GARDEROBE
04 DRAMATURGIE
05 INTENDANZ
06 GARDEROBENGANG NEUES HAUS
07 NEUES HAUS
08 WERKRAUM
09 PROBEBÜHNE 1
10 PROBEBÜHNE 2/3
11 KANTINE

ABB. IV: SPIELLEITERBEGEGNUNGEN

Im zweiten Teil der Befragung haben wir uns der Zeit nach dem Weggang des Intendanten zugewandt. Wie sieht die Zukunft aus? 100 % der Befragten glaubten sowohl in fünf, als auch noch in zehn Jahren am Leben zu sein. Niemand (0 %) konnte sich hingegen vorstellen, selbst als Spielleiter tätig zu werden. Stattdessen sahen sich 73 % in fünf Jahren weiterhin aktiv auf der Bühne. Anders die Gruppe der über Sechzigjährigen. 100 % dieses Alterssegments prognostizierten in den nächsten fünf Jahren eine Verlagerung ihres Beschäftigungsortes von der Bühne hin zum eigenen Kartoffelacker.

_TEXTE, GESPRÄCHE

__TEXTE, GESPRÄCHE

Beim Stichwort Altersvorsorge zeigten sich die Künstler bodenständig und realistisch. Trotz eines gewissen Vertrauens in die Bayerische Versorgungskammer für Bühnenangestellte gaben 82 % an, auch privat vorzusorgen. Dass die meisten der Schauspieler davon ausgehen, auch noch in zehn Jahren das Kantinenmenü 3 (opulenteste Variante) zu wählen, darf als Hinweis auf die lebensfrohe Einstellung unserer Fokusgruppe verstanden werden.

Fazit: Der scheidende Intendant hinterlässt sein Haus in positiver Grundstimmung. Im Ensemble schlägt sich dies in einem gesunden Dreiklang aus Optimismus, Realismus und Lebenslust nieder. Ist es allerdings möglich, aus solch einem gesättigten Selbstverständnis heraus neue Perspektiven für das Theater zu entwickeln? Im ersten Teil der Untersuchung wurde nachgewiesen, dass die untersuchte Gruppe sehr wohl über ein hohes Auflehnungspotential verfügt. Offenbar ist es dem »Spielleiter« gelungen, ein gleichwohl komplexes wie stabiles Gebilde aus wohldosierter Hierarchie, Streitkultur und einer Portion Behaglichkeit zu schaffen. Dennoch bietet dieses Gefüge strategische Angriffspunkte. Zukünftiges Führungspersonal könnte mit vergleichsweise simplen Eingriffen (z.B. der Aussetzung des Menü 3) an den Grundpfeilern dieses Systems sägen.

—

DAS WAR UNSER DING. GESPRÄCH MIT DENIJEN PAULJEVIC, HARALD KUTSCHMANN UND SULI KURBAN.

—

Denijen Pauljevic
ist vor 15 Jahren vor dem Kriegsdienst aus Serbien geflohen und hat zunächst illegal in München gelebt,

___ Längst stehen nicht mehr nur ausgebildete Schauspieler auf unseren Bühnen. In den letzten Jahren haben die Experten des Alltags die Theater erobert. Das ist sicher auch der Ausdruck einer bestimmten Sehnsucht nach Relevanz und Authentizität – sowohl bei den Machern als auch bei den Zuschauern. Gerade bei den so genannten Stadtprojekten wie BUNNYHILL oder DOING IDENTITY – BASTARD MÜNCHEN ging es immer wieder darum, künstlerische Formen ___ siehe Seite 076, 124, 174 zu finden, wie Menschen aus bestimmten sozialen Kontexten auf der Bühne von sich und ihren Lebenserfahrungen

wo er heute als Behindertenpfleger sein Geld verdient und ein Studium als Drehbuchautor absolviert.

Harald Kutschmann *lebt mit seiner Familie in München und arbeitet seit 25 Jahren bei der Polizei, sein Spezialgebiet sind Scheinehen und illegale Einschleusungen.*

Suli Kurban, *19, kam 1999 mit ihrer Familie nach München, weil Uiguren als muslimische Minderheit in China unterdrückt sind.*

berichten können. In dem Projekt **FLUCHTEN 1-4**, das die Regisseurin Christine Umpfenbach für **DOING IDENTITY** ___ siehe Seite 176, 174 entwickelt hat, haben sich Menschen gegenseitig ihre Identität geliehen: Der Kriegsflüchtling war plötzlich der deutsche Kriminalbeamte, der Scheinehen aufdeckt, die nigerianische Asylbewerberin hat von ihrer Arbeit als Sachbearbeiterin bei der Ausländerbehörde berichtet – und umgekehrt. Gut ein Jahr nach ihren Bühnenerlebnissen hat die Dramaturgin Ruth Feindel drei der sieben Darsteller nach ihren Erfahrungen befragt. Hat das Theatermachen etwas verändert?

Ruth Feindel: **Wenn ihr an FLUCHTEN, an die gemeinsam verbrachte Zeit und an die vier entstandenen Theater-** ___ siehe Seite 176 **abende denkt, was war der schönste Moment?**

Denijen Pauljevic: Die schönsten Momente waren die auf der Bühne, als wir dort zusammen saßen und ab und zu einander Blicke zugeworfen haben – das war spannend und schön zugleich. Die Vorbereitungen fand ich manchmal anstrengend, manchmal auch öde. Ich habe zwei Lieblingsmomente: Wenn wir alle nur da stehen und das Publikum fixieren und die Musik im Hintergrund läuft. Der zweite Lieblingsmoment ist meine Ausraster-Szene mit anschließender Beruhigung.

RF: **Da hast du dich selbst gespielt.**

DP: Eigentlich nicht mich selbst.

RF: **Aber eben auch nicht Harald oder einen anderen Mitspieler. Es war kein Moment des Identitätentauschs.**

DP: Ich habe die Rolle eines serbischen Deserteurs gespielt, aber das war nicht ich persönlich, Denijen, so bin ich nicht unbedingt drauf ...

Harald Kutschmann: Mein schönster Moment war nach der letzten Aufführung, als ich ganz alleine auf dem obersten Rang gesessen bin, und das Ganze nochmal habe Revue passieren lassen. Es war eine aufregende Zeit, hat viel Spaß gemacht und ein paar Nerven gekostet. Und da war das Gefühl »das haben wir verdammt gut hingekriegt«. Das war das Schönste.

RF: **Und du, Suli?**

Suli Kurban: Ja, als wir dieses Wahlplakat an dem Bayern-Abend kaputt gemacht haben, das war cool, das war lustig. Als meine Mutter zum ersten Mal zugeschaut und geweint hat, weil es sie so berührte. Nachdem das Ganze vorbei war, hat sie mir erzählt, warum sie geweint hat: weil jemand anderes unsere Geschichte erzählt hat.

RF: **Hast du ihre Traurigkeit auf der Bühne mitbekommen oder erst hinterher?**

SK: Sie saß genau vor mir. Sie hat mir in die Augen geschaut. Und dann hat sie angefangen zu weinen. Das fand ich ein bisschen krass, weil ich mich nicht so gut auf meinen Text konzentrieren konnte, aber dann dachte ich mir, egal, jetzt schau einfach drüber, mach dein Ding. Und es hat mich auch ein bisschen irritiert, weil ich nicht wusste, warum sie weint. Ob sie es scheiße findet oder ob es sie wirklich berührt. Aber sie fands gut.

RF: **Und was war für euch der Moment, der am problematischsten war?**

DP: Das Gezicke der Frauen am Ende. Jede wusste, wie man die Szene gestalten soll. Wir drei Männer saßen schweigend da und haben gewartet, bis es vorbei war. Was die Aufführungen betrifft, habe ich keine unangenehmen

Erinnerungen. Es gab natürlich ein paar problematische Momente, in denen ich dachte, oh Gott, alles bricht zusammen, aber gleichzeitig fand ich diese Situationen auch spannend.

HK: Wir waren eine Laienschauspieltruppe. Dass das nicht alles perfekt funktioniert, das war mir eigentlich klar. Mich hat es eh gewundert, dass es so gut gelaufen ist. Ich hatte erwartet, dass mehr Pannen passieren. Aber mir ging es wie Denijen. Bei den Damen haben sich Generationskonflikte entladen, da sind Platzhirsche aneinander geraten. Diese Konflikte sind ziemlich geballt an ein, zwei Tagen ausgebrochen. Was mich am meisten gestört hat, war der große Kraftaufwand, der erforderlich war, um die Disziplin, die eigentliche Spur wieder aufzunehmen, nämlich das Theaterprojekt zu machen.

RF: **Inhaltlich gab es gar keine Probleme? Immerhin kommt ihr doch aus komplett anderen Zusammenhängen. Du bist Polizist. Und du, Denijen, hast sogar mal eine Zeit lang illegal hier gelebt.**

DP: Bei der ganzen Ausarbeitung des Projekts gab es meinerseits überhaupt keine Probleme, dass ich mit etwas gar nicht einverstanden gewesen wäre – überhaupt nicht.

HK: Ganz im Gegenteil, ich fands unheimlich spannend, diese extrem unterschiedlichen Sichten auf diese Flucht-Thematik mitzubekommen. Und Christine hat es sehr gut geschafft, die persönliche Sichtweise von jedem Einzelnen darzustellen. Die Texte und Passagen aus den Interviews, die sie mit uns geführt hat, waren prägnant ausgesucht, haben die Themen sehr gut auf den Punkt gebracht. Das ist halt so, dass es zu diesen Themen extrem unterschiedliche Ansichten und Meinungen gibt. Aber untereinander kam so eine Art Gruppenstolz auf, dass man das zusammenbringt, bei aller Unterschiedlichkeit der Herkunft, der Geschichte. Das war unser Ding, und das haben wir dann auf der Bühne gut rüber gebracht.

SK: Am Anfang waren wir echt ein gutes Team, weil jeder so neugierig war. Später kam der Zeitdruck dazu, deswegen sind alle nervös geworden und dadurch sind diese Konflikte entstanden. An denen war ich nicht so unbeteiligt – ich war auch eine von den Weibern, die rumgezickt haben – wenn ich jetzt daran denke, fällt mir auf, dass der ganze Stress so unnötig war. Aber ich fand das echt cool, das so viele Leute sich für unsere Geschichten wirklich interessiert haben. Und dass so viele Leute unbedingt da rein wollten. Das hat mich überwältigt.

RF: **Könnt ihr euch noch an eure erste Begegnung erinnern?**

DP: Ich weiß noch, dass ich mich am meisten auf Harald konzentriert habe, weil ich wusste, dass ich quasi seine Rolle spiele und er meine: Ich sollte den Text von einem bayerischen Polizisten sprechen und er den eines serbischen Deserteurs. Die anderen habe ich deshalb gar nicht so richtig wahrgenommen. Ich habe versucht, ihn ein bisschen zu erkennen, wie er da sitzt, wie er wirkt.

HK: Ich habe mir natürlich intensiv Denijen angeschaut, ihn beobachtet. Ich habe gleich versucht rauszukriegen, wer er ist. Weil er ja meine Rolle sprechen sollte: Kann der das denn? Das habe ich mich gefragt.

SK: Ich weiß noch, dass ich reingekommen bin und mir dachte, okay, die sind ja viel älter als ich, die Leute. Ich war die Jüngste. Da ich nicht wusste, wer wen spielt, und wen ich spiele oder bzw. wessen Texte ich sage, war ich ein bisschen verwirrt, weil ich mir dachte: Hallo, wer soll denn überhaupt Suli spielen? Und was geht ab? Das war sehr ungewohnt, mit Leuten zusammenzusitzen, die man davor noch nie gesehen hatte und so verschiedene Leute – ein Polizist, eine Frau aus dem Kreisverwaltungsreferat. Und ich wusste nicht, wie das Ganze funktionieren soll. Deswegen war ich am Anfang wirklich ein bisschen skeptisch.

RF: **In FLUCHTEN ging es um die Gegenwart, um eure aktuelle Lebenssituation: wie wohnt ihr, wie arbeitet ihr,** ___ siehe Seite 176
wie liebt ihr, wie findet ihr Bayern. Mittlerweile sind wir in der Zukunft von damals angekommen. Was hat sich verändert?

DP: Bei mir ging ein Traum in Erfüllung, weil ich jetzt eine Ausbildung zum Drehbuchautor an der Filmhochschule München mache. Bei dem Aufnahmegespräch habe ich gemerkt, dass die Tatsache, das ich bei FLUCHTEN an den Kammerspielen mitgemacht habe, eine große Rolle gespielt hat. Die haben mich ziemlich viel ausgefragt, was das für ein Projekt war und was ich genau gemacht habe. Das war natürlich nicht entscheidend für die Aufnahme, aber auf jeden Fall ziemlich wichtig. Und einige Sachen, die ich während des FLUCHTEN-Projekts gelernt habe, kommen mir zugute: Die Geschichte von oben, also objektiver zu betrachten. Und wenn ich Film-Dialoge schreibe, muss ich überlegen, wie Menschen denken, wie sie sich bewegen, was sie sagen und machen.
Für die Drehbuchwerkstatt habe ich mich mit drei Geschichten beworben, die ich während dem FLUCHTEN-Projekt geschrieben habe. Durch das Theaterprojekt kamen tausend Ideen für diese Bewerbung. Eine von den Geschichten hat mit Asyl zu tun. Und jetzt, fast ein Jahr später, wollte ich Harald fragen, ob er ein bisschen Zeit für mich hätte, einfach, weil ich für mein aktuelles Drehbuchprojekt über Scheinehe, Grenzübergänge und vergleichbare Sachen recherchieren muss. Sonst wüsste ich nicht, wen ich fragen sollte. Man kann im Internet recherchieren und irgendwo anrufen, aber wenn man jemanden persönlich kennt, ist es viel einfacher.

HK: Bei mir hat sich relativ wenig aus dem Projekt entwickelt, weil halt das Korsett schon sehr eng ist. Was ich mitgenommen habe, war ein Satz von Christine: Hab Spaß bei dem, was Du tust.

SK: Bei den Vorstellungen hat sie das gesagt, unmittelbar bevor es losging.

HK: Den Satz hab ich mir mitgenommen und versuche das immer wieder umzusetzen. Hab Spaß bei dem, was Du tust. Das ist das Prägendste.

RF: **Und Suli, was hat sich seither in deinem Leben getan?**

SK: Morgen darf ich zum KVR und dann bekomme ich meine Niederlassungserlaubnis. Das heißt, ich darf für immer hier in Deutschland bleiben. Ich freue mich riesig.

RF: **Gratuliere! Wie kam das jetzt? Das war doch ein jahrelanger Kampf, oder?**

SK: Weil wir schon ziemlich lange hier sind, fast zehn Jahre. Und deswegen haben wir das bekommen. Und weil die Uiguren in China immer noch unterdrückt werden, deshalb hatten wir bessere Chancen. Meine Eltern bekommen die Niederlassungserlaubnis erst Ende des Jahres. Nur mein Bruder und ich bekommen sie jetzt. Aber trotzdem geil. Und was die Arbeit angeht: In einer der Vorstellungen war eine Frau vom BR. Sie meinte, ja, die Energie von der Suli gefällt mir, ihre Ausstrahlung, und sie kann reden. Und dann hat sie mich gefragt, ob ich bei denen arbeiten will. Und jetzt arbeite ich freiberuflich als Reporterin, mache regelmäßig Beiträge für *On-3-Radio*. Ohne FLUCHTEN wäre sie ___ siehe Seite 176
nie auf mich aufmerksam geworden. Außerdem habe ich seither noch zwei weitere Projekte mit Christine gemacht. Und ich gehe jetzt wieder zur Schule, zur Abendschule und hole meine Mittlere Reife nach. Daran habe ich während FLUCHTEN noch nicht gedacht. Nee, keine Schule, das stört, das nervt einfach. Ich mache einfach gar nichts. Ende ___ siehe Seite 176
2007 habe ich fast gar nichts gemacht, wusste auch gar nicht, was ich machen soll, hab halt rumgehangen, was weiß ich, und dann kam der Januar und war ganz verplant mit FLUCHTEN. Seitdem bin ich nur im Stress. Von einem ___ siehe Seite 176
Projekt zum nächsten, von einem Job zum nächsten und jetzt noch zur Schule abends – ja, es läuft alles super und

_291   _TEXTE, GESPRÄCHE

_TEXTE, GESPRÄCHE

FLUCHTEN hat mir auch gezeigt, dass ich gerne auf der Bühne stehe, und jetzt möchte ich wirklich versuchen, mich ___ siehe Seite 176
bei verschiedenen Schauspielschulen zu bewerben und schauen, ob ich da rein komme.

RF: **Harald, haben die Erfahrungen von FLUCHTEN etwas in deinem Berufsalltag verändert?**   ___ siehe Seite 176

HK: Eigentlich nicht. Weil ich mich vorher schon mit Zeugen oder Beschuldigten unterhalten hab – sofern sie mit
mir geredet haben. Von meiner persönlichen Art her sehe ich in diesen Menschen, die in einer Scheinehe leben,
eigentlich keine Straftäter. Das ist eine Variante, um hier eine Aufenthaltserlaubnis zu bekommen. Die machen
halt, was geht, aber sie schädigen im Prinzip niemand anderen. Sie rauben keiner alten Oma die Handtasche,
sondern sie versuchen, für sich das Beste rauszuholen. Und das ist irgendwo ein legitimer Gedanke. Es ist ein
illegaler Weg und es ist meine Aufgabe, das aufzudecken, aber deswegen sind das keine bösen Menschen. Solange
die Leute nur schauen, dass sie sich und ihrer Familie ein besseres Leben ermöglichen, finde ich es nicht verwerf-
lich. Wenn ich in der gleichen Situation wäre, würde ich auch schauen, dass ich meiner Familie ein besseres Leben
ermögliche. Diese Einstellung hatte ich auch vorher schon. Was ich interessant fand, waren die Lebensgeschichten.
In meinem Bekanntenkreis haben wir sehr viel diskutiert. Da hat sich mehr bewegt als bei mir.
In dem Kreis, in dem ich lebe, kommt Flucht nicht vor, weil das gut situierte Bürger sind. Flucht passiert anderen.
Für meinem Bekanntenkreis war das neu, diese Schicksale von Menschen zu hören, die einem direkt gegenüber
sitzen. Die kannten das alles nur vom Hörensagen, man liest in der Zeitung darüber, aber, wie gesagt, so etwas
findet ja immer woanders statt. Für die war es bewegender, weil unmittelbarer. Jetzt lesen sie Sachen in der
Zeitung und wissen, dass ein Gesicht dahinter steht.

SK: Als ich am Anfang die ganzen Leute gesehen habe, dachte ich: Mit denen komme ich bestimmt nicht klar. Mit
dieser Frau vom KVR und mit diesem Polizisten – ich kannte halt gar keinen Polizisten vorher. Aber jetzt denke
ich mir, man kann mit jedem gut umgehen, wenn man ihn richtig kennt. Ein cooler Moment war, als ich mit
Harald zur U-Bahn gelaufen bin und mit ihm über ganz normale Dinge geredet habe, und ihm auch meine Probleme und so was erzählt habe. Das fand ich ziemlich cool, und seitdem hat sich meine Sicht auch ein bisschen
verändert. Ich dachte halt am Anfang, man kann mit Polizisten nicht so normal und kumpelhaft reden. Nicht
gleich so abstempeln, sondern viel toleranter sein. Das habe ich da gelernt.

—

CHRISTINE DÖSSEL:
EINE FRAGE DER ERDUNG.

—

In einer der eindrücklichsten Inszenierungen des vergangenen Jahres, Roland Schimmelpfennigs *Hier und Jetzt*
in der Regie von Jürgen Gosch, hat der Bühnenbildner Johannes Schütz Tonnen von Erde in die Halle 1 des

Christine Dössel
wurde in Pegnitz geboren, besuchte die Deutsche Journalistenschule in München und schreibt seit vielen Jahren als Theaterkritikerin für das Feuilleton der *Süddeutschen Zeitung* und viele andere Medien. Sie war Mitglied der Jury des Berliner Theatertreffens und ist eine regelmäßige, kritische Begleiterin der Arbeit an den Münchner Kammerspielen.

Zürcher Schiffbaus gekippt. Als Zuschauer saß man auf terrassenartigen Stufen im Dreck, nur ein Sitzpolster unterm Hintern und vor einem: die ganze Skala eines Lebens. Geburt, Liebe, Triebe, Tod. Frühling, Sommer, Herbst und Winter. Damals und heute, gestern und morgen. Der ewige Wechsel der Zeiten und Leiden, verdichtet an einer Hochzeitstafel im immerwährenden Hier und Jetzt, erwachsen aus dem Humus, in dem alles wieder verschwindet.

Ich muss oft an diese Zürcher Erde denken, an ihren Geruch, die sprießenden Grasbüschel, ihre stoische Eigenart, alles aufzunehmen und zu dämpfen. An diesen Eindruck von Fruchtbarkeit – aber auch Endgültigkeit. Das Theater war hier buchstäblich geerdet, und das war ein gutes Gefühl: Es hatte einen Grund. Und wenn von den Hochzeitsgästen doch immer wieder nur die gleichen Geschichten zum Besten gegeben wurden, dann sagte eine gewisse Ilse: »Das macht doch nichts. Im Gegenteil. Umso besser. Das ist doch das Schöne! Dafür sind die Geschichten doch da, dass man sie immer wieder und wieder erzählt.« Was für ein Plädoyer für das Theater! Die Frage ist nur, wie und auf welchem Grund (oder auch Hintergrund) man diese Geschichten immer und immer wieder erzählt.

Nicht, dass man jetzt jede Bühne zudrecken müsste! Wenn ich meinen Beitrag ausgerechnet mit einer Inszenierung von Jürgen Gosch beginne, der leider nie an den Münchner Kammerspielen gearbeitet hat (obwohl er hier sehr gut hingepasst hätte), dann deshalb, weil Gosch mit seiner pureness im Moment exemplarisch für eine neue Form von Erdung steht, nach der sich viele im Theater sehnen. Erdung jetzt nicht nur im buchstäblichen Sinne, wie oben beschrieben, sondern im Sinne von: Authentizität, Grundierung, Wahrhaftigkeit. Diese Sehnsucht hängt vielleicht damit zusammen, dass ringsherum, in der so genannten Wirklichkeit, sämtliche Gewissheiten schwinden, während alle immer mehr so tun »als ob«. Was einmal die vornehmste Aufgabe, ja das oberste Primat des Theaters war, verkommt auf der Benutzeroberfläche des Lebens zur Allerweltsinszenierung. Warum sollte das Theater, schon immer ein gesellschaftlicher Befindlichkeits-Seismograph, den Spieß also nicht umdrehen und sich seinerseits der Wirklichkeit bedienen bzw. dessen, was man einmal damit verbunden hat: Echtheit, Überprüfbarkeit, Glaubwürdigkeit – Werte, die in der schwindelerregend virtuellen Welt der Finanzen, Bilanzen und globalen Allianzen, in den multimedialen Inszenierungen der Politik und den Profilierungen des Internets verschüttet zu gehen drohen. Im aktuellen Trend hin zum dokumentarischen Theater drückt sich diese Sehnsucht nach dem »Echten« am radikalsten aus: Um die Wirklichkeit ins Theater zu holen und sich ihrer zu vergewissern, wird sie nicht mehr nur kunstfertig abgebildet, sondern vertreten durch Repräsentanten des realen Lebens. Egal, ob ein Volker Lösch Arbeitslose und Sozialhilfeempfänger mit wütendem Furor auf die Bühne schickt oder die Kammerspiele Jugendliche aus dem Hasenbergl für ein Theaterprojekt wie BUNNYHILL gewinnen – Durchschnittsmenschen mit ihrer gelebten Erfahrung, vulgo Laien, sind die neuen Stars im Real-Life-Theater, das längst nicht mehr nur Werkstatt-Charakter hat. »Experten des Alltags« nennt sie das Regiekollektiv *Rimini Protokoll,* das den Doku-Trend maßgeblich mitgeprägt hat: die mit dem Echtheitssiegel.

_siehe Seite 076, 124

Natürlich kann und darf das nur eine Spielart des Theaters sein, und sie wird, wenn sie ihre Zeit gehabt hat, auch wieder vorübergehen. Nicht auszudenken, wenn alle professionellen Schauspieler darob arbeitslos würden und am Ende womöglich nur noch als leidgeprüfter Hartz IV-Chor auf die Bühne kämen! Im Ernst: Der wahre Humus des Theaters, um im (Bühnen-) Bild von oben zu bleiben, sind die Schauspieler. Wer im Theater Authentizität, Identität, Glaubwürdigkeit verlangt, der muss es von ihnen verlangen, den gelernten Lebensdarstellern, unseren eigentlichen Stellvertretern. Womit ich nun endgültig bei den Kammerspielen wäre, denn es gibt nur wenige Bühnen im deutschsprachigen Raum, wo die Kunst, im Spiel möglichst wenig Kunst zu demonstrieren, sondern stattdessen Wahrheit, Wahrhaftigkeit zu transportieren, so ausgefeilt und fortgeschritten ist wie hier.

Das Ensemble, das Frank Baumbauer seit seinem Amtsantritt kontinuierlich aufgebaut und gepflegt hat, erweckt – bei allen unverwechselbaren Schauspielerpersönlichkeiten, das es versammelt – den Eindruck größter Homogenität. Ein Eindruck, der sich vor allem auch daran festmachen lässt, wie hier alle, ob jung oder alt, »in einem Geiste« Theaterarbeit leisten, also, ungeachtet unterschiedlicher Vorlieben und Regiehandschriften, an einem Strang ziehen: dem eines avancierten, fragenden, suchenden, dabei auch risikobereiten Gegenwartstheaters. Das ist in vielen Arbeiten, etwa von Luk Perceval, Johan Simons, Andreas Kriegenburg, Stephan Kimmig oder Jossi Wieler, herausragend gelungen – nicht umsonst waren die Kammerspiele jedes Jahr mit mindestens einer Inszenierung zum Berliner Theatertreffen eingeladen –, und manchmal ist es auch schief gegangen. Aber selbst, wenn es misslang, war doch stets dieser »Geist« zu spüren: das Ringen um ein Theater der Relevanz; das Bewusstsein, dass es hier um eine Suche geht, nicht um Kunstbetriebsbeflissenheit, nicht um bloßes Theaterbrauchtum und Traditionspflege, nicht um ästhetisch-ethische Selbstgerechtigkeit, als wüsste man genau, was das ist: das Schöne-Wahre-Gute.

Diese Verankerung in der Gegenwart schlägt sich an den Kammerspielen nicht nur in explizit szenischen Mitteln nieder, sondern vor allem auch in dem völlig neuen Ton, der hier eingekehrt ist: ein Ton, der alles Deklamatorische und ausgestellt Theaterhafte hinter sich gelassen hat, ein Ton der Natürlichkeit, Ungeschminktheit, manchmal auch Beiläufigkeit, der kein großes theatralisches Aufhebens um sich, dafür aber um so mehr Glaubwürdigkeit her macht. Es ist immer wieder beeindruckend, wie toll hier gesprochen wird, mit welchem Understatement, welcher Lebensnähe, welch gestochener Brillanz. Elfriede Jelineks RECHNITZ-Stück ist ___ siehe Seite 204 eines der besten – und jüngsten – Beispiele dafür. Was macht einem dieser seitenlang sich unter Jelineks ätzenden Kaskaden biegende Text die Lektüre schwer! Und wie schneidend scharf und gespenstisch klar ist in Jossi Wielers Inszenierung plötzlich das gesprochene, grinsend verbrochene Wort. Das ist meisterhafte Sprachkunstarbeit, geleistet von Schauspielern, die sich nicht permanent durch betonte Theatralität beglaubigen zu müssen meinen.

»Echtheit« im Theater ist eben vor allem auch eine Frage des Tons und »Erdung« eine der Vergegenwärtigung. Das Selbstbewusstsein, das den Schauspielern an den Kammerspielen nicht nur gewährt, sondern ihnen geradezu abverlangt wird, spielt dabei eine nicht geringe Rolle. Nur so gelangt man zu jener Freiheit im Spiel, die aus den Menschen heraus schöpft und sie nicht einfach nur in ein Kunstkonzeptkorsett zwängt.

Theater mag vielleicht wirklich nur darin bestehen, die gleichen Geschichten »immer wieder und wieder« zu erzählen – auf das »wie« kommt es an. Der Weg der Zeitgenossenschaft, den Frank Baumbauer beschritten und geebnet hat, mag seine Stolpersteine gehabt haben, aber er ging in die richtige Stoßrichtung, entlang am Puls der Zeit. Es wird an Johan Simons liegen, seinem Nachfolger, auf diesem Weg jetzt nicht abzuzweigen, sondern ihn mit neuem Gepäck und frischem Impuls fortzusetzen.

Vielleicht ist Simons in diesen Zeiten des Echtheitstriebs sogar der Mann der Stunde, war es ihm doch stets ein Anliegen, die Wirklichkeit so nah wie möglich an das Theater heran-, ja in das Theater hineinzuholen. Mit seiner *Hollandia*-Truppe hat er Theater für die Landbevölkerung gemacht, hat leer stehende Fabriken, Kirchen, Ställe bespielt. Eine »Öffnung« nicht nur nach Europa, sondern auch »zu den Rändern der Stadt hin« hat Simons für seine Münchner Intendanz angekündigt, die Integration der »Peripherie«. Das erschöpft sich hoffentlich nicht in Laienchören und Problemkids. Das elementare Erzähltheater, für das Simons steht, bezog seine Stärke stets aus der Wahrhaftigkeit und Überzeugungskraft der Schauspieler. Und solange diese auf dem Boden bleiben, ist es auch völlig egal, ob darauf tonnenweise Erde liegt. Hauptsache, man hat einen (guten) Grund.

FERIDUN ZAIMOGLU: DAS THEATER VON MORGEN.

Feridun Zaimoglu wurde 1965 in der Türkei geboren, im selben Jahr ist er mit seinen Eltern nach Deutschland gekommen. Er hat Medizin und Bildende Kunst studiert und ist mittlerweile einer der wichtigsten deutschsprachigen Schriftsteller. Er schreibt Romane, Essays, Theaterstücke. Er wurde vielfach mit Preisen ausgezeichnet. An den Münchner Kammerspielen wurde das frisch renovierte Schauspielhaus mit seiner und Günter Senkels OTHELLO-Bearbeitung wieder eröffnet. Außerdem war von dem Autorenteam LULU LIVE im Schauspielhaus und das Stück SCHWARZE JUNGFRAUEN im Rahmen von DOING IDENTITY – BASTARD MÜNCHEN zu sehen.

Theater wird bleiben – als Schauplatz einer Darbietung. Wer kommt und wer geht? Was bricht weg? Gibt es einen Aufstand der Zeichen gegen das Schriftbild? Fügen sich die Darsteller nicht mehr ein und streichen jede Regieanweisung aus dem Skript? Alles da gewesen, alles gehabt. Nix bleibt. Sichtet man neue Avantgardesubjekte auf den Straßen und bittet sie hinein? Und sagt ihnen: Wir wissen schon noch weiter. Ihr aber sollt erneuern? Vielleicht. Der Skeptiker. Der Zertrümmerer. Die Verächterin. Der häschennette Regisseur, der in der Probe das Tränentüchlein reicht. Der Kasper. Die Eiskalte. Die Reduktionisten. Alle waren und sind hereingebeten worden ins große Haus. Der Hass des Kritikers hat ja alle überdauert, in die Schaustücke wird sich all das hineinfressen, was sich draußen festsetzt. Was wird geschehen, was kommt über uns? Die Intensität und der Frost. In Zeitlupe wird man dann in einem Fünfpersonenstück die Geschichte erzählen, das Märchen vom mutigen Kampf gegen den Zerfall. Pillen und Aufputschmittel helfen nicht, nicht mehr. Gewaltakte gegen das kriminelle System. Aber: Das Volk hält, wie es fast immer tat, zur Ordnung. Die Bürger werden rufen: Gebt uns eine Uniform, wir wachen draußen. Wir kriegen die Schweine und machen sie kalt. Exekutionen auf offener Straße. Dies sind die Bilder des Frosts. Und Intensität? Rückzug aus allen Momenten des faden Lebens. Wer mich nicht umbringt ist mein Freund. Viele Freunde machen eine Horde. Wir steigen nicht aus, wir konzentrieren uns auf das Wichtigste: die lustigen Spielchen. Die Sonderbaren und Sonderlinge, die Fantasten und die Träumer – sie verzetteln sich, sie verlieren sich, denn sonst müssten sie weiterleben wie gehabt. Die Stücke der nahen Zukunft werden Lehrstücke der Verwirrung sein. Wir Narren fühlen uns immer komisch, im Wachzustand wie im Schlaf. Es soll so sein, dass man uns für vertrottelt hält, denn sonst würde man auf uns aufmerksam werden. Dies ist unser Ende, die große Gefahr.

Man steckte uns in Einzelkabinen für politisch Verbohrte. Wir sind nicht verbohrt, wir sind verwirrt. Von der großen Lebensbehauptung lassen wir ab. Wir formulieren unsere Sätze in der Sprache jener, die nicht gelernt haben zu siegen. Wir werden in naher Zukunft vor Übergriffen sicher sein. Denn den Narren verhöhnt man, man gibt ihm einen Arschtritt und scheucht ihn weg. Gut. Aber man ritzt ihm keine Wunde ins Fleisch. Ein Narr ist nicht souverän – er schielt und humpelt und vertut sich aus Prinzip. Bald also, in einigen Jahren, wird man Stücke über Narren aufführen in den Theaterhäusern. Man wird also auch dem Narren im Fünfpersonenstück Komplimente zurufen, und er wird eine Quelle der Nachahmung sein.

__TEXTE, GESPRÄCHE

Sonst? Neue Experimente. Neue Auflösungen. Neubildungen. Alles wie gehabt.

Wer hat nicht alles geglaubt, das Theater kaputt machen, kaputt schreiben, kaputt spielen zu können. Das Theater von morgen – in wessen Diensten auch immer – ist unverwüstlich.

—

JOHAN SIMONS: WIE SIEHT DAS THEATER DER ZUKUNFT AUS? PLUS 15 FRAGEN DIE ZUKUNFT BETREFFEND.

—

Johan Simons
ist Regisseur und Intendant.
Er war lange Direktor der
niederländischen Theater-
truppe *ZT Hollandia.* Zur Zeit
leitet er das NT Gent. An den
Kammerspielen hat er u.a.
ANATOMIE TITUS – FALL OF
ROME von Heiner Müller,
DIE ZEHN GEBOTE von
Kieslowski /Piesiewicz, HIOB
nach Joseph Roth und DREI
FARBEN: BLAU, WEISS, ROT
ebenfalls von Kieslowski/
Piesiewicz inszeniert.
Ab der Spielzeit 2010/2011
ist er der neue Intendant der
Münchner Kammerspiele.

__ Als ich im letzten Jahr mit Frank Baumbauer über den künstlerischen und öffentlichen Erfolg der Kammerspiele sprach, sagte er den folgenden unvergesslichen Satz: »Unsere Vorstellungen sind zweifelsohne von einem sehr hohen Niveau, aber das ist nicht genug. Wir müssen wieder Vorstellungen machen, die Ambitionen haben, nach den Sternen zu greifen.«

Nach den Sternen zu greifen, das Unmögliche weiterhin zu betrachten. Marcel Duchamp war 79, als er sagte: »Ich wehre mich gegen das Erreichen einer Form in ästhetischem Sinne. Das Erreichen einer Form oder Farbe. Und diese dann zu wiederholen.« Darin liegt der Unterschied zwischen Können und Kunst. Können wird genährt durch den Willen zum Festhalten, Kunst durch das Loslassen. Der Tod der Kunst ist ihr Ankommen an einem Ziel.

Das Theater der Zukunft wird die Zukunft nie erreichen, da es notwendigerweise an der Gegenwart hängen bleibt. Nach den Sternen soll es greifen, da es sowieso an der Welt hängen bleibt. Das Theater sucht für dieses

»Hängenbleiben« an der Welt eine Form, eine Form, die es zwangsläufig wieder loslässt, da die Welt, die es beschreibt, sich in der Zwischenzeit auch wieder verändert hat. Das Theater der Zukunft ist sich seines höchsten Trumpfes bewusst, der Tatsache, dass die Vorstellung immer wieder verschwindet und darum immer wieder von neuem erscheinen muss. Durch jedes neuerliche Erscheinen bekommt das Theater von neuem die Chance etwas zu erreichen. Das Theater der Zukunft beansprucht keinen Ewigkeitswert für sich. Mit Vergnügen zerstört es sich selbst um von neuem erschaffen zu werden. Das Theater der Zukunft will sich mitteilen, unterwirft allerdings seine Botschaft nicht den Forderungen nach Können, Knappheit, Einfachheit und Eindeutigkeit. Es weigert sich, die Wirklichkeit zu reduzieren zu einem beherrschbaren Schema. Es erkennt die Wirklichkeit als komplex an, ungreifbar und unbegreiflich. Das Theater der Zukunft sucht nach dem idealen Zuschauer, bedarf aber nicht dessen Zustimmung. Es will dem Zuschauer nicht schmeicheln, sondern zwingt ihn zum Nachdenken. Das Theater der Zukunft ist nicht interaktiv. Es untersucht die möglichen Beziehungen mit dem Publikum, aber nicht auf die gleiche Weise wie die interaktiven Medien dies tun. Es geht ihm nicht um Komfort, sondern um die Konfrontation; nicht um Behagen, sondern Befragen. Das Theater der Zukunft umfasst den Zuschauer in einer unangenehmen Umarmung. Es fordert ihn auf, sich nicht zu verlieren; es will die Sinne nicht betäuben, sondern öffnen. Das Theater der Zukunft findet weder im Tempel des Entertainments oder der Arena des Spektakels statt, noch vor den Augen der Fernsehkamera. Es ist kein Massenmedium, es verweigert den Dienst als Sprachrohr der Diktatur des Geschmacks der Massen. Das Theater der Zukunft kann die Massen nicht erobern, aber es kann nachdenken über die Welt, in der die Massen leben. Sollte es ihm gelingen, dies radikal und transparent umzusetzen, soll es viel ernster genommen werden als das Fernsehspektakel. Das Theater der Zukunft ist sich seiner heiligen Bestimmung bewusst, der Wirklichkeit Widerstand zu leisten. Es weigert sich der endlosen Bilderflut, die tagtäglich auf uns einwirkt, weitere hohle Bilder hinzuzufügen. Das Theater der Zukunft muss in einer Welt Position beziehen, in der alles zu einem Schau-Spiel geworden ist und nichts mehr verborgen bleibt. Folter, Katastrophen und Kriege können als Instant-Spektakel aus dem Internet heruntergeladen werden, zu jeder Zeit, an jedem beliebigen Ort. **Das Theater der Zukunft begreift, dass, in einer Zeit, in der die Darstellung von Grausamkeit und Elend selbst Teil der eigentlichen Gräueltat geworden ist, deren Eins-zu-eins-Darstellung ihre Notwendigkeit eingebüßt hat.**

Darum setzt das Theater der Zukunft der Darstellung das Denken gegenüber. Das Denken als Genuss und als Notwendigkeit. »Welche Angst ist heute größer als diejenige vor dem Denken?«, fragt sich Heidegger in seinen Überlegungen zum Ursprung des Kunstwerkes. Das Theater der Zukunft soll die Apologie des Denkens auf sich nehmen. Es transformiert sich in einen Ort in vollem Licht, wo Zeitgenossen – Schauspieler und Zuschauer – ihre Ängste und Träume miteinander teilen.

Die Frage nach dem Theater der Zukunft setzt sich all zu schnell über eine andere Frage hinweg: Soll es in der Zukunft noch Theater geben? Das Theater der Zukunft weiß, dass seine Wurzeln in einer Kultur liegen, die ihre besten Tage bereits gesehen hat. Es begreift, dass die Tradition, aus der es entstanden ist, nicht der Gipfel der Zivilisation ist. Darum ist das Theater der Zukunft empfänglich für Denk-Kraft, die andere Kulturen und Weltbilder in sich tragen.

Das Theater der Zukunft ist klarsehend genug, um seiner eigenen Zeit mit Optimismus entgegenzutreten. Immerhin weiß es, dass die Welt in 30, 40, 50 Jahren grundlegend verändert sein wird; dass es immer mehr Menschen geben wird, für die ein Theatergebäude keinerlei Bedeutung mehr hat. Die erste Vorstellung, die ich für die Kammerspiele inszeniert habe, war ANATOMIE TITUS von Heiner Müller. Im letzten Teil kommen zwei Goten ___ siehe Seite 058 aus dem Zuschauerraum auf die Bühne. Sie haben dabei wenig Bedenken, sie sehen keinen Sinn in einer Zweiteilung von Theater und Publikum. Die Goten sind Nomaden aus der Steppe, in der es von größter Wichtigkeit ist, sich kontinuierlich zu bewegen, denn Stillstand bedeutet, sich großer Gefahren auszusetzen. Erscheint es in diesem Zusammenhang nicht sinnlos, ein Theater zu bauen?

Das Theater der Zukunft macht sich nicht abhängig von diesem einem Ort im Zentrum der Stadt. Es hat genug mentalen Widerstand aufgebaut, um sich einer kompletten physischen Transformation zu unterwerfen. Das Theater hat eine Zukunft, wenn es gelingt, nicht dem Rausch des Erfolgs zu erliegen, sondern der Vitalität eines Gedankens.

15 Fragen

Wird München im Jahr 2025 seinen ersten ausländischen Bürgermeister begrüßen können?

Warum benutzen reiche Araber den Namen Mekka-München?

Wird auf dem jetzigen Platz der Münchner Kammerspiele im Jahr 2040 ein muslimisches Gebetshaus stehen?

Welcher Prozentsatz der Münchner Bevölkerung wird im Jahr 2022 vergessen haben, wer Adolf Hitler war?

Wird **Grünwald** im Jahr 2045 ein Elendsviertel sein?

Werden im Repertoire der Kammerspiele im Jahr 2038 noch immer Stücke von Shakespeare, Tschechow und von Kleist stehen?

Werden im Jahr 2038 noch Marathonvorstellungen gespielt, oder nur Stücke von höchstens 45 Minuten? Davon dann drei nacheinander zum Preis von einem?

Wird im Jahr 2038 Gott noch in Theaterstücken vorkommen, oder wird alles, was mit Gott zu tun hat, unter Androhung der

Todesstrafe gestrichen werden müssen?
Wird 2038 womöglich ein sehr wichtiges Jahr für München?

Werden sich Deutschland, Polen und Russland doch im Jahr 2060 zusammenfügen zu einem Land? **Mit Frank Baumbauer als neuem Zar?** (Wir gönnen ihm letztlich ein sehr langes Leben!)

Wird München im Jahr 2011 einen neuen Intendanten des Residenztheaters haben?

Wird München im Jahr 2061 ein Freilufttheater haben, und werden dort dann manchmal Filme von Karl Valentin gezeigt?

Werden alle Schauspieler im Jahr 2052 einander gleichen und gleich jung sein?

Werden alle Schauspieler im Jahr 2057 eingebaute Chips haben, so dass sie keinen Text mehr lernen müssen?

Und was wird dann aus all den arbeitlosen Souffleuren?

Wird es im Jahr 2080 überhaupt noch Konflikte geben, oder werden wir immer einer Meinung sein?

AUTOREN, AUTOREN, AUTOREN ...

An den Wochenenden der Jungen Dramatiker und in den daraus entstandenen Autorenwerkstätten im Werkraum wurden sieben Jahre lang junge Talente mit ihren Theatertexten präsentiert. In Skizzen, Lesungen und Inszenierungen hat das Ensemble der Kammerspiele die Theatertexte der kommenden Generation dem Münchner Publikum präsentiert. Namen, Titel, Karrieren:

JETZT IST ANFANG UND BEGINN! DAS WOCHENENDE DER JUNGEN DRAMATIKER

2002/2003	2004/2005	2005/2006	2006/2007	2007/2008
Sigrid Behrens **UNTER TAGE**	John Birke **PAS DE DEUX**	Juliane Kann **BLUTIGES HEIMAT**	Jörg Albrecht **WORIN NOCH NIEMAND WAR (EIN HEIMATFILM)**	Katja Hensel **INS WEITE SCHRUMPFEN**
Mathieu Bertholet **FARBEN**	Paul Brodowsky **STADT, LAND, FISCH**	Christopher Kloeble **WENN MÖGLICH BITTE WENDEN**	Nicolai Borger **LIEBE UND ARMUT**	Jonas Hassen Khemiri **INVASION!**
Alexis Bug **ROSEGARDEN**	Maja das Gupta **ABEND IN CAPE COD**	Simone Kucher **SILENT SONG**	Nina Ender **NEUES LAND**	Maria Kilpi **PLUS NULL KOMMA FÜNF WINDSTILL**
Johannes Honigmann **LIEBE BIS ZUM ABWINKEN**	Anja Hilling **MEIN JUNGES IDIOTISCHES HERZ**	Melanie Peter **BODEN.HALTUNG**	Daniela Janjic **GELBE TAGE**	Carlos Mallol Quintana **SEHR VIEL WASSER**

Claudius Lünstedt
MUSST BOXEN

Oren Lavie
BRIDGES AND HARMONIES

Clare Pollard
DAS WETTER

Dirk Laucke
ALTER FORD ESCORT DUNKELBLAU

Laura de Weck
SUMSUM

Anne Jelena Schulte
KAMA KOMA

Lucy Prebble
DAS ZUCKERSYNDROM

Letizia Russo
HUNDEGRAB

Thomas Melle
LICHT FREI HAUS

Sabine Wen-Ching Wang
SPINNEN

AUTORENWERKSTATT

2004/05

Anja Hilling
MEIN JUNGES
IDIOTISCHES HERZ

Regie
Daniela Kranz
Bühne
Frauke Löffel
Kostüme
Nadine Grellinger

Mit
Anna Böger
Matthias Bundschuh
Robert Dölle
Wolfgang Pregler
Katharina Schubert
Michael Tregor

2004/05

Nuran Calis
DOGLAND

Regie
Marie Enzler
Bühne
David Hohmann
Kostüme
Sara Schwartz

Mit
Anna Böger
Caroline Ebner
Annette Paulmann
Nikolaus Benda
Matthias Bundschuh
Martin Butzke
Stephan Zinner

2005/06

Rob Evans
EIN MÄDCHEN IN EINEM
AUTO MIT EINEM MANN

Regie
Robert Lehniger
Bühne
Marie Holzer
Kostüme
Dorothee Joisten

Mit
Paul Herwig
Oliver Mallison
Katharina Schubert
Jochen Striebeck

2005/06

Polle Wilbert
AM TAG DER JUNGEN TALENTE

Regie
Johannes von Matuschka
Bühne
Annette Haunschild
Kostüme
Judith Oswald

Mit
Robert Dölle
René Dumont
Gundi Ellert
Tanja Schleiff
Katharina Schubert
Jochen Striebeck

2005/06

Paul Brodowsky
STADT, LAND, FISCH

Regie
Laurent Chétouane
Bühne
Marie Holzer
Kostüme
Imke Schlegel

Mit
Peter Brombacher
Matthias Bundschuh
Walter Hess
Brigitte Hobmeier
Cristin König
Wiebke Puls

EXTRA!
—

Oder was sonst noch geschah. Neben den unzähligen Aufführungen und theatralen Projekten haben sich die Kammerspiele in den letzten Jahre bemüht, das Programm zu ergänzen mit Diskurs, theatralen Experimenten, politischen Veranstaltungen, Grenzgängen zwischen den Künsten. Mit Erfolgen und Abstürzen. Mit großen Namen und vielen Talenten. Acht Jahre nur in Titeln:

2001/2002 Andechser Gefühle, Filmnacht. // Die Bairishe Geisha. // Dialoge 1, BR Kulturjournal. // Durs Grünbein zu Gast – Lesung und Gespräch. // Kuttners Kammerspiel Kommentare 1: Daphne und ihre Schwestern. // Jutierclub Housewarming Party (GOMMA). // Die Briefschreiberin, zum 100. Geburtstag von Marieluise Fleißer. // Jon Fosse zu Gast – Lesung und Gespräch. // Dialoge 2, BR Kulturjournal. // Basic Needs – Was ich mit dir vorhabe, Workshop mit Johan Simons. // Zimt und Sterne – Schauspieler lesen Geschichten für Kinder. // Enda Walsh zu Gast – Lesung und Gespräch. // Das Ende der offenen Gesellschaft, Oliver Fahrni über die Veränderungen nach dem 11. September, Moderation Jürgen Kuttner. // Kuttners Kammerspiel Kommentare 2: Nervenzusammenbrüche am Rande des Mannes. // Von Al-Jazeera bis ZDF, Die wichtigsten Wörter für das neue Jahr! Schauspieler lesen aus der Silvesterausgabe des SZ-Magazins (Freitagnacht). // Jutierclub, GOMMA Gang (Freitagnacht). // Kuttners Kammerspiel Kommentare 3: Geld ist kein Kinderwunsch. // Das Leben dauert 90 Minuten, ein Fußball-Abend (Freitagnacht). // Kerstin Specht zu Gast – Lesung und Gespräch. // Michael. Ein Jugendbuch für die Infantilgesellschaft von Elfriede Jelinek (Freitagnacht). // Dialoge 3, BR Kulturjournal. // Jutierclub, DJ Headman (Freitagnacht). // Der kleine Unterschied, Fotoausstellung Andre Rival. // Pippi, Michel und die Anderen 1-4, Schauspieler lesen Astrid Lindgren. // Kuttners Kammerspiel Kommentare 4: Helden der Selbstdarstellung – Charmelos. // Das Einhorn kommt gerne bei Nacht. Zum 80. Geburtstag von Heinar Kipphardt (Freitagnacht). // Der Geizhals und die Tochter, Lesung mit Christa Berndl. // Harte Haare, ein Max Goldt Abend (Freitagnacht). // Kuttners Kammerspiel Kommentare 5: Schlager zum Beispiel. // Lukas Bärfuss zu Gast – Lesung und Gespräch. // Dialoge 4, BR Kulturjournal. Plus minus acht/DJ Tage DJ Nächte (Freitagnacht). // Albert Ostermaier zu Gast – Lesung und Gespräch. // Das Leben dauert 90 Minuten (Freitagnacht). // Nur für Jungs – nur für Mädchen, Lesung (Freitagnacht). // Leb wohl sagt mein Genie – Ordugele muss sein, Schauspieler lesen aus der Sammlung Prinzhorn (Anti-Stigma-Aktion). // Baden gehen! Lesung (Freitagnacht). // Kuttners Kammerspiel Kommentare 7: Best of. // Partikel, Ausstellung auf der Baustelle der Münchner Kammerspiele. // Dialoge 5, BR Kulturjournal. // Harte Haare, ein Max Goldt Abend (Freitagnacht). // Basic Needs, Workshop mit Simon McBurney. //

2002/2003 Herzausschläge, Doris Schade und Albert Ostermaier lesen Gedichte des Autors. // Kuttners Kammerspiel Kommentare 8: Verkommenes Ufer Heimat. // Feridun Zaimoglu zu Gast – Lesung und Gespräch. // Mitarbeiter des Monats (Nachtschicht). // Mahlzeit, eine Grundnahrungsmittellektüre angerichtet von Annette Paulmann. // Hobbypopmuseum präsentiert: Die Perser, Aischylos 2002: Bildende Kunst und Theater. // Wolfgang Hilbig zu Gast – Lesung und Gespräch. // Dialoge 6, BR Kulturjournal. // Der Minsker Prozess, das Ensemble in den Archiven des Krieges. // Militärmusik, Schauspieler lesen aus Wladimir Kaminers Roman. // Kuttners Kammerspiel Kommentare 9: Demokratie in Kinderschuhen. // Gier 1-9, Elfriede Jelinek zu Gast – Lesung und Gespräch. // Wir höflichen Paparazzi, beiläufige Begegnungen mit Prominenten (Lesung). // Zimt und Sterne – Geschichten für kleine und große Kinder. // Mitarbeiter des Monats. // Heimatklänge, die

Kammercombo präsentiert: Suomi rocks!. // Von Äh bis Z, die wichtigsten Wörter für das neue Jahr! Jahresrückblick des SZ-Magazin. Schauspieler des Ensembles lesen. // Sagt Lila von Chimo, Lesung. // Dialoge 7, BR Kulturjournal. // Heimatklänge, die Kammercombo präsentiert: Suomi rocks again!. // Mitarbeiter des Monats. // Kuttners Kammerspiel Kommentare 10: Rufer ohne Wüste. // Dialoge 8, BR Kulturjournal. // Der Fänger im Roggen von J.D. Salinger, Lesung mit Paul Herwig. // Kuttners Kammerspiel Kommentare 11: Der Häuptling der Indianer. // Heimatklänge, die Kammercombo präsentiert: Suomi rocks as ever!. // Poetry! Dead or Alive? Die Poetry Slam Gala der Kammerspiele. // Er schläft bei den Fischen, Don! Ein sizilianischer Abend mit Schauspielern des Ensembles. // Dialoge 9, BR Kulturjournal. // Verschwende deine Jugend, ein Doku-Roman über den deutschen Punk und New Wave von Jürgen Teipel. // Heimatklänge, die Kammercombo präsentiert: Suomi rocks as ever!. // Mitarbeiter des Monats, präsentiert von Dennis und Denise. // Verbesserte Ausgabe, Beilage zu Harmonia Caelestis von Péter Esterházy, Schauspieler lesen aus seinem neuesten Werk. // Mitarbeiter des Monats, präsentiert von Dennis und Denise. // Imre Kertész und Péter Esterházy zu Gast. // Kuttners Kammerspiel Kommentare 12: Hysteriker und Hysterie-Piraten. // Kinder der Nacht von Jean Cocteau, Mira Partecke und Martin Butzke lesen. // In welcher Zukunft leben wir? Eine Redenreihe in Zusammenarbeit mit der Verlagsgruppe Random House – Klaus Theweleit zu Gast. // Heimatklänge, die Kammercombo präsentiert: Zurück aus Mexiko!. // Jetzt ist Anfang und Beginn! Das Wochenende der jungen Dramatiker. // Mitarbeiter des Monats, präsentiert von Dennis und Denise. // Bambiland von Elfriede Jelinek, Lesung. // Deutsch-Amerikanische Freundschaft? Ein Gespräch mit Marcia Pally und Robin Detje. // Kuttners Kammerspiel Kommentare 13: Best of 2002/2003. // Kampfhunde lächeln, Schauspieler des Ensembles lesen Erzählungen von Jürgen Cleffmann. // Mitarbeiter des Monats, präsentiert von Dennis und Denise. // In welcher Zukunft leben wir? Eine Redenreihe in Zusammenarbeit mit der Verlagsgruppe Random House – Okwui Enwezor zu Gast. // Tschüss Jutierhalle! Ein Abschiedsfest. //

2003/2004 Imre Kertész zu Gast. // Jon Fosse zu Gast. // The Kapulikaupunki Broken Heart Orchestra, die Kammercombo zeigt: Menschen, Tiere, Sensationen. // In welcher Zukunft leben wir? Eine Redenreihe in Zusammenarbeit mit der Verlagsgruppe Random House – Prof. Albert Speer zu Gast. // Kuttners Kammerspiel Kommentare 14: Klagen, Scheitern, Sprachlos sein. // Walter Schmidinger liest aus seinem Buch Angst vor dem Glück. // Pure Joy, Konzert mit Jens Thomas und Christof Lauer. // In welcher Zukunft leben wir? Eine Redenreihe in Zusammenarbeit mit der Verlagsgruppe Random House – Wolfgang Schäuble zu Gast. // Im Namen der Lebenden, eine Lesung gegen Rechtsextremismus. // Doris Schade liest aus dem Roman Morgen und Abend von Jon Fosse. // Armut – Bilder unserer Gesellschaft, Theater, Film, Training und Beratung. // Ganz schöne Geräuschkulisse, Konzert mit der Regisseurin Christiane Pohle und Band. // Zimt und Sterne, Schauspieler lesen Geschichten für kleine und große Kinder. // Kuttners Kammerspiel Kommentare 15: Bis zur kompletten Besinnlichkeit! // Dialoge 10, BR Kulturjournal. // Véronique Olmi zu Gast. // The Kapulikaupunki Broken Heart Orchestra, die Kammercombo zeigt: Hauskaa Joulua!. // Von Apache bis Zweidrittelmehrheit, das Lexikon 2003 mit den Begriffen des Jahres, Lesung. // Völlig losgelöst... Captain Future and Friends, eine galaktische Reise mit Schauspielern des Ensembles. // Dialoge 11, BR Kulturjournal. // In welcher Zukunft leben wir? Eine Redenreihe in Zusammenarbeit mit der Verlagsgruppe Random House – Christiane Nüsslein-Volhard zu Gast. // Nach dem Krieg ist vor dem Krieg, eine Leseperformance am Vorabend der Münchner Konferenz für Sicherheitspolitik. // Dialoge 12, BR Kulturjournal. // Poetry! Dead or Alive? Die Poetry Slam Gala der Kammerspiele. // The Kapulikaupunki Broken Heart Orchestra, die Kammercombo zeigt: Weg mit dem Speck!. // Lauschlounge. Die Literatur-Clubnacht der Münchner Kammerspiele. // Völlig losgelöst... reloaded. Das Heldenepos geht weiter!!!. // Dialoge 13, BR Kulturjournal. // Kuttners Kammerspiel Kommentare 16: Titus, Karlos und die anderen. // Vom Verschwinden der Täter, Hannes Heer im Gespräch über sein neuestes Buch. // Lauschlounge. Die Literatur-Clubnacht der Münchner Kammerspiele. // The Cocka Hola Company, Lesung und Party. // Wie Franz Beckenbauer mir einmal viel zu nahe kam, höfliche Paparazzi und ihre kuriosen

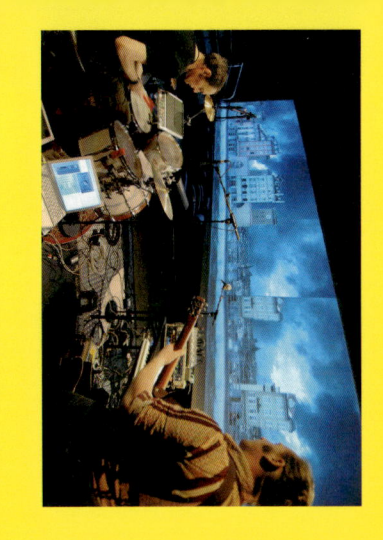

Begegnungen mit Prominenten. // Kuttners Kammerspiel Kommentare 17: Falsche Menschen am falschen Ort. // The Kapulikaupunki Broken Heart Orchestra, die Kammercombo in Concert. // Lauschlounge. Die Literatur-Clubnacht der Münchner Kammerspiele. // Arisierung in München, Im Rahmen des städtischen Projekts München „arisiert" – Entrechtung und Enteignung der Juden in der NS-Zeit. // Hobbypopmuseum präsentiert: Drama. Die Mauer muss weg. Film, Malerei, Barbetrieb. // Das Falschwörterbuch. Ivan Nagel im Gespräch mit Heribert Prantl über sein neuestes Buch. // Jochen Striebeck liest My Mother's Courage, anlässlich des 90. Geburtstags von George Tabori. // Lauschlounge. Die Literatur-Clubnacht der Münchner Kammerspiele. // Solarplexus, Lesung und Lounge, mit Albert Ostermaier, Nina Kunzendorf und Hans Platzgumer. // Glückssucher 1,2,3 (1: Ausweitung der Kampfzone: Houellebecq, 2: Kopf sägen: Kleist, 3: Rheingoldmassaker: Wagner), Lesungen. // Kuttners Kammerspiel Kommentare 18: Best of. // Klaus Theweleit: Tor zur Welt – Fußball als Realitätsmodell. // Lauschlounge. Die Literatur-Clubnacht der Münchner Kammerspiele. // The Kapulikaupunki Broken Heart Orchestra: Halleluja!. // Völlig losgelöst ... Revolutions-Helden in Badehose! //

2004/2005 Jetzt ist Anfang und Beginn! Zweites Wochenende der jungen Dramatiker. // Christa Berndl liest Briefe von Lieselotte von der Pfalz. // Lauschlounge. Die Literatur-Clubnacht der Münchner Kammerspiele. // Über Gott und die Welt, die Regisseure Andreas Kriegenburg und Johan Simons sprechen über Glaubensfragen und über Gott und die Welt. // Lauschlounge. Die Literatur-Clubnacht der Münchner Kammerspiele. // Jochen Striebeck liest Wilm Hosenfeld – Briefwechsel Ich versuche jeden zu retten. // Péter Esterházy liest Vaterlose Texte. // Zimt und Sterne, Schauspieler lesen für Kinder. // Dialoge 15, BR Kulturjournal. // Lauschlounge. Die Literatur-Clubnacht der Münchner Kammerspiele. // Dialoge 16, BR Kulturjournal. // The Kapulikaupunki Broken Heart Orchestra: Volles Rohr für volle Bürger. Feat. die sieben Gitarren. // C.I.N.E.M.A Miniaturkino in der Unterbühne mit Martin Butzke. // Lauschlounge. Die Literatur-Clubnacht der Münchner Kammerspiele. // Zinner und die Hurricans, Road to Altötting (Konzert). // Dialoge 17, BR Kulturjournal. // Poetry! Dead or Alive? Die Poetry Slam Gala der Kammerspiele. // Navid Kermani zu Gast, Lesung: Du sollst, anschließend Gespräch. // Bier für Frauen von Felicia Zeller (Lesung). // Alice Schwarzer und Barbara Maia lesen Liebe Alice – Liebe Barbara! Briefe an die beste Freundin. // Dialoge 18, BR Kulturjournal. // Die Baader-Meinhof-Affäre von Erin Cosgrove (Lesung und Party). // Lauschlounge. Die Literatur-Clubnacht der Münchner Kammerspiele. // Über Gott und die Welt. Die Regisseure Thomas Ostermeier und Lars-Ole Walburg im Gespräch mit Caroline von Lowtzow. // 65/30 – Die Rolf Dieter Brinkmann Nacht (Lesung und Club). // Lauschlounge. Die Literatur-Clubnacht der Münchner Kammerspiele. // Santo Subito 1 – Der Hl. Antonius und die Hl. Maria Magdalena (Wer's glaubt, wird selig). // Kanakstar, ein Fernsehtheater von Generation Aldi (Wer's glaubt, wird selig). // Bekenntnisse, Monologe von Bärfuss, Blokdijk, Esterházy, Loher, Meinecke, Senkel/Zaimoglu, Zeh (Wer's glaubt, wird selig). // Das Dorf, Almanya war ein Traum für mich (Wer's glaubt, wird selig). // Kuttner erklärt die Welt: Nibelungenlosigkeit oder in der Bundesrepublik machen alle gern Musik. // Moderne Gotteskämpfe 1: Wird Europa wieder römisch?, Vortrag und Diskussion mit F.W. Graf (Wer's glaubt, wird selig). // Moderne Gotteskämpfe 2: Die Faszination des Spirituellen, Vortrag und Diskussion mit F.W. Graf (Wer's glaubt, wird selig). // Santo Subito 2 – Karol Woijtila und Resl von Konnersreuth (Wer's glaubt, wird selig). // Moderne Gotteskämpfe 3: Sehnsucht nach bindenden Werten, Vortrag und Diskussion mit F.W. Graf (Wer's glaubt, wird selig). // The Kapulikaupunki Broken Heart Orchestra. // Lauschlounge. Die Literatur-Clubnacht der Münchner Kammerspiele. // Über Gott und die Welt. Die Regisseure Luk Perceval und Michael Thalheimer im Gespräch mit Caroline von Lowtzow. // Lauschlounge. Die Literatur-Clubnacht der Münchner Kammerspiele. // Martina Gedeck liest Emmi Bonhoeffer – Essay, Gespräch, Erinnerung.

2005/2006 Luk Perceval. Theater und Ritual. Gespräch, Lesung, Film. // Über Gott und die Welt. Die Regisseure René Pollesch und Jossi Wieler im Gespräch mit Caroline von Lowtzow. // Lauschlounge. Die Literatur-Clubnacht der Münchner Kammerspiele. // Best of Klaus Kreuzeder, Benefizkonzert für CONVIVA. // Kuttner erklärt die Welt: Geistersparer. // Doris Schade liest 12 Gramm Glück von Feridun Zaimoglu. // Dialoge 19, BR Kulturjournal. // Lauschlounge. Die Literatur-Clubnacht der Münchner Kammerspiele. // Drittes Wochenende der jungen Dramatiker. // Bürger, ohne Arbeit. Wolfgang Engler zu Gast. // Zimt und Sterne, Schauspieler lesen für Kinder. // Über Gott und die Welt. Die Regisseure Laurent Chétouane und Sebastian Nübling im Gespräch mit Caroline von Lowtzow. // Dialoge 20, BR Kulturjournal. // The Kapulikaupunki Broken Heart Orchestra. Ein Vorabend. // Lauschlounge. Die Literatur-Clubnacht der Münchner Kammerspiele. // Von Adamanen bis Unterschichtenfernsehen, die wichtigsten Begriffe 2005, Jahresrückblick des SZ-Magazins. // Dialoge 21, BR Kulturjournal. // In Love with Shakespeare! Zur Aktualität eines Klassikers. // Dialoge 22, BR Kulturjournal. // Kuttner erklärt die Welt: Von der Unmöglichkeit, nein zu sagen. // Macht und Rebel – Skandinavische Misanthropie II, Szenische Lesung im Kunstbau des Lenbachhauses. // Poetry! Dead or Alive? Die Poetry Slam Gala der Kammerspiele. // Dialoge 23, BR Kulturjournal. // Heinrich Heine. Deutscher Dichter. Wolfgang Hinze liest. // Péter Esterházy liest Einführung in die schöne Literatur. // City Scan: München, Münchner Biennale, Konzept & Musik von Klaus Schedel. // Hannes Heer liest Hitler war's. Die Befreiung der Deutschen von ihrer Vergangenheit. // Eine unglückliche Liebe. Zum 100. Geburtstag von Wolfgang Koeppen. Es liest André Jung. // Kuttner erklärt die Welt: Ich will nicht 11 Freunde sein.... // The Kapulikaupunki Broken Heart Orchestra präsentiert: Das Schauspielhaus. // Männer + Endspiel Live. //

2006/2007 Das vierte Wochenende der jungen Dramatiker. // Jon Fosse liest aus seinem unveröffentlichten lyrischen Werk. // Slam 2006 – Das Finale. Die Meisterschaft der deutschsprachigen Poetry Slams. // Thomas Kapielski liest (Nachtlinie Literatur). // Das Goldene Zweitalter (Nachtlinie Konzert). // Jandl Jenseits Jelinek Jung. Eine szenische Lesung mit André Jung (Nachtlinie Literatur). // Zimt und Sterne, Schauspieler erzählen für Kinder. // Freddy the Queen. Ein Abend mit Schnauzbart (Nachtlinie Theater). // Kuttner erklärt die Welt: Ein paritätischer Pro- und Contra-Contest über Glamour und Rebellion. // jetzt.de Party (Nachtlinie Party). // Dialoge 24, BR Kulturjournal. // Der fliegende Berg. Lesung mit Christoph Ransmayr im Literaturhaus. // Peter Richters Deutsches Haus. Eine szenische Lesung (Nachtlinie Literatur). // Tobias Yves Zintel: Fear, Fear, Fear (Nachtlinie Kunst). // Eigentlich Madonna! Ein Theorieabend mit praktischen Emotionen (Nachtlinie Theater). // Die Regierung. Zurück im Amt (Nachtlinie Konzert). // Schicht in Sicht. Nichtarbeiter fahren Karussell (Nachtlinie Theater). // Videoüberwachung. Filmfundstücke aus dem Internet präsentiert von Kortmann & Günther (Nachtlinie Netz). // Bizarra. Eine Reise durch Rafael Spregelburds subversive Soaps mit dem Autor und seinen Gästen (Nachtlinie Literatur). // Peter Widmer, Ein Gespräch über Furcht und Angst (Nachtlinie Akademie). // Kuttner erklärt die Welt: Das Prä-Prekariat singt (Nachtlinie Kuttner). // Einfach abgehängt. Nadja Klinger und Jens König porträtieren Menschen im Abseits (Nachtlinie Politik). // Planningtorock (Nachtlinie Konzert). // Essen mit André (geschlossene Veranstaltung). // Im Séparée: POLLYester (Nachtlinie Bar). // In Zukunft Utopie, Eine Intervention von Thomas Schweigen (Nachtlinie Theater). // Stadt/Theater. Urbane Wirklichkeit und Bühne (geschlossene Veranstaltung). // Eveline Goodman Thau, Ein Gespräch über Furcht und Angst (Nachtlinie Akademie). // G.Rag y los Hermanos Patchekos (Nachtlinie Konzert). // Poetry! Dead or Alive? Die Poetry-Slam Gala der Münchner Kammerspiele. // Dead or Alive: Show must go on! (Nachtlinie Party). // Kulturgespenster, eine Zeitschrift stellt sich vor (Nachtlinie Literatur). // Ist Solidarität Selbstmord? Ein Vortrag von und mit Carl Hegemann (Nachtlinie Politik). // Im Séparée (Nachtlinie Bar). // Kuttner erklärt die Welt (Nachtlinie Kuttner). // Murena: on and on then on and on (Nachtlinie Kunst). // Terrormum (Nachtlinie Theater). // Philosophische Nachtakademie: Johannes Heinrichs (Nachtlinie Akademie). // Walter Rufer: Der Himmel ist blau – ich auch. (Nachtlinie Literatur). // Dialoge 25, BR Kulturjournal. // Falsche Fotos echter Revolten (Nachtlinie Literatur). // Kamerakino I Three Shades I Disk*A (Nachtlinie Konzert). // Tom Kummer: Blow up (Nachtlinie Literatur). // Peter Weiss: Die Ästhetik des Widerstands, lange Hörspielnacht (Nachtlinie Literatur). //Ästhetik des Widerstands – wenn Kunst kämpft. Eine Debatte (Nachtlinie Politik). // Kuttner erklärt die Welt (Nachtlinie Kuttner).

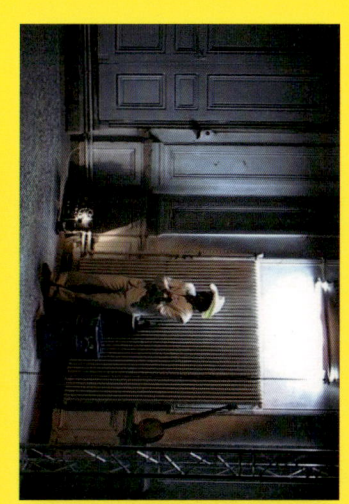

// Munich/Japan, Konzert mit den Bands Shinto und Mishima (Nachtlinie Konzert). // Philosophische Nacht-akademie: Sybille Krämer, ein Gespräch über Furcht und Angst (Nachtlinie Akademie). // Die Gewissensfrage von Dr. Dr. Rainer Erlinger (Nachtlinie Literatur). // Im Séparée (Nachtlinie Bar). // Dreamland, Kortmann & Günther surfen durch das Paralleluniversum (Nachtlinie Netz). // Siemens Musikpreis (geschlossene Veran-staltung). // Metan. Kracht & Niermann (Nachtlinie Politik). // Bo Christian Larsson und Johanna von Halem: Our house reverbed (Nachtlinie Kunst). // Philosophische Nachtakademie: Dirk Baecker über Furcht und Angst in der modernen Gesellschaft (Nachtlinie Akademie). // Tarwater (Nachtlinie Konzert). // Kuttner erklärt die Welt: Dem Ingenieur ist nichts zu verschwör. (Nachtlinie Kuttner). // Der Viktualien-Araber, El Kurdi spricht deutsch. (Nachtlinie Literatur). // Lausch Lounge reloaded. Die Performance Poetry Show (Nachtlinie Litera-tur). // Polly im Séparée (Nachtlinie Bar). // Hier wird mit Sprache gearbeitet. Paul Brodowsky & Thomas Melle erzählen (Nachtlinie Literatur). // Polly im Séparée (Nachtlinie Bar). // Ungeschützt. Eine AKTion von Detlef Bothe und RP Kahl (Nachtlinie Kunst). // Kuttner erklärt die Welt: Flatrate und Ratflate (Nachtlinie Kuttner). // Philosophische Nachtakademie: Laszlo Földenyi, Gespräch über Furcht und Angst (Nachtlinie Akademie). // Meineckes Feldforschung. Kippmomente der sexuellen Kulturen (Nachtlinie Politik). // Weltstadt mit Schmerz. Eine Intervention von Ralf Hinterding (Nachtlinie Politik). // Molotow und Superphono. Eine Irrfahrt (Nachtlinie Theater). // Domingo Siete. Latin Rock (Nachtlinie Konzert). // Philosophische Nachtakademie: Jan Assmann, ein Gespräch über Furcht und Angst in den Religionen (Nachtlinie Akademie). // M8MIT!-Party (Nachtlinie Bar). // Die blaue Nacht. Zum 20. Todestag von Jörg Fauser (Nachtlinie Literatur). // Versteigerung: Theatermöbel, Requisiten und Kostüme.

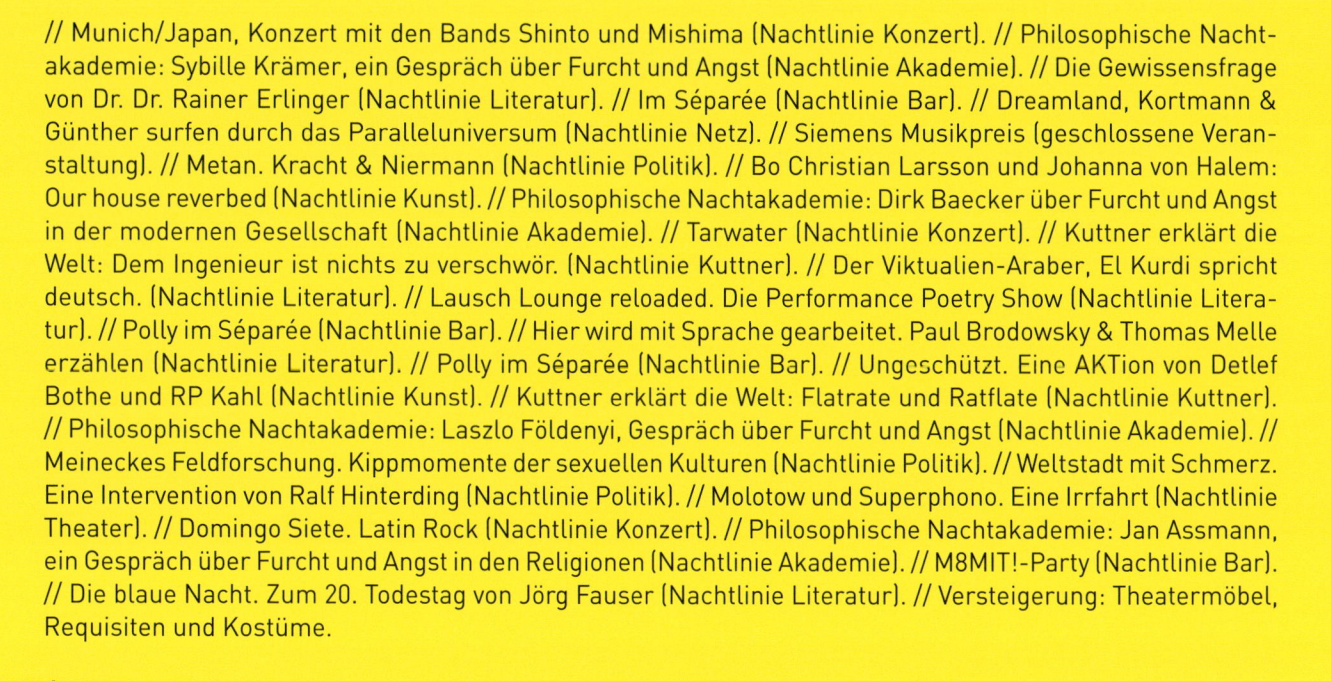

2007/2008 Das fünfte Wochenende der jungen Dramatiker. // Brinkmanns Zorn / Director's Cut (Nachtlinie Lite-ratur). // Neues aus München mit FX Karl und Matthias Hirth (Nachtlinie Literatur). // PeterLicht (Nachtlinie Konzert). // Handy. Ingo Schulze liest Geschichten in alter Manier (Nachtlinie Literatur). // Philosophische Nachtakademie: Slavoj Žižek (Nachtlinie Akademie). // Der reisende Grundstein, Grundsteinlegung des Japa-nischen Subkulturinstituts (Nachtlinie Kunst). // No Integration?! Ulrich Beck und Regina Römhild (Nachtlinie Politik). // Kuttner erklärt die Welt: Da kann ja jeder kommen (Folge 1) (Nachtlinie Kuttner). // The future sound of the past. Party mit Schorsch Kamerun/Profis/Laien (Nachtlinie Party). // Hochhaus. Hörspiel von Paul Plamper (Nachtlinie Literatur). // Pingpongpower-Präsentation (Nachtlinie Theater). // Deplatziert tanzen. Die „Ausgegrenzt"-Party mit Vinyl (Nachtlinie Party). // Zimt und Sterne, Schauspieler erzählen für Kinder. // Schlagende Argumente (Nachtlinie Konzert). // No Integration?! Ghassan Hage und Kien Nghi Ha (Nachtlinie Politik). // Kuttner erklärt die Welt: Da kann ja jeder kommen (Folge 2) (Nachtlinie Kuttner). // Philosophische Nachtakademie: Julian Nida-Rümelin (Nachtlinie Akademie). // Worin noch niemand war (Nachtlinie Theater). // Mädchen und Jungs (Nachtlinie Party). // A stubborn woman. Theatrical memorandum on Anna Politkovs-kaya (Nachtlinie Theater). // Lunastrom. Die Party der Lichtabenteurer (Nachtlinie Party). // Philosophische Nachtakademie: Michael Ryklin (Nachtlinie Akademie). // Das Benno-Ohnesorg-Theater mit Franz Dobler und Gästen (Nachtlinie Literatur). // No Integration?! Werner Schiffauer und Manuela Bojadzijev. // Jeremy Scahill: Black Water. Buchpräsentation + Gespräch. // Philosophische Nachtakademie: Mario Erdheim (Nachtlinie Akademie). // Kuttner erklärt die Welt: Da kann ja jeder kommen (Folge 3) (Nachtlinie Kuttner). // Cowboy Fantôme aka Alain Croubalian (Nachtlinie Konzert). // Benno-Ohnesorg-Theater mit Franz Dobler und netten Gästen (Nachtlinie Literatur). // Kinoerzählungen. „Im Kino gewesen. Geweint." (F. Kafka) (Nachtlinie Bar). Wir Alphamädchen. Warum Feminismus das Leben schöner macht (Nachtlinie Literatur). // Röhrende Clips, Kortmann & Günther surfen durch das Paralleluniversum (Nachtlinie Netz). // Christine Tanqueray & Sandra Filic, „Am I glad I did" (Nachtlinie Kunst). // No Integration?! Abschlussveranstaltung, Michael Bommes & Vassilis Tsianos (Nachtlinie Politik). // Neoangin & Nova Huta, The homeless bohemians Tour Vol. 1 (Nachtlinie Konzert). // Tim Staffel, Jesus und Muhammed (Nachtlinie Literatur). // M8MIT!-Die Party (Nachtlinie Party). // Philosophische Nachtakademie: Rudolf Stichweh (Nachtlinie Akademie). // Kuttner erklärt die Welt: Da kann ja jeder kommen (Folge 4) (Nachtlinie Kuttner). // Benno-Ohnesorg-Theater mit Franz Dobler und netten Gästen (Nachtlinie Literatur). // Echokammer. King of Japan, The Johnsons (Nachtlinie Konzert). // Schneider TM (Nachtlinie Konzert). // Lunastrom. Die Party der Lichtabenteurer (Nachtlinie Party). // Illegal laut und leise: Hörperformance (Im Rahmen der Ausstellung „Unsichtbare Welten – Menschen ohne Aufenthaltsstatus in Deutschland im Kulturzentrum Gasteig)

2008/2009 Hilfe, Freiheit! Diskurs, Film Labor. I. Religion. // Hilfe, Freiheit! II. Arbeit. // Zimt und Sterne. Schauspieler lesen für Kinder. // Hilfe, Freiheit! III. Depression & Psychose. // Totschweigen oder die Kunst des Berichtens. Eine Veranstaltung der israelitischen Kultusgemeinde zur Uraufführung von Rechnitz (Der Würgeengel). // Hilfe, Freiheit! IV. Politik und Überwachung. // Melancholie und Gesellschaft. Konzert PeterLicht. // Hilfe, Freiheit! V. Bundeswehr – welcher Einsatz für die Freiheit? // Essen mit André (geschlossene Veranstaltung) // Hilfe, Freiheit! VI. Erziehung und Schulwesen. // Hilfe, Freiheit! VII. Narration. // Save me – eine Stadt sagt ja! Begrüßungs- und Infoabend. // Unfun von Matias Faldbakken. Lesung mit Katja Bürkle. // Ingo Schulze liest aus Adam und Evelyn. // Hilfe, Freiheit! VIII. Copyright. //

HAUPTSACHE MITMACHEN!

Mit der Intendanz von Frank Baumbauer wurde an den Münchner Kammerspielen eine Abteilung für Theaterpädagogik gegründet. Aufgabe und Anspruch ist es seitdem, möglichst viele Menschen aus unterschiedlichen gesellschaftlichen Bereichen mit dem Theater, seinen Themen, Ausdrucksmöglichkeiten, Arbeitsprozessen und Mitarbeitern in Kontakt zu bringen. Das Grundprinzip ist Öffnung! Dies geschieht über Workshops, Jugendtheaterclubs, Probenbesuche, Künstlergespräche, Beratung von Lehrern und viele andere Aktivitäten. Im Vordergrund steht das Selber-Machen und damit das emanzipatorische Potenzial des Theaters. Die Theaterpädagogin Elke Bauer hat diese Arbeit die letzten Jahre maßgeblich geprägt.

THEATERPÄDAGOGIK

Theaterpädagogik für alle, die nah ran wollen ans Theater, die die Kunst des Zuschauens erlernen möchten, die Lust auf theatrale Experimente haben: Probenzeit, Theaterwerkstatt, Kammerclub, Kammerschau, Kammerjäger, M8 MIT! – Die Jugendtheaterclubs, Treffen Bayerischer Theaterjugendclubs, Beratung, Führungen, Vor- und Nachgespräche, spielerische Einführungen, Theatertreffen der Münchner Schulen.

STIMMEN VON MITMACHERN:

THEATER MACHT SCHULE – RWF GOES KAMMER

Über 90 Minuten dauerte die Anspannung nun schon an, und als Maria Brauns Zukunft explodiert und abgebrannt war, lösen sich Handlungsbogen und Skepsis und Zweifel über unser Theaterexperiment in der Begeisterung von fast 700 Schülern in einem Beifallssturm auf. Minutenlanges Toben mit Füßen und Händen sind Bestätigung für Theater und Schule!

Lange vor diesem Februarvormittag hatte ich erste Gespräche mit Elke Bauer, der Theaterpädagogin geführt. Wir redeten über Schule, Theater, Politik, über Gegenwart und Zukunft, über die Lust am Theaterspielen, über die Funktion von Kunst und über die Möglichkeiten, junge, theaterunerfahrene, kulturunerfahrene Schüler lustvoll an und ins Theater zu bekommen. Als der Spielplan „Die Ehe der Maria Braun" anbot, verdichteten sich die vielen Wörter und Ideen zu Handlungen. Die gesamte RWF- Fachoberschule geht ins Theater. Gewonnen wurden Schulleitung einerseits und Intendanz andererseits – schnell, weil es auf beiden Seiten mutige

Aufgeschlossenheit gibt. Und dann saßen wir alle. Die Unruhe von Schauspielern, Theaterverantwortlichen, Lehrern und Schülern war mit Händen zu greifen. Würden die vielen, für die dieser Besuch der erste eines Theaters war, unruhig das Ende herbeisehnen oder gespannt und begeistert ihre erste Erfahrung in diesem Kulturbereich machen können? Der Beifallsturm am Ende war nicht nur Zustimmung zu diesem Experiment, er ist Aufforderung für die Zukunft, nicht nur über Theater und Schule theoretisch zu schwadronieren, sondern Schule und Theater in wirklichen Begegnungen zusammenzubringen – eine Partnerschaft eben. Und genau das ist es, was seit Beginn des Schuljahres 2008/2009 vereinbart ist. Die Münchner Kammerspiele und die Rainer Werner Fassbinder FOS, München sind Partner. Die größte bayerische Fachoberschule ist angekommen in einer Beziehung, die bei vielen Schülerinnen und Schülern glänzende Augen macht, Neugierde geweckt hat für Literatur und Theater, die im besten Sinne praktisch pädagogisch wirkt. Das erste Mal - Theater von innen – der Geschmack wird bleiben!

Wolfgang Hesch (StD, Fachleitung Deutsch)

M8 MIT!
JUGENDLICHE MACHEN IHR THEATER

»Macht mit« heißt es immer wieder, das schreibt man ‚M8 MIT!‛ aber man spricht ‚macht mit‛. M8 MIT! also sagt dem Unwissenden vermutlich überhaupt nichts, bleibt Unaufgeklärten ein Mysterium, dem Eingeweihten jedoch kann es schnell zum Lebensbestandteil werden. Immer steht man vor den selben Problemen; das Spielzeitthema bietet viel zu viele Möglichkeiten; Selbstdarstellung, denn man muss doch von all dem beachtet werden, was man ja so schätzt; Unstimmigkeiten zwischen diesem Individuell-sein-müssen und Anpassung und natürlich: viele neue Menschen, tolle, phosphoreszierende Menschen, Unikate. Eine Auseinandersetzung mit einer floreszierenden Umgebung, neuem und altem Gedankengut und natürlich mit sich selbst, eine die sich meistens bewährt. M8 MIT! ist immer wieder der wunde Punkt. M8 MIT! ist eine große Spielwiese.

Jana Langsdorf (17 Jahre)

THEATER IM KONTAKT – WARNUNG:THEATERPÄDAGOGIK MACHT SÜCHTIG!

Sie bringt uns in Kontakt mit unterschiedlichst arbeitenden Regisseurinnen und Regisseuren, mit enthusiastischen Dramaturginnen und Dramaturgen und probenden Schauspielerinnen und Schauspielern.
Sie ermöglicht uns das Kennen lernen von Texten neuer, unveröffentlichter Stücke, die wir anschließend sehen und diskutieren.
Sie gibt uns die Möglichkeit, anhand von Vorgaben Figuren oder Szenen selbst spielerisch zu erproben.
Sie ermöglicht neugierige Blicke hinter den Vorhang (in viele Abteilungen, deren Arbeit wir sonst nur im Ergebnis kennen lernen).
Sie hilft, inner – und außerhalb des Theaters mehr zu entdecken, zu fühlen, zu sehen, zu fragen, zu denken - lebendig zu sein !
Theaterpädagogik macht süchtig, sehn-süchtig nach immer wieder Theater!

Dr. Ingrid Stelzel und Dr. Peter Stelzel

MITARBEITERINNEN UND MITARBEITER 2001–09

ENSEMBLE

Christa Berndl
Tabea Bettin
Stephan Bissmeier
Anna Böger
Marion Breckwoldt
Peter Brombacher
Matthias Bundschuh
Katja Bürkle
Martin Butzke
Robert Dölle
René Dumont
Caroline Ebner
Gundi Ellert
Bernd Grawert
Andreas Grothgar
Paul Herwig
Walter Hess
Brigitte Hobmeier
Julia Jentsch
André Jung
Sylvana Krappatsch
Hans Kremer
Nina Kunzendorf
Lena Lauzemis
Christoph Luser
Oliver Mallison
Stefan Merki
Bernd Moss
Lasse Myhr
Michael Neuenschwander
Jochen Noch
Lorenz Nufer
Mira Partecke
Annette Paulmann
Wolfgang Pregler
Wiebke Puls
Doris Schade
Steven Scharf
Hildegard Schmahl
Thomas Schmauser
Katharina Schubert
Jochen Striebeck
Edmund Telgenkämper
Daphne Wagner
Franziska Walser
Sebastian Weber
Michael Wittenborn
Stephan Zinner

GÄSTE

Meriam Abbas
Stella Maria Adorf
Wolf Bachofner
Nanette Bauer
Toni Berger
Hermann Beyer
Josef Bierbichler
Winnie Böwe
Anna Therese Brenner
Daniela Britt
Bruno Cathomas
Daniel Chait
Jean-Pierre Cornu
Mila Dargies
Ismael Deniz
Marlen Diekhoff
Rena Dumont
Hanna Eichel
Wilhelm Eilers
Buddy Elias
Bettina Engelhardt
Angelika Fink
Heidy Forster
Christian Friedel
Marie-Therese Futterknecht
Christina Geiße
Mansa Laye Gueye
Sheri Hagen
Britta Hammelstein
Bettina Hamel
Joel Harmsen
Silke Heise
Hannes Hellmann
Cornelia Heyse
Fabian Hinrichs
Wolfgang Hinze
Hans Hirschmüller
Max Hopp
Sandra Hüller
Nathalie Hünermund
Robert Hunger-Bühler
Lisa-Marie Janke
Yvon Jansen
Julia Jaschke
Julika Jenkins
Schorsch Kamerun
Berivan Kaya
Cornelia Kempers
Johannes Klama
Cristin König
Ulrike Krumbiegel
Dorothea Lata
Wolf List
Katharina Lorenz
Benjamin Mährlein
Dagmar Manzel
Oliver Masucci
Dieter Montag
Miroslav Nemec
Chris Nietvelt
Joachim Nimtz
Barbara Nüsse
Joel Olaño
Murali Perumal
Karin Pfammatter
Rainer Piwek
Krista Posch
Werner Rehm
Martina Maria Reichert
Roland Renner
Anne Retzlaff
Gitte Reppin
Ilse Ritter
Lars Rudolph
Sebastian Rudolph
Sarah Sanders
Tanja Schleiff
Henriette Schmidt
Florian Schmidt-Gahlen
August Schmölzer
Anne Schramm
Susanne Schroeder
Martin Schütz
Betty Schuurman
Martin Schwab
Anneke Schwabe
Patrizia Schwöbel
Jeanette Spassova
Narudee Sriprasertkul
Thomas Stache
Michaela Steiger
Jürgen Stössinger
Bettina Stucky
Anna Maria Sturm
Thomas Thieme
Oda Thormeyer
Anne Tismer
Michael Tregor
Katharina Uhland
Melanie von Sass
Sven Walser
Anne Weber
Jeroen Willems
Melanie Witteborg
Jörg Witte
Gustav Peter Wöhler
Martin Wuttke
Katharina Zoffmann

INTENDANZ

Frank Baumbauer
Intendant
Christiane Schneider
Künstlerische
Referentin
Maja Polk
Sandra Rudorff
Mitarbeiterinnen

GESCHÄFTSFÜHRENDE DIREKTION

Dr. Siegfried Lederer
Geschäftsführender Direktor
Birgit Weindl
Büroleiterin
Helga Rausch
Renate Altweger
Diana Mudra
Mitarbeiterinnen
Gabriele Weber-Hobeth
Controlling und
Innenrevision

KÜNSTLERISCHES BETRIEBSBÜRO

Martina Taube-Jedryas
Künstlerische
Betriebsdirektorin
Irene Therese Tutschka
Jürgen Cleffmann
Pia Weidner-Bohnenberger
Disponentinnen und
Disponenten
Christina Lutz
Assistentin

DRAMATURGIE

Julia Lochte
Barbara Mundel
Tilman Raabke
Chefdramaturginnen/
Chefdramaturg
Björn Bicker
Ruth Feindel
Matthias Günther
Marion Hirte
Malte Jelden
Marion Tiedtke
Dramaturginnen/
Dramaturgen
Ralf Fiedler
Tuncay Kulaoglu
Paul Slangen
Koen Tachelet
Malte Ubenauf
Gäste
Ruth Feindel
Beret Evensen

Uticha Marmon
Dramaturgie-
assistentinnen
Johanna Latz
Nina Hofmann
Cordula Brucker
Laura Jochmann
Barbara Norminton
Mitarbeit und
Statisterie

**PRESSE- UND
ÖFFENTLICHKEITSARBEIT**

Gaby Schweer
Heike Neumann
Leiterinnen
Helena Huguet-Rosenthal
Kathrin Schäfer
Mitarbeiterinnen
Katja Eichbaum
Andreas Brüggmann
Silke Hirschmann
Fenja Ariane Spieß
Grafikerinnen/Grafiker
Arno Declair
Andreas Pohlmann
Andrea Huber
Thomas Aurin
Klaus Fröhlich
Siegrid Reinichs
Ruth Walz
Fotografinnen/Fotografen

THEATERPÄDAGOGIK

Elke Bauer
Tanja Dombrowski
Theaterpädagoginnen
Christine Umpfenbach
Käthe Lorenz
Gäste

REGIE

Herbert Achternbusch

Evil Knievel
Bülent Kullukcu / Generation
Aldi
KULTURMASSNAHMEN
Bo Christian Larsson
PeterLicht
MORE PLATZ AG &
Palais Mai
Sven Mundt
Pollyester & Mooner
Raumlabor Berlin
REKOLONISATION
Schauplatz International
Christine Umpfenbach
Tobias Yves Zintel

REGIEASSISTENZ

Ramin Anaraki
Felicitas Brucker
Agnese Cornelio
Marie Enzler
Jessica Glause
Kerstin Grübmeyer
Barbara Hauck
Johannes von Matuschka
Bettina Meissner
Stephanie Mohr
Yascha Mounk
Julia Reichert
Veronica Rignall
Stephanie Sewella
Thomas Zielinski

MUSIK

Arvild Baud
Marcel Blatti
Wolfgang Böhmer
Christian Brachtel
Patric Catani
Carlo Fashion
Jörg Gollasch
Immanuel Heidrich
Markus Hinterhäuser
Silvain Jacques

Gerd Kötter
Martin Lickleder
Till Löffler
Murena
Manfred Manhart
Lothar Müller
Theo Nabicht
Friedrich Paravicini
Susanne Paul
Peter Pichler
Robert Probst
Roland Reinke
Salewski
Stefan Schmid
Wolfgang Schönwetter
Dim Sclichter
Jens Thomas
Karl Wende
Franz Wittenbrink
Thomas Wollenweber

**CHOREOGRAPHIE /
BEWEGUNG**

Wara Cajias
Klaus Figge
Ruth Golic
Mara Kurotschka
Volker Michl
Johanna Richter
Anthony Taylor
Heinz Wanitschek

**AUSSTATTUNG
(BÜHNE, KOSTÜME)**

Barbara Ehnes

Herbert Achternbusch B
Janina Audick B+K
Maria-Alice Bahra B+K
Michaela Barth K
Reinhild Blaschke B
Anna Börnsen B
Ayzit Bostan K
Katrin Brack B

Alfred Peter B
Selina Peyer K
Ann Poppel K
Anja Rabes B+K
Katharina Raif B
Ursula Renzenbrink K
Claudia Rohner B
Sarah Schittek K
Imke Schlegel K
Andrea Schraad K
Katja Schröder B+K
Ulrike Schulze K
Sara Schwartz K
Robert Schweer B
Daniela Selig K
Bernhard Siegl B
Natascha von Steiger B
Katrin Tag K
Andreas Tschui B
Anna-Sofie Tuma K
Christin Vahl B
Claudia Vallant B+K
Ilse Vandenbussche K
Jan Versweyveld B
Anna Viebrock B
Gesine Völlm B
Marc Warning B
Nina Wetzel B+K
Petra Winterer B+K
Annabelle Witt K
Martin Zehetgruber B

VIDEO

Maria Berauer
Stefan Bischoff
Philipp Bussmann
Sebastien Dupouey
Immanuel Heidrich
Nicolas Hemmelmann
Momme Hinrichs und
Torge Möller
Chris Kondek
Kathrin Krottenthaler
Robert Lehniger
Fausto Molina

Barbara Stettner
Emilia Holzer
Gast
Annabelle Wittmann

**SOUFFLEUSEN
UND SOUFFLEURE**

Roswitha Dierck
Viktor Herrlich
Johanna Krause
Thomas Rathmann
Joachim Wörmsdorf
Gäste
Dorit Bohrenfeldt
Gardy Hehn
Theresia Stegbauer
Agnes Weikel

STATISTERIE

Johanna Latz
Cordula Brucker
Nina Hofmann
Natalie Drescher

TECHNISCHE DIREKTION

Eberhard Bothe
Jürgen Höfer
Technische Direktoren
Karsten Matterne
Produktionsleiter
und Stellvertreter des
Technischen Direktors
Julia Schröder
Assistentin
Angela Huber
Renate Altweger
Heike Meinel
Mitarbeiterinnen
Jens Baßfeld
Josef Beyer
Max Müller
Niklas Klinger

Karin Beier
Calixto Bieito
Felicitas Brucker
Thirza Bruncken
Neco Çelik
Laurent Chétouane
Jorinde Dröse
Marie Enzler
Monika Gintersdorfer
Friederike Heller
Schorsch Kamerun
Peter Kastenmüller
Stephan Kimmig
Daniela Kranz
Andreas Kriegenburg
Robert Lehniger
Christoph Marthaler
Johannes von Matuschka
Stefanie Mohr
Sebastian Nübling
Thomas Ostermeier
Christina Paulhofer
Luk Perceval
Christiane Pohle
René Pollesch
Boris von Poser
Stephan Pucher
Corinna von Rad
Stephan Rottkamp
Johan Simons
Stephanie Sewella
Roger Vontobel
Lars-Ole Walburg
Enda Walsh
Anselm Weber
Barbara Weber
Nikola Weisse
Patrick Wengenroth
Regina Wenig
Jossi Wieler
Franz Wittenbrink
und:
Auftrag/Lorey
Tobias Bühlmann
Karnik Gregorian
HOBBYPOPMUSEUM

Anno Kesting
Bo Koek
Paul Koek
Tomek Kolczynski
Jonas Landerschier
PeterLicht
Christoph Marthaler
Lothar Müller
Murena
Theo Nabicht
Mathis B. Nitschke
Carl Oesterhelt
Nils Ostendorf
Peter Pichler
Hans Platzgumer
Marc Polscher
Robert Probst
Lenard Schmidthals
Martin Schütz
Laurent Simonetti
Wolfgang Siuda
Rainer Süßmilch
Jens Thomas
Fred van Hove
Ton van der Meer
Michael Verhovec
Franz Wittenbrink
Lars Wittershagen
Bert Zander

MUSIKER / MUSIKALISCHE EINRICHTUNG

Arvild Baud
Christian Brachtel
Hermann Breuer
Errol Dizdar
Carlo Fashion
Leopold Gmelch
Jost Hecker
Margarita Holzbauer
Charlotte Hug
Anno Kesting
Jan Kahlert
Philipp Kolb
Tschinge Krenn

Tabea Braun K
Marysol del Castillo K
Dorothee Curio B+K
Rufus Didwiszus B
Thomas Dreißigacker B
Robert Ebeling B+K
Dagmar Fabisch K
Cecile Feilchenfeldt K
Nadia Fistarol B
Maren Geers K
Muriel Gerstner B+K
Michael Graessner B
Nadine Grellinger K
Hugo Gretler B
Katrin Gurth K
Ulrike Gutbrod K
Annette Hachmann B+K
Alex Harb B
Katja Haß B
Merle Hensel B+K
David Hohmann B
Marie Holzer B
Dominik Huber B
Ralf Käselau B
Heide Kastler K
Jörg Kiefel B
Jens Kilian B
Lydia Kirchleitner K
Constanze Kümmel B
Annette Kurz B
Tina Kloempken K
Sabine Kohlstedt B+K
Andreas Kriegenburg B
Katharina Kromminga K
Katrin Krumbein B+K
Frauke Löffel B
Eva Martin K
Pascale Martin K
Kathi Maurer K
Mascha Mazur B
Nina von Mechow K
Gunna Meyer K
Marion Münch K
Bert Neumann B
Kathrin Nottrodt B
Mercé Paloma K

Jakub Morarek
Martin Noweck
Lisa Reisch
Jo Schramm
Hubert Sedlatschek
Naomi Steuer
Philipp Trauer
Clemens Walter
Bert Zander
Tobias Yves Zintel

AUSSTATTUNGSASSISTENZ

Nele Ahrens
Diana Ammann
Esther Bätschmann
Eva-Maria Bauer
Tine Becker
Anna Börnsen
Jens Dreske
Doris Dziersk
Nadja Fistarol
Sonja Füsti
Maren Geers
Nadine Grellinger
Annette Haunschild
David Hohmann
Marie Holzer
Irene Jp
Frauke Löffel
Eva Martin
Pascale Martin
Judith Oswald
Imke Schlegel
Keria Schreiber
Julia Schultheiß
Sara Schwartz
Esther Toronszky
Anna Sofie Tuma
Teresa Vergho

INSPIZIENZ

Jürgen Cleffmann
Heiko Steinbrecher
Lutz Müller-Klossek

Thomas Krauth
Auszubildende zur
Fachkraft für
Veranstaltungstechnik

BÜHNE

Richard Illmer
Rolf Brettschneider
Technische Inspektoren
Hans-Björn Rottländer
Bühnenobermeister
Dieter Böhm
Oliver Cagran
Albert Lochmann
Frank Matterne
Trevor Nelthorpe
Bühnenmeister
Michael Aguirre
Thomas Aichinger
Rouven Bankauf
Josef Baumgartner
Frank Beyer
Sami Bilir
Richard Bobinger
Arcangelo Contento
Massimo Contento
Pasquale Contento
Arnaldo Di Paolo
Ernes Dzinovic
Florian Eder
Hans Erbert
Andreas Finger
Gerold Fleischer
Wolfgang Frey
Thomas Fröschl
Gerhard Fröschl
Axel Dieter Gäbel
Levent Germiyen
Thomas Graml
Thomas Grill
Michael Hellenbarth
Josef Hofmann
Peter Huber
Natalie Jeske
Gabriel Klee

Alexander Koerdt
Thomas Krauth
Mesfin Mengistabe
Andreas Merkl
Raimon Niggemann
Florian Obermeier
Michael Parker
Bernd Parthum
Hans Patschorke
Franz Pirker
Ludwig Riedl
Rudolf Sailer
Martin Schall
Katharina Scherer
Benjamin Seuffer
Manfred Sigl
Riccardo Sperandii
Michael Ungewitter
Barnim von Enckevort
Jürgen Wächter
Johannes Wäsler
Peter Weidenthaler
Volker Wiltsch

BÜHNENMASCHINERIE

Ulrich Heyer
Leiter
Gerhard Fritzsche
Thomas Graml
Lotte Grenz
Thomas Grill
Reinhard Joseph
Michael Preußer
Stephan Preußer
Michael Schulz
Le Siedsma
Stefan Wickop

BELEUCHTUNG

Max Keller
Lichtgestalter
Björn Gerum
Jürgen Tulzer
Assistenten und

Wolfram Schild
Stellvertretender Leiter
Brigitte Blaschke
Viola Drewanz
Christel Franz-Hennessy
Oliver Geiger
Georg Puppe
Martin Sraier-Krügermann
Katharina Widmaier-Zorn

VIDEO

Nicolas Hemmelmann
Leiter
Egon Schweiger
Stellvertretender Leiter
Dirk Windloff
Heinrich Führmann

REQUISITE

Stefan Leeb
Leiter
Julia Molloy
Stellvertretende Leiterin
Horst Baur
Daniel Bittner
Andrea Clusen
Bernhard Dierks
Klaus Dorstewitz
Dagmar Dudzinski
Robert Herrmann
Christine Ostermeier
Christian Salzmann
Heidemarie Sänger
Anette Schultheiß
Sabine Schutzbach
Wolfgang Staudinger

DAMENSCHNEIDEREI

Edeltraud Reislhuber
Leiterin
Doris Kugler
Angelika Schönfeld
Stellvertretende

Melanie For
Ute Gieseke-Schindler
Diana Greindl
Thomas Honke
Margaretha Kerl
Brunhilde Paltawitz
Thekla Pfefferer
Fabiola Schiavulli
Mario Schönmann
Katarzyna Thomann
Günther Weichslgartner
Friedhelm Ziegenfuß
Monika Ziegenfuß
Mitarbeiter/innen
Franziska Schega
Auszubildende

MASKE

Jürgen Fischer
Chefmaskenbildner
Bruno Frank
Erster Maskenbildner
für Herren
Regina Münkner
Erste Maskenbildnerin
für Damen
Norbert Baumbauer
Sylvia Janka
Constanze Madlindl
Claudia Mittau
Caroline Montfort
Evelyn Moser
Bettina Resch
Ioana Roelly
Miriam Fritz
Sabine Rühle-Schreiber
Christina Wagner

WERKSTATTLEITUNG

Rainer Bernt
Werkstättenleiter
Siegfried Dellinger
Stellvertretender
Werkstättenleiter

SCHLOSSEREI

Peter Weidinger
Leiter
Fritz Würzhuber
Stellvertretender Leiter
Jürgen Goudenhooft
Robert Stahl

TAPEZIEREREI

Gundula Diener
Leiterin
Christian Petzuch
Hildegard Raspl
Patrick Steinbach
Stephan Tesch
Mitarbeiterin und
Mitarbeiter
Bettina Grabmair
Stephan Maisch
Carola Weber
Auszubildende

BETRIEBSINSPEKTION

Guntram von Loeffelholz
Alfred Islinger
Leiter
Werner Vojta
Stellvertretender Leiter
Christian Biersack
Levent Germiyen
Siegfried Gratz
Robert Grünbeck
Axel Lehmann
Alexander Thielemann
Werner Weiherer

FINANZEN UND
RECHNUNGSWESEN

Stefan Stettner
Claus Buchzyk
Leiter
Robert Kulynycz

IT-SERVICE

Vinzenz Brandtner
Leiter
Christian Schuster

VERWALTUNG, PERSONAL
UND ORGANISATION

Robert Vakaresko
Georg Wild
Leiter

PERSONALBÜRO

Brigitte Schwimmbeck
Stellvertretende Leiterin
Cornelia Engl
Petra Gottlob
Eugenia Hana
Angela Huber
Claudia Marr
Franziska Stein
Regine Weigt
Edith Zehner

GAGEN- UND
ENTGELTBUCHHALTUNG

Anita Holzinger
Leiterin
Karin Brandl
Nadine Gloger
Katrin Mattheis
Edith Schmid

VERWALTUNG UND
ZENTRALE DIENSTE

Walter Neubert
Leiter
Sigrid Dervieux
Stellvertretende Leiterin
Reinhold Bleibtreu
Maria Brüggemann
Jürgen Danneberg

Mitarbeiter
Jan-Christoph Haas
Gerhard Harrer
Stephan Mariani
Stefan Schmid
Beleuchtungsmeister
Michael Barth
Daniel Capellino
Matthias Conrad
Anton Deitmer
Tankred Friedrich
Markus Grützmacher
Gerd Heier
Theodor Heisterkamp
Stephan Ittner
Mischa Krähling
Max Kraußmüller
Jürgen Kulisch
Bernhard Leeder
Christian Mahrla
Roger Marty
Fabian Meenen
Michael Plank
Michael Pohorsky
Falko Rosin
Klaus Saller
Gerd Schramm
Peter Schultheiss
Christian Schweig
Daniel Spelsberg
Alexander Stainer
Manfred Tabelander
Timo Vogel
Josef Weberschock
Peter Weberschock
Horst Weißmann
Wolfgang Wiefarn
Raimund Zabler

TON

Johann Jürgen Koch
Leiter

Leiterinnen
Magali Abendschein
Renate Böhm
Juliette Carrey
Sonja Dittmeyer
Michaela Eck
Monika Ising
Tanja Hellgermann
Carola Johnson
Liv Kierstein
Sigrid Klingseisen
Birgit Kühne
Jessica Matterne
Andrea Oumeddah-Seitz
Arite Pissang
Anja Purvis
Bettina Raab
Marija Ruzic
Elke Schmalholz
Barbara Schmitt
Natasa Stamol
Julia Stingl
Angelika Stingl
Daniela Weiß
Anna Zagel
Mitarbeiterinnen
Veronika Leiß
Auszubildende

HERRENSCHNEIDEREI

Luci Hofmüller
Leiterin
Andreas Eisenhofer
Christine Neudecker
Stellvertretende Leitung
Simon Josef Westermeier
Gewandmeister
Laura Brandt
Bernd Canavan
Friederike Diemer
Petra Dziak

Sophia Soehner
Jan Hugenroth
Johannes Thomann
Assistenten

MALSAAL

Evi Eschenbach
Leiterin
Peter Weinmann
Stellvertretender Leiter
Oliver Freitag
Marit Gubalke
Pasquale Mele
Homayoun Saghafi
Ingrid Weindl
Theatermaler
Gabriele Obermaier
Marion Mayer
Kirsten Prößdorf
Theaterplastikerinnen

SCHREINEREI

Erich Gattinger
Leiter
Stefan Klodt-Bussmann
Stellvertretender Leiter
Georg Baumann
Michael Buhl
Susanne Dölger
Franz-Michael Glas
Heinz Hofmann
Josef Piechatzek
Clemens Künneth
Wolfgang Mechmann
Sebastian Nebe
Norbert Strobl
Franz Wallner
Hannes Zippert

Stellvertretender Leiter
Udo Arbogast
Sabine Haberkorn
Leopold Schandroch

FINANZBUCHHALTUNG

Maria Dorscht
Leiterin
Richard Mlynarz
Werner Sager

MATERIALWIRTSCHAFT

Günther Oeder
Leiter
Thomas Brunner
Andrea Schmidmeir
Manfred Schmuck
Helmut Schneidereit

VERTRIEB UND IT-SERVICE

Matthias Jörg

THEATERKASSE

Heidi Oram
Leiterin
Pia Weidner-Bohnenberger
Stellvertretende Leiterin
Johanna Engelmann
Helmut Höss
Silvia Lemberger
Cornelia Mihm
Gabriele Robl
Irmgard Streitel
Theresia Wick

Bakary Fofana
Monika Halfmann
Rolf Kailbach
Helga Lenz
Silja Rosenthal
Anneliese Tontsch

EINLASSDIENST

Christine Heidrich
Gerhard Rusch
Oberbilleteure
Tasneem Afzal
Friedericke Büch
Sarah Eisa
Marko Montoya Florenciano
Rosemarie Grünaug
Sebastian Heidrich
Josef Honold
Genovefa Reichenbach
Samina Shuja
Zwesdana Stanculovic
Winfried Ströbl

PERSONALRAT

Ulrich Grether
Sepp Weberschock
Helmut Teppert-Neumann
Vorsitzende
Natalie Drescher
Heinrich Führmann
Robert Herrmann
Robert Kulynycz
Mesfin Mengistabe
Lutz Müller-Klossek
Barbara Norminton
Homayoun Saghafi
Manfred Schmuck
Jürgen Wächter

TV-AUFZEICHNUNGEN

—

PREMIERE	AUSSTRAHLUNG	INSZENIERUNG	REGIE	SENDER
29.11.2001	04.05.2002	Jon Fosse **TRAUM IM HERBST**	Luk Perceval	ZDFtheaterkanal/3sat
29.03.2003	29.03.2003	William Shakespeare **OTHELLO**	Luk Perceval	ZDFtheaterkanal/3sat
15.11.2003	02.05.2004	Heiner Müller **ANATOMIE TITUS FALL OF ROME**	Johan Simons	ZDFtheaterkanal/3sat
01.02.2006	20.05.2006	Händl Klaus **DUNKEL LOCKENDE WELT**	Sebastian Nübling	ZDFtheaterkanal/3sat
06.06.2007	24.05.2008	Nach R.W. Fassbinder **DIE EHE DER MARIA BRAUN**	Thomas Ostermeier	ZDFtheaterkanal/3sat
08.11.2007	03.05.2008	William Shakespeare **DER STURM**	Stefan Pucher	ZDFtheaterkanal/3sat
19.04.2008	11.04.2009	Joseph Roth **HIOB**	Johan Simons	ZDFtheaterkanal/3sat

—

FESTIVAL-EINLADUNGEN

—

FESTIVAL	JAHR	INSZENIERUNG	REGIE
BERLINER	2002	**TRAUM IM HERBST** von Jon Fosse	Luk Perceval
THEATERTREFFEN		**ALKESTIS** von Euripides	Jossi Wieler
	2003	**ORESTIE** von Aischylos	Andreas Kriegenburg
	2004	**ANATOMIE TITUS FALL OF ROME** von Heiner Müller	Johan Simons
	2005	**DIE NIBELUNGEN** von Friedrich Hebbel	Andreas Kriegenburg
		MITTAGSWENDE von Paul Claudel	Jossi Wieler
	2006	**DUNKEL LOCKENDE WELT** von Händl Klaus	Sebastian Nübling
	2007	**DREI SCHWESTERN** von Anton Tschechow	Andreas Kriegenburg
	2008	**DER STURM** von William Shakespeare	Stefan Pucher
		DIE EHE DER MARIA BRAUN Drehbuch von Peter Märthesheimer und Pea Fröhlich, nach einer Vorlage von Rainer Werner Fassbinder	Thomas Ostermeier
	2009	**DER PROZESS** von Franz Kafka	Andreas Kriegenburg

MÜLHEIMER THEATERTAGE	2005	MEIN JUNGES IDIOTISCHES HERZ von Anja Hilling	Daniela Kranz	
	2006	DUNKEL LOCKENDE WELT von Händl Klaus	Sebastian Nübling	
	2007	DIE PROBE (Der brave Simon Korach) von Lukas Bärfuss	Lars-Ole Walburg	
	2009	RECHNITZ (DER WÜRGEENGEL) von Elfriede Jelinek	Jossi Wieler	
AUTORENTHEATERTAGE HAMBURG	2002	BEDBOUND von Enda Walsh	Monika Gintersdorfer	
	2003	TRAUM IM HERBST von Jon Fosse	Luk Perceval	
	2004	OTHELLO von William Shakespeare	Luk Perceval	
	2005	THE NEW ELECTRIC BALLROOM von Enda Walsh	Stephan Kimmig	
	2006	DUNKEL LOCKENDE WELT von Händl Klaus	Sebastian Nübling	
		DIE ZEHN GEBOTE nach den Geschichten und Filmen *Dekalog 1–10* von Krzysztof Kieslowski und Krzysztof Piesiewicz	Johan Simons	
	2007	ULRIKE MARIA STUART von Elfriede Jelinek	Jossi Wieler	
		DIE PROBE (Der brave Simon Korach) von Lukas Bärfuss	Lars-Ole Walburg	
	2008	MAMMA MEDEA von Tom Lanoye	Stephan Kimmig	
		LAND OHNE WORTE/BERLINER GESCHICHTE von Dea Loher	Andreas Kriegenburg	
	2009	HIOB nach dem Roman von Joseph Roth	Johan Simons	
		RECHNITZ (DER WÜRGEENGEL) von Elfriede Jelinek	Jossi Wieler	
WIENER FESTWOCHEN	2008	TROILUS UND CRESSIDA von William Shakespeare	Luk Perceval	(Koproduktion)
		HIOB nach dem Roman von Joseph Roth	Johan Simons	
	2009	DER PROZESS von Franz Kafka	Andreas Kriegenburg	
RUHRTRIENNALE	2003	ALKESTIS von Euripides	Jossi Wieler	
	2007	PRINZ FRIEDRICH VON HOMBURG von Heinrich von Kleist	Johan Simons	
	2008	FURCHT UND ZITTERN von Händl Klaus und Lars Wittershagen	Sebastian Nübling	(Koproduktion)
BAYERISCHE THEATERTAGE (in Landsberg, Regensburg, Bamberg, Memmingen, Fürth, Ingolstadt)	2002	BEDBOUND von Enda Walsh	Monika Gintersdorfer	
	2004	DA KOMMT NOCH WER von Jon Fosse	Christiane Pohle	
	2005	RADIO NOIR von Albert Ostermaier	Monika Gintersdorfer	
	2006	CHATROOM von Enda Walsh	Enda Walsh	
	2007	DENN ALLE LUST WILL EWIGKEIT von Franz Wittenbrink	Franz Wittenbrink	
	2008	GLAUBE LIEBE HOFFNUNG von Ödön von Hórvath	Stephan Kimmig	
DUISBURGER AKZENTE	2006	CHATROOM von Enda Walsh	Enda Walsh	
	2007	TRAUER MUSS ELEKTRA TRAGEN von Eugene O'Neill	Stefan Pucher	
	2008	GLAUBE LIEBE HOFFNUNG von Ödön von Horváth	Stephan Kimmig	
	2009	SCHNEE nach dem Roman von Orhan Pamuk	Lars-Ole Walburg	
SALZBURGER FESTSPIELE	2004	DIE FÜNF GOLDRINGE von Joanna Laurens	Christiane Pohle	(Koproduktion)
	2005	OTHELLO von William Shakespeare	Luk Perceval	
HOLLAND FESTIVAL AMSTERDAM	2002	ALKESTIS von Euripides	Jossi Wieler	
	2005	ANATOMIE TITUS FALL OF ROME von Heiner Müller	Johan Simons	
	2009	HIOB nach dem Roman von Joseph Roth	Johan Simons	

FESTIVAL	JAHR	INSZENIERUNG	REGIE
PRAGER	2003	**OTHELLO** von William Shakespeare	Luk Perceval
THEATERFESTIVAL	2007	**GLAUBE LIEBE HOFFNUNG** von Ödön von Horváth	Stephan Kimmig
DEUTSCHER SPRACHE	2008	**DIE EHE DER MARIA BRAUN** Nach dem Drehbuch von Rainer Werner Fassbinder	Thomas Ostermeier

sowie **BALTIC HOUSE FESTIVAL** (St. Petersburg) 2002 + 2005, **DIALOG FESTIVAL** (Wroclaw) 2003 + 2007, **KONTAKT FESTIVAL** (Torun) 2004, **BITEF FESTIVAL** (Belgrad) 2004, **RUHRFESTSPIELE RECKLINGHAUSEN** 2005, **INTERNATIONALES THEATERFESTIVAL SIRENOS** (Vilnius) 2005, **STRATFORD UPON AVON'S SHAKESPEARE FESTIVAL** 2006, **INTERNATIONAL SHAKESPEARE FESTIVAL** Danzig 2006, **INTERNATIONALE MAIFESTSPIELE WIESBADEN** 2007 + 2009, **FESTIVAL TIMISOARA** 2007, **FILMFESTIVAL TÜRKEI/DEUTSCHLAND** 2008, **COPENHAGEN JAZZ FESTIVAL/DET KONGELIGE THEATER** 2008, **SEOUL PERFORMING ARTS FESTIVAL** 2008, **THE STANISLAVSKY SEASON FESTIVAL MOSKAU** 2008, **NET FESTIVAL MOSKAU** 2008, **JUNGE BIENNALE SIEGEN** 2009, **THEATERFORMEN HANNOVER** 2009

GASTSPIELE

THEATER BASEL, THEATER DER STADT SCHWEINFURT, HET TONEELHUIS ANTWERPEN, GRAND THÉÂTRE DE LA VILLE DE LUXEMBURG, STADTTHEATER FÜRTH, PFALZBAU LUDWIGSHAFEN, THEATER IN LANDSBERG AM LECH, SCHAUBÜHNE AM LEHNINER PLATZ BERLIN, KULTURAMT LUDWIGSBURG, THEATER INGOLSTADT, THEATER WINTERTHUR, THEATER IN KEMPTEN, INGOLSTADT AUDI FORUM, VEREINIGTE BÜHNEN BOZEN, DE KONINKLIJKE SCHOUWBOURG DEN HAAG, NATIONAL-THEATER SOFIA, HEBBEL AM UFER BERLIN, THEATER AM KIRCHPLATZ LIECHTENSTEIN, VOLKSBÜHNE AM ROSA-LUXEMBURG-PLATZ BERLIN, NTGENT, THEATER SIEGEN, THALIA THEATER HAMBURG, DE SINGEL ANTWERPEN, BOZAR THEATER BRÜSSEL

GASTSPIELE IN MÜNCHEN

THEATER	JAHR	INSZENIERUNG	REGIE
ZT HOLLANDIA	2001	**DER FALL DER GÖTTER** nach dem Drehbuch zum Film *Die Verdammten* von Nicola Badalucco, Enrico Medioli und Luchino Visconti	Johan Simons

HET TONEELHUIS ANTWERPEN	2002 2005	**L. KING OF PAIN** nach William Shakespeare **ONKEL WANJA** nach Anton Tschechow	Luk Perceval Luk Perceval
THEATRE DE COMPLICITE, LONDON	2002	**MNEMONIC**	Simon McBurney
SCHAUSPIEL HANNOVER	2003	**WERTHER!** nach Johann Wolfgang von Goethe	Nicolas Stemann
FESTIVAL D'AIX-EN-PROVENCE	2003	**A SUMMER NIGHT'S DREAM** von Franz Wittenbrink nach Wolfgang Amadeus Mozart und *Ein Sommernachtstraum* von William Shakespeare	Franz Wittenbrink
VOLKSBÜHNE BERLIN	2003	**ENDSTATION AMERIKA** Eine Bearbeitung von Frank Castorf nach Tennessee Williams	Frank Castorf
SCHAUBÜHNE AM LEHNINER PLATZ	2004 2006 2007 2009	**NORA ODER EIN PUPPENHEIM** von Henrik Ibsen **HEDDA GABLER** von Henrik Ibsen **TOD EINES HANDLUNGSREISENDEN** von Arthur Miller **DAS LETZTE BAND** von Samuel Beckett **JOHN GABRIEL BORKMANN** von Henrik Ibsen	Thomas Ostermeier Thomas Ostermeier Luk Perceval B.K. Tragelehn Thomas Ostermeier
THALIA THEATER HAMBURG	2005 2006 2007 2008 2009	**WOYZECK** von Georg Büchner **DER BUS** (Das Zeug einer Heiligen) von Lukas Bärfuss **DIE SCHMUTZIGEN HÄNDE** von Jean-Paul Sartre **MARIA STUART** von Friedrich Schiller **ONKEL WANJA** von Anton Tschechow	Michael Thalheimer Stephan Kimmig Andreas Kriegenburg Stephan Kimmig Andreas Kriegenburg
TONEELGROEP OOSTPOOL	2006	**BREL 2** mit Jeroen Willems	
THEATER RAMBAZAMBA	2006	**EIN HERZ IST KEIN FUSSBALL** Team Rambazamba	Leitung: Gisela Höhne
ESPACO OS SATYROS, SAO PAOLO	2006	**A VIDA NA PRAÇA ROOSEVELT** von Dea Loher	Rodolfo García Vázques
THEATER X, TOKYO	2006	**YOTSUYA GHOST STORY**	Jossi Wieler
NTGENT	2007 2002/2003/2004/2008/2009 2008	**SCHWESTER VON** von Lot Vekemans **DIE ORESTIE** von Aischylos **ZWEI STIMMEN** von Pier Paolo Pasolini und Cor Herkströter **MAETERLINCK** Ein Stück über Leben und Werk von Maurice Maeterlinck	Allan Zipson Johan Simons Johan Simons Christoph Marthaler

Viele dieser Gastspiele wurden durch die finanzielle Unterstützung des Vereins zur Förderung der Münchner Kammerspiele möglich. Danke!

INFRASTRUKTUR

—

Die Kammerspiele verbinden Theaterbegeisterte in München und weit darüber hinaus gemeinhin mit unvergleichlichen Theatererlebnissen in dem von Richard Riemerschmid 1901 errichteten Jugendstil-Theater an der Maximilianstraße. Zu Beginn der Intendanz von Frank Baumbauer war das Schauspielhaus jedoch eine Großbaustelle. Die letzte Vorstellung wurde dort zum Jahreswechsel 1999/2000 gezeigt.

Dies waren die Folgen einer Richtungsentscheidung des Münchner Stadtrats im Sommer 1996: Der Theaterstandort Maximilianstraße/Falckenbergstraße/Hildegardstraße sollte für die Zukunft eingerichtet werden. Dem jahrelangen Drängen der Theaterleute, an zentraler Stelle in München alle für ein modernes Theater notwendigen Infrastruktureinrichtungen zu konzentrieren, wurde entsprochen. Die Theaterwerkstätten sollten erweitert und modernisiert, moderne Probebühnen und ein neuer Werkraum geschaffen werden. Die veraltete Bühnentechnik im Schauspielhaus war zu erneuern und – wie sich später herausstellte – verheerende Baumängel im historischen Schauspielhaus mussten saniert werden. Technische Probleme, Firmeninsolvenzen, Kostenmehrungen gewaltigen Umfangs und Bauzeitverzögerungen beherrschten lange Zeit die kommunalpolitische Diskussion.

Als Frank Baumbauer im Oktober 2001 mit seinem neuen Team in München startete, standen ihm zunächst nur provisorische Spielstätten im neu errichteten Probengebäude (Neues Haus) an der Falckenbergstraße zur Verfügung. Als zusätzliche Spielstätte wurde die ehemalige Jutierhalle im Münchner Norden in Betrieb genommen.

Erst im März 2003 wurde das Schauspielhaus an der Maximilianstraße mit der OTHELLO-Inszenierung von Luk Perceval wiedereröffnet. Anfang 2004 waren dann alle Arbeiten abgeschlossen. Die Theaterschaffenden können fortan die Früchte einer herausragenden Investition in die Zukunft der Münchner Kammerspiele genießen: Ein Theaterbetrieb der kurzen Wege mit hervorragenden Arbeitsbedingungen für alle Akteure. Die Kammerspiele stehen da als ein erneuertes kulturelles Zentrum im Herzen der Stadt. Insgesamt hat der Stadtrat der Landeshauptstadt München für dieses Projekt rund 105 Mio. Euro zur Verfügung gestellt.

In einem nächsten Schritt wurde die Generalsanierung der Otto-Falckenberg-Schule in Angriff genommen. Das Stammgebäude der Schule an der Hildegardstraße wurde ab Herbst 2004 vollständig saniert; außerdem wurde ein neues Studiogebäude für die Schule errichtet. Gleichzeitig mit dem Studiogebäude wurde ein Wohnhaus mit 15 Appartements eingeweiht. Dort wohnen Künstlerinnen und Künstler, die zeitlich befristet an den Kammerspielen und anderen zentrumsnahen Kultureinrichtungen engagiert sind. Mit 4,5 Mio. Euro für die Schulgebäude und 3,1 Mio. Euro für die Appartements wurden die ursprünglich veranschlagten Kosten deutlich unterschritten. Damit war Anfang 2008 die lange Phase der Sanierungs-, Erweiterungs- und Umstrukturierungsmaßnahmen beendet.

RECHTSFORM
—

Die Münchner Kammerspiele, seit 1933 in kommunaler Trägerschaft geführt, haben in den zurückliegenden Jahren auch von der Unternehmensstruktur her wesentliche Veränderungen erfahren. Die traditionelle Einbindung in kommunale Verwaltungsstrukturen war schon lange als Schwachpunkt erkannt. Sie wurde der Managementaufgabe, den künstlerischen Auftrag im Rahmen der vom Theaterträger zur Verfügung gestellten Ressourcen in eigener Budgetverantwortung zu erfüllen, nicht gerecht.

Bereits vor der Intendanz Baumbauer wurde auch in München ein entsprechender Reformprozess angestoßen, der allerdings zunächst nur auf eine Optimierung des Regiebetriebs abzielte. Frank Baumbauer hatte seine Entscheidung für München mit der Zusage der Stadt verknüpft, die Rechtsform der Kammerspiele auf ihre Zukunftsfähigkeit hin zu überprüfen. Diesem Bestreben lagen langjährige Erfahrungen des Intendanten mit der Leitung von Theatern zu Grunde, die in privater Rechtsform geführt werden.

Es dauerte etwa zwei Jahre, bis der Stadtrat am 23. Juli 2003 eine weitreichende Grundsatzentscheidung traf: Die Kammerspiele sollten gemeinsam mit dem Theater der Jugend und der Otto-Falckenberg-Schule in einen kommunalen Eigenbetrieb umgewandelt werden. Ab dann ging allerdings alles sehr schnell: Bereits zum 01. Januar 2004 war das neue Unternehmen gegründet und voll arbeitsfähig. Das Ergebnis war eine sehr weitreichende Schnittstellenbereinigung und eine Konzentration all jener Aufgaben und Kompetenzen bei den Organen des Eigenbetriebs, die sinnvollerweise schnell und sachnah im Unternehmen anzusiedeln sind. Die kommunalpolitische Verantwortlichkeit für Grundsatzentscheidungen auf Seiten des Stadtrats, des Oberbürgermeisters und des Kulturreferenten bleiben dabei unangetastet.

Inzwischen hat das neue Unternehmen seine Bewährungsprobe längst bestanden: Fünf testierte Jahresabschlüsse belegen auch in Zahlen, dass die mit der Rechtsformänderung verbundenen Erwartungen erfüllt werden konnten. Am wichtigsten aber ist es, dass es dem Theater ermöglicht wurde, seinen künstlerischen Auftrag auf einer verlässlichen finanziellen Basis zu erfüllen.

Dr. Siegfried Lederer

DIE FORTSETZUNG DES THEATERS MIT ANDEREN MITTELN: BILDER WURDEN PRODUZIERT UND IN DER STADT AN SÄULEN VERKLEBT. GUT SICHTBAR. DAS WAR ERNST GE-MEINT: AUCH WENN ES OFT LUSTIG AUSSAH, HERGESTELLT UND ERFUN-DEN HAT DAS VELVET. DIE AGENTUR AUS LUZERN. DER PAPST WAR DRAUF, BUSH WAR DRAUF, SOGAR DER INTENDANT, TIERE, MASKEN, LAWINEN, ALLES MÖGLICHE. EIN

PAAR JAHRE IN PLAKATEN. SERVUS MÜNCHEN.

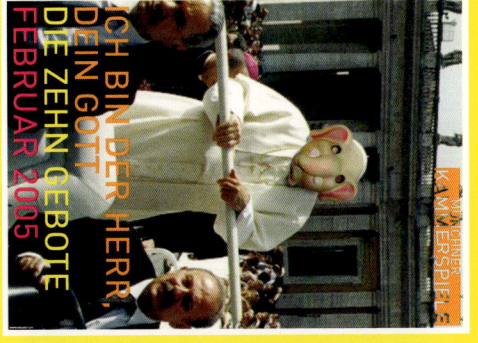

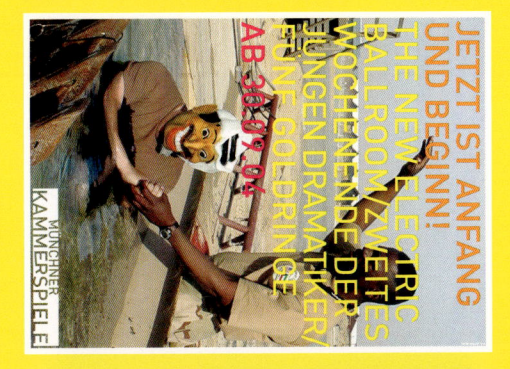

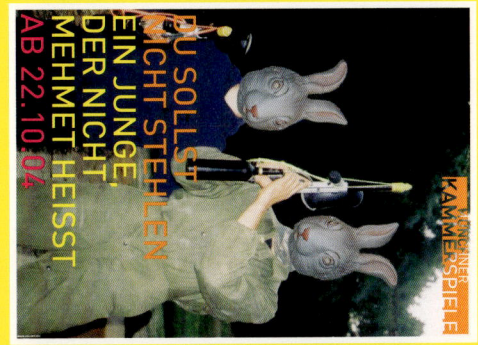

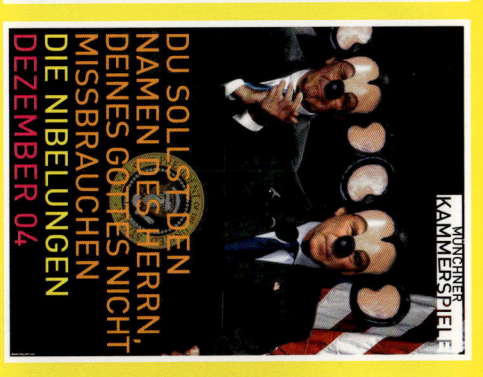

PLAKATE 2004/05

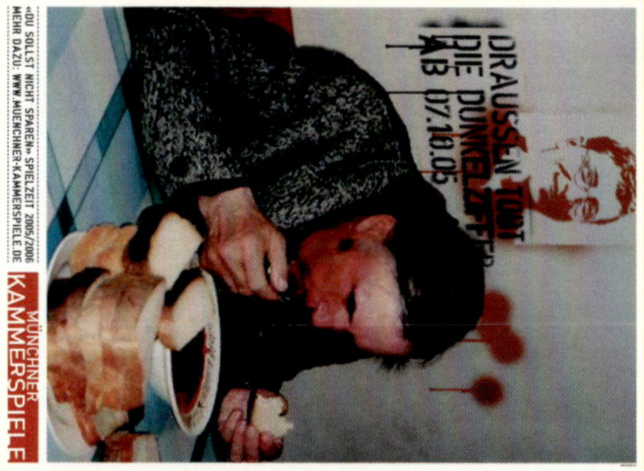

PLAKATE 2005/06

__PLAKATE 2006/07

PLAKATE 2007/08

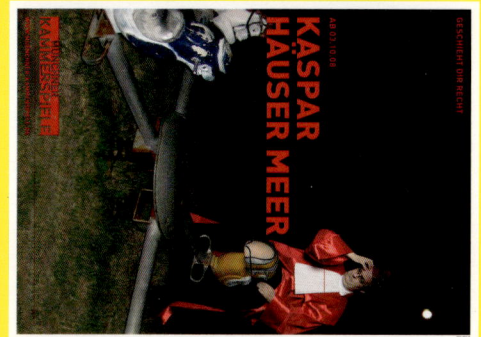

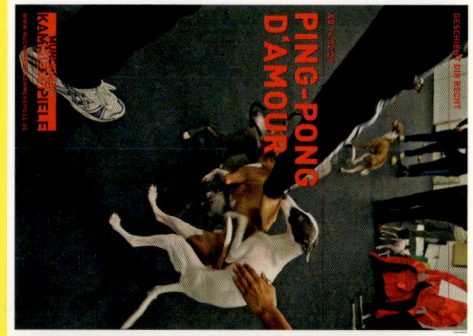

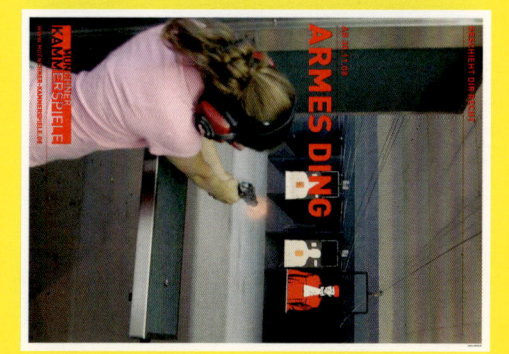

__PLAKATE 2008/09

Messe München International – engagiert für Wirtschaft und Kultur

Messe München International

- Hochmodernes Messegelände mit 180.000 m² Hallenfläche, 360.000 m² Freigelände und State-of-the-Art-Services
- Im Umfeld international renommierter Wirtschafts- und Wissenschaftseinrichtungen sowie zahlloser kultureller Highlights
- Individuelle Betreuung in rund 100 Ländern durch ein weltweites Vertretungsnetzwerk
- Über 40 Jahre internationale Messekompetenz

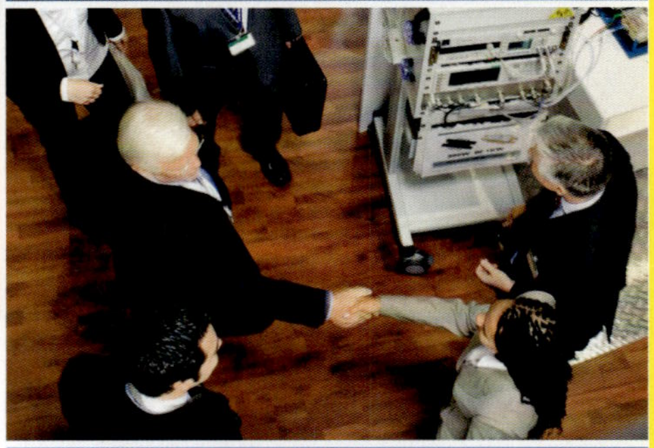

Die Messe München International ist mit 40 Fachmessen für Investitionsgüter, Konsumgüter und Neue Technologien eine der weltweit führenden Messegesellschaften. Hier treffen Märkte, Branchen, Produkte und Dienstleistungen aus aller Welt aufeinander, um die Zukunft zu gestalten.

Ein Bestandteil der Unternehmensphilosophie ist das kulturelle Engagement – deshalb unterstützt die Messe München International die Münchner Kammerspiele.

Überzeugen Sie sich selbst von unserem innovativen Messeportfolio.

Messe München GmbH, Messegelände
81823 München, Germany
Tel. (+49 89) 9 49-2 07 20
Fax (+49 89) 9 49-2 07 29
newsline@messe-muenchen.de
www.messe-muenchen.de

Connecting Global Competence

Bleibt!

Die ganze Welt ist Bühne …

aufgezeichnet vom ZDFtheaterkanal

„Hiob" Münchner Kammerspiele 2009
Die Ehe der Maria Braun Theatertreffen Berlin 2008
Der Sturm Theatertreffen Berlin 2008
Anatomie Titus Fall of Rome – Ein Shakespearekommentar Theatertreffen Berlin 2004
Othello Münchner Kammerspiele 2003
Traum im Herbst Theatertreffen Berlin 2002

www.zdftheaterkanal.de

ZDF theaterkanal

Kultur braucht Freiräume und einen Partner, der sie schafft.

www.allianz-kulturstiftung.de

Allianz Kulturstiftung

Ihre Bank mit Kultur.

Kunst ist der Puls einer Stadt. Damit München eine inspirierende Metropole bleibt, fördert die Bank unserer Stadt die Kultur der etablierten Bühnen genauso wie Nischen- und Nachwuchsprojekte.*

*aus den Mitteln des Reinertrages des PS Sparens und Gewinnens

Die Bank unserer Stadt.

S Stadtsparkasse München

Originalszene: Maß für Maß, Münchner Kammerspiele 2009 | Szenenfoto: Arno Declaire

www.sskm.de

_ANZEIGE

GANZ NAH DRAN
DER VEREIN
ZUR FÖRDERUNG DER MÜNCHNER KAMMERSPIELE

MÜNCHNER KAMMERSPIELE